DIALOGUES AVEC UN SAUVAGE

LAHONTAN

DIALOGUES AVEC UN SAUVAGE

suivi de

GUEUDEVILLE-LAHONTAN

CONVERSATIONS DE L'AUTEUR AVEC ADARIO, SAUVAGE DISTINGUÉ

Édition préparée par Réal Ouellet

*La collection « Mémoire des Amériques » est dirigée
par David Ledoyen.*

Photo de la couverture : fourneau de calumet en pierre
© The Trustees of the British Museum

© Lux Éditeur, 2010
www.luxediteur.com

Dépôt légal : 2ᵉ trimestre 2010
Bibliothèque et Archives Canada
Bibliothèque et Archives nationales du Québec
ISBN : 978-2-89596-105-5

Ouvrage publié avec le concours du Conseil des arts du Canada,
du programme de crédit d'impôts du gouvernement du Québec
et de la SODEC. Nous reconnaissons l'aide financière du
gouvernement du Canada par l'entremise du Fonds du livre du
Canada (FLC) pour nos activités d'édition.

INTRODUCTION

D<small>ANS L'ÉVOLUTION</small> de la pensée européenne, l'œuvre de Lahontan, publiée en 1702-1703 et longtemps négligée, apparaît, depuis un quart de siècle, comme un jalon important, à l'aube des Lumières, pendant la période de « crise de la conscience » qu'a bien analysée Paul Hazard en 1935 [1]. On a d'abord retenu de cette œuvre une critique sévère de la politique coloniale française et des hommes en place, à commencer par Pontchartrain, le secrétaire d'État à la Marine. Pareille critique, qui a valu à son auteur l'inimitié de l'administration et l'a empêché de rentrer en grâce auprès du pouvoir, attaque encore plus vivement les valeurs et orthodoxies européennes dans les domaines du politique, de la philosophie et de la théologie. En reprenant le mythe du « Bon Sauvage », les *Dialogues* ont redonné vie au stéréotype du « philosophe nu » qui conteste toutes les valeurs de la civilisation.

Après avoir connu un succès immédiat et retentissant lors de sa parution en 1702-1703, l'œuvre de Lahontan a subi un rapide déclin, puisqu'on ne l'a pas

[1] Paul Hazard, *La crise de la conscience européenne, 1680-1715*, Paris, Boivin, 1935.

rééditée entre 1741 et le début du XXᵉ siècle [1]. Elle aurait
été oubliée au XIXᵉ en Europe, si deux grands écrivains
ne l'avaient signalée : l'un pour la vilipender, l'autre pour
la louanger à l'extrême. En 1802, dans son *Génie du christianisme*, Chateaubriand écrit, comme s'il avait été lui-
même offensé : « On ne rougit pas de préférer, ou plutôt
de feindre de préférer aux voyages des Dutertre et des
Charlevoix, ceux d'un baron de La Hontan, ignorant et
menteur [2]. » Soixante ans plus tard, l'historien Michelet
voit en lui un précurseur, non seulement de Rousseau,
mais aussi de tout le XVIIIᵉ siècle contestataire :

> Quoiqu'on lût peu, les livres, ceux de Hollande,
> défendus et proscrits, les manuscrits furtifs, avaient
> grande action. On se passait Boulainvilliers, son ingé-
> nieuse apologie de Mahomet et du mahométisme. Mais
> rien n'eut plus d'effet que le livre hardi et brillant de
> Lahontan sur les sauvages, son frontispice où l'Indien
> foule aux pieds les sceptres et les codes (*leges et sceptra
> terit*), les lois, les rois [3]. C'est le vif coup d'archet qui, vingt
> ans avant les *Lettres persanes*, ouvre le dix-huitième [4].

[1] Sur la fortune de cette œuvre, voir l'introduction dans :
Lahontan, *Œuvres complètes*, édition critique par Réal Ouellet et
Alain Beaulieu, Montréal, Presses de l'Université de Montréal,
coll. « Bibliothèque du Nouveau Monde », p. 102-199.

[2] *Essai sur les révolutions. Génie du christianisme*, IVᵉ partie,
livre IV, chap. I, éd. par M. Regard, Paris, Gallimard, « Bibliothèque de la Pléiade », p. 972.

[3] La page frontispice est reproduite plus loin, p. 53.

[4] *Histoire de France au dix-huitième siècle*, vol. 14 : *La Régence*,
Paris, Chamarot, 1863, p. 178-179. Dans sa préface, l'historien
écrivait encore : « Un admirable petit livre, *Le Canada* de Lahontan, arrivait de Hollande, révélant la noblesse héroïque de la vie
sauvage, la bonté, la grandeur de ce monde calomnié, la frater-

Au Canada français, pendant ce temps, Lahontan demeurait très présent dans l'historiographie, en raison des attaques systématiques dont il était l'objet. Élaborée après l'insurrection avortée de 1837-1838, cette historiographie raconte le passé pour racheter le présent. Les Canadiens du Régime français, bien loin d'être ces aventuriers frondeurs et immoraux que présente Lahontan, étaient respectueux de l'autorité civile et religieuse et de l'ordre établi. Deux pages de la lettre II des *Nouveaux Voyages*, sur les « filles du Roi », ont surtout retenu l'attention des historiens : Lahontan les présentait comme des « filles de moyenne vertu » dont « les plus grasses furent plûtôt enlevées que les autres[1] » et que « les époux choisissoient [...] de la maniére que le boucher va choisir les moutons au milieu d'un troupeau » (*Œuvres complètes*, p. 266-267). L'indignation est tellement vive que certains, tel Benjamin Sulte, interpellent Lahontan comme s'il était toujours vivant : « Mais, qu'il ne vienne pas faire entendre que ces choses ont eu lieu au Canada, car il trouvera à qui parler ! Nous qui savons par les menus détails comment s'est peuplé notre pays, nous avons le droit, le devoir et le pouvoir de qualifier selon leur mérite les écrivains insensés qui affichent une ignorance si complète et si désagréable[2]. »

nelle identité de l'homme. C'est Rousseau devancé de plus de cinquante ans. »

[1] Étrangement, ce détail croustillant se retrouvera encore sous la plume de la romancière Anne Hébert en 1988 : « Les plus grasses ont été choisies les premières » (*Le premier jardin*, Paris, Seuil, p. 97).

[2] *Mélanges historiques. Vol. 17 : Défense de nos origines*, Montréal, Édouard Garand, 1930, p. 56.

Sous la plume d'un autre historien, Joseph-Edmond Roy, Lahontan deviendra l'*inculpé* d'un véritable procès : « Le dossier de l'inculpé paraît maintenant au grand jour et il est à peu près complet. Avant que sentence finale soit rendue, résumons en quelques traits ce qui ressort de la carrière et du caractère de ce personnage multiple » (p. 189). Pourquoi ? Parce qu'il a osé calomnier les Canadiens : « Officier de marine, Lahontan partagea contre les Canadiens [1] tous les préjugés des siens. Les racontars de ce cadet de Gascogne, aigri, frondeur, mauvais sujet, buveur et querelleur, nous ont fait un tort considérable. Nos ennemis se sont emparés de ces mensonges comme d'une arme, et depuis deux siècles, on nous les lance à la figure. [2] »

À cette « calomnie » touchant les filles du Roi [3], s'ajoutent les nombreuses attaques contre l'orthodoxie religieuse, le clergé, l'administration, et les fameuses pages sur la rivière Longue, qui suscitent encore aujourd'hui des interrogations [4].

---

[1] Dans les *Memoires*, Lahontan écrivait pourtant : « les *Canadiens* ou *Creoles* sont bien faits, robustes, grands, forts, vigoureux, entreprenans, braves & infatigables, il ne leur manque que la connoissance des belles Lettres. Ils sont presomptueux & remplis d'eux-mêmes, s'estimant au dessus de toutes les Nations de la Terre » (*Œuvres complètes*, p. 623). Il suffit d'interroger le texte de Lahontan au mot « Canadiens » pour y voir accolés des qualificatifs positifs comme « bien faits », « habiles », « adroits », « bons chasseurs »...

[2] Joseph-Edmond Roy, *Le baron de Lahontan*, p. 164.

[3] Pour une étude sans parti pris et bien documentée sur les filles du Roi, voir Yves Landry, *Orphelines en France, pionnières au Canada. Les Filles du roi au XVIIᵉ siècle*, Montréal, Leméac, 1992.

[4] Voir, par exemple, l'étude récente de Peter H. Wood, « The Mysterious 1688 Journey of M. Lahontan », disponible

On comprend que la méfiance et l'animosité coloreront longtemps le jugement porté sur Lahontan. Ainsi, en 1986, on lit encore dans le *Guide du chercheur en histoire canadienne* : « On attache peu de valeur comme source historique aux œuvres de Lahontan. On lui reproche d'avoir accommodé les faits à des fins littéraires [1]. »

Pendant la décennie 1970, toutefois, le jugement porté sur Lahontan des deux côtés de l'Atlantique changera radicalement, avec l'élargissement et l'approfondissement du corpus littéraire provoqués par une approche des textes inspirée du marxisme [2] en France et de la Révolution tranquille au Québec. D'une part, il fallait le donner à lire dans une édition fiable et bien documentée [3],

sur la toile : http ://www.uga.edu/colonialseminar/P. Wood Paper.pdf.

[1] Publié « sous la responsabilité de Jacqueline Roy », Québec, Presses de l'Université Laval, 1986, p. 300. Une édition de 1969 du même *Guide*, sous la direction d'André Beaulieu, Jean Hamelin et Benoît Bernier, contenait la même phrase (p. 269) inspirée de Charlevoix et de Robert Le Blant.

[2] Cette approche, marquée par une interrogation de type sociologique, apparaît nettement, par exemple, dans une remarquable collection aujourd'hui disparue, « Les classiques du peuple », publiée par les Éditions sociales, pendant les décennies 1950-1970. Maurice Roelens y fit paraître, en 1973, les *Dialogues* de Lahontan, avec une substantielle introduction.

[3] C'est ce que, en équipe, nous avons voulu réaliser avec la publication des *Œuvres complètes* en 1990, aux Presses de l'Université de Montréal. Auparavant, il faut signaler deux rééditions importantes : celle de la traduction anglaise par Reuben G. Thwaites en 1905, et celle des *Dialogues* et des *Memoires* par Gilbert Chinard, en 1931. Si Chinard ne peut s'empêcher de reprendre les clichés de certains prédécesseurs sur le personnage

car on le citait souvent d'après la réédition de Gueudeville ou certaines éditions tronquées. D'autre part, si la question de la fiabilité historique se posait toujours, elle n'était pas la seule. Une nouvelle lecture du texte s'interrogea sur les trois formes utilisées par Lahontan : l'épistolaire (les *Nouveaux Voyages*), le traité encyclopédique (les *Memoires*), l'échange verbal (les *Dialogues*). Elle prenait aussi en compte l'archéologie, l'ethnohistoire, la géographie, la linguistique [1]. Ces divers travaux sont signalés en bibliographie.

LOUIS-ARMAND DE LOM D'ARCE, BARON DE LAHONTAN [2]

Comme Montesquieu et Montaigne, Lahontan portait un autre nom à sa naissance : il s'appelait Louis-Armand de Lom d'Arce. Son patronyme lui vient d'une terre que son père, Isaac, avait achetée en 1662 : la baronnie de Lahontan, située dans les Pyrénées-Atlantiques, entre Pau et Bayonne [3]. Chose curieuse, cette terre avait appar-

(« Turbulent et rebelle », « un irrégulier et un raté »), il a accompli un remarquable travail textologique sur l'œuvre et il a bien souligné son importance dans la pensée des Lumières.

[1] Même si l'on voit mieux maintenant le rôle important qu'elle a joué en Europe dans l'effervescence intellectuelle des années 1685-1715, l'œuvre de Lahontan n'a pas encore vraiment trouvé sa place dans les encyclopédies et les dictionnaires d'histoire et de littérature : voir R. Ouellet, « Baron de Lahontan », dans *Encyclopédie du patrimoine culturel de l'Amérique française*, www.ameriquefrancaise.org.

[2] Sur la biographie de Lahontan, voir la « Chronologie » insérée dans les *Œuvres complètes* (p. 209-238), qui s'appuie sur de nombreux documents d'archives.

[3] La commune de Lahontan comptait 450 habitants en 2006.

tenu un temps à Montaigne, qui empruntait déjà le ton
du Huron Adario pour parler des Lahontannais dans
ses *Essais*[1]. Louis-Armand y naîtra le 9 juin 1666 ; il sera
le frère aîné de deux filles : Marie-Françoise et Jeanne-
Françoise. L'année même de sa mort, en 1674, Isaac de
Lom d'Arce, à 80 ans, sera père naturel d'un fils né hors
mariage.

Malgré leur fortune apparente, la situation financière des Lom d'Arce était précaire. Le père s'était beaucoup endetté pour acquérir la baronnie et pour rendre le
gave de Pau navigable jusqu'à Bayonne sur l'Atlantique.
En dédommagement de ses frais considérables, le roi
lui avait accordé une rente annuelle de 3 000 livres pendant 12 ans, payable par la ville de Bayonne, mais celle-ci
ne s'acquitta jamais de son obligation. Si bien que Lom
d'Arce est ruiné quand il meurt. Ses créanciers mettront
dix ans à faire saisir son château et ses terres de Lahontan,
dont son fils Louis-Armand conservera toujours le nom.

De l'histoire de sa famille après la mort du père, on
ne sait à peu près rien, si ce n'est que sa mère, vivant
sans doute dans la misère, tiendra une maison de jeu à
Paris, en 1688-1689. Lahontan lui-même ne nous parle
pas de ses études, mais son intérêt pour les auteurs
antiques (qu'il cite en grec et en latin), pour la philosophie, la médecine, les sciences naturelles et la mythologie, témoigne d'une formation classique qu'il complè-
tera sans doute au Canada, puisque, nous raconte-t-il, il

---

[1] Avec l'arrivée d'un notaire et d'un médecin, selon la rumeur
publique, les habitants du village commencèrent « à desdaigner
leurs anciennes coustumes » et se trouvèrent « accablez d'une
legion de maladies inaccoustumées » (*Les essais*, t. II, chap.
XXXVII, éd. par M. Rat, Paris, Garnier, 1958, p. 511).

apporte des livres dans ses bagages, comme ce Pétrone
sur lequel se jette « à corps perdu » le curé de Notre-
Dame de Montréal, Étienne Guyotte (*Nouveaux Voyages*,
Œuvres complètes, p. 314). Dans une autre lettre, datée
du 28 mai 1687, il évoque le « plaisir » de s'« entretenir
au milieu des bois avec les honnêtes gens des siécles passez : le bon homme *homere*, l'aimable *anacreon* » et son
« cher *lucien* » (*ibid.*, p. 339).

On imagine facilement que le jeune Louis-Armand
entendit souvent parler du Canada pendant son enfance
puisque la baronnie de Lahontan n'était pas éloignée du
port de Bayonne, d'où partaient de nombreux navires
pour la pêche sur les côtes de Terre-Neuve. Son père était
un ami de Jean Talon, intendant de la Nouvelle-France
de 1665 à 1668, puis de 1670 à 1672. En outre, le baron
de Saint-Castin, originaire de la même région, était parti
en 1674 pour l'Acadie, avant d'épouser la fille d'un chef
abénaquis en 1684.

Qu'en 1683 ce fils de petite noblesse provinciale
ruinée parte à son tour, à 17 ans, pour le Canada, ne
surprend guère. Il s'est probablement engagé comme
« volontaire » ou « cadet » dans une compagnie de
marine chargée d'aller mater les Iroquois. Débarqué à
Québec au début de novembre 1683, il passe les premiers hivers de son séjour chez des « habitants » de la
colonie, à Château-Richer, à Montréal et à Boucherville.
Quelques mois seulement après son arrivée, il accompagne des Algonquins à la chasse et, malgré le froid
intense, il vit cette expérience comme une partie de
plaisir.

Dès l'été 1684, il participe à l'expédition désastreuse
du gouverneur Lefebvre de la Barre contre les Iroquois,

au sud-est du lac Ontario. En juin-juillet 1684, il prendra part à une autre expédition en territoire iroquois, puis sera chargé par le gouverneur Denonville d'aller commander les hommes du fort Saint-Joseph, construit par Duluth en 1686, au détroit du lac Érié, sur la rivière Sainte-Claire. Après un hiver difficile, manquant de vivres et de munitions, le jeune homme de 21 ans, apprenant l'abandon du fort Niagara par le nouveau gouverneur Denonville, brûle le fort Saint-Joseph et ramène ses hommes vers Michillimakinac (entre les lacs Michigan et Huron), en septembre 1688. Comme il est trop tard pour revenir à Montréal, Lahontan, accompagné de cinq chasseurs outaouais et de quelques soldats français, entreprend le long voyage (huit mois) de la rivière Longue. De retour à Québec en septembre 1689, il devient un familier du nouveau gouverneur Frontenac, qui le reçoit à sa table, où il a peut-être rencontré le chef des Hurons des Grands Lacs, Kondiaronk.

Après avoir combattu à Québec, attaquée par l'amiral anglais William Phips en octobre 1690, Lahontan effectue deux courts voyages en France pour régler ses affaires familiales et présenter à la cour un ambitieux mémoire sur la défense des Grands Lacs. Au cours de ce deuxième voyage, il participe à la défense de Plaisance (à Terre-Neuve, où la France a un poste de pêche), contre une attaque anglaise et, en récompense de son comportement, il est nommé lieutenant de roi, à Terre-Neuve, justement. À peine revenu à Plaisance, un violent conflit l'oppose au représentant du roi, le gouverneur Mombeton de Brouillan. Celui-ci, autoritaire et irascible, accusé par plusieurs de malversations graves, accuse à son tour Lahontan d'insubordination et d'irrespect. Le

jeune officier compose des chansons satiriques contre
son supérieur qui veut l'enfermer en prison. Craignant
effectivement de se faire arrêter, Lahontan s'enfuit, sur
un navire de pêche, en partance vers le Portugal, où il
débarque en janvier 1694. Âgé de 27 ans, lui qui avait
connu un avancement professionnel rapide, se retrouve
sans « patrie », sans argent et sans emploi. Il errera à
travers l'Europe pendant près de huit ans.

Peut-être est-il devenu espion, ou a-t-il tenté de le
devenir. On sait, de manière certaine, qu'il transmet
divers documents sur la colonie aux autorités françaises,
espagnoles et anglaises. Par exemple, les 1ᵉʳ et 9 septembre 1699, il écrit de Lisbonne à un haut fonction-
naire espagnol, le duc de Jouvenazo, pour lui envoyer une
copie du *Journal* de l'abbé Jean Cavelier, frère de Cavelier de La Salle, qui avait atteint le golfe du Mexique en
1682 et avait été assassiné en 1687. Cette copie du *Journal* de Cavelier est de la main de Lahontan. En 1702, il
adresse aux autorités anglaises divers mémoires pour les
inciter à s'emparer de la Nouvelle-France [1].

En novembre de cette même année 1702, Lahontan publie chez L'Honoré, un éditeur protestant de La
Haye, ses *Nouveaux Voyages dans l'Amerique septentrionale* et une « suite » intitulée *Memoires de l'Amerique
septentrionale*, formant les tomes 1 et 2 d'une même
œuvre. L'ouvrage obtient un succès immédiat, attesté
par de nombreux comptes rendus, adaptations, traductions, emprunts et commentaires de tous genres. Un
an plus tard, en 1703, il fait paraître ses *Dialogues avec
un Sauvage* qui obtiennent le même succès, mais ne lui

---

[1] Tous ces documents ont été publiés en 1990 dans les *Œuvres
complètes*, p. 1017-1118.

apportent pas de quoi vivre : ses trois livres, menant une attaque violente contre la France qui vient d'entrer en guerre contre l'Angleterre, lui ferment à peu près toutes les portes dans son pays natal.

Lahontan poursuivra son errance en Europe pendant quatre autres années, pour se fixer à la cour de Hanovre en 1707, avec une pension plus ou moins régulière qui lui permet d'avoir un « petit carrosse » et des chevaux. Si cette cour n'avait pas le prestige de celles d'Angleterre et de France, elle fut marquée par des personnages importants : le grand philosophe Leibniz y séjourna épisodiquement jusqu'à sa mort en 1716 ; le fils de l'Électrice Sophie, Georges-Louis, y vécut aussi jusqu'à son accession au trône d'Angleterre, en 1714, sous le nom de Georges Ier ; Haendel, qui avait triomphé à Venise avec un opéra de type italien, *Agrippina*, y fut maître de chapelle de 1710 à 1717.

D'après divers documents de l'époque, on peut imaginer que Lahontan arrive à Hanovre entouré d'une aura de mystère. Dans sa correspondance de novembre-décembre 1710 avec son confrère Wilhelm Bierling, Leibniz écrit : « Le Baron de Lahontan est un homme très réel, non inventé, comme Sadeur [1], hôte d'Australiens inconnus » ; puis il ajoute : il « produira encore beaucoup aux éditeurs si sa santé, qui n'est pas très bonne, le lui permet ». Cette correspondance montre à quel point les deux philosophes prenaient au sérieux les œuvres du voyageur français. Ce qui intéresse Leibniz n'est pas de savoir si les Sauvages nord-américains

---

[1]Sadeur est le voyageur imaginaire du roman de Gabriel de Foigny, *La Terre australe connue* (« Lahontan et Leibniz », *infra*, p. 293 et 298).

sont capables de philosopher, mais s'ils vivent vraiment dans la concorde, sans gouvernement. À son correspondant, qui lui demande comment les indigènes du Canada peuvent vivre « en paix bien qu'ils n'aient ni lois ni magistratures publiques », Leibniz répond :

> Il est tout à fait véridique [...] que les Américains de ces régions vivent ensemble sans aucun gouvernement mais en paix ; ils ne connaissent ni luttes, ni haines, ni batailles, ou fort peu, excepté contre des hommes de nations et de langues différentes. Je dirais presque qu'il s'agit d'un miracle politique, inconnu d'Aristote et ignoré par Hobbes.

Cette conviction de Leibniz s'exprimera encore l'année suivante dans son *Jugement sur les œuvres de M^r le Comte Shaftesbury* :

> Les Iroquois & les Hurons [...] ont renversé les maximes politiques trop universelles d'Aristote & de Hobbes. Ils ont montré [...] que des Peuples entiers peuvent être sans magistrats et sans querelles [...]. Mais la rudesse de ces Sauvages fait voir, que ce n'est pas tant la nécessité, que l'inclination d'aller au meilleur [bien] & d'approcher de la félicité, par l'assistance mutuelle, qui fait le fondement des Sociétés et des Etats [...] [1].

L'observation de Lahontan sur le « miracle politique » amérindien permet donc de contester les thèses de Hobbes sur l'état de guerre qui aurait donné naissance aux institutions politiques, issues selon Leibniz d'une aspiration naturelle au bonheur et à l'harmonie. Dans cette perspective, l'œuvre de Lahontan apportait au célèbre penseur une confirmation de sa philosophie politique optimiste.

---

[1] Leibniz, *Opera omnia*, vol. 5, p. 40.

Dès l'arrivée de Lahontan à Hanovre, ses œuvres avaient été prises au sérieux par un autre philosophe, Conrad Schramm, qui, le 7 mai 1707, avait prononcé et publié en latin la leçon inaugurale de son cours, intitulée *La philosophie balbutiante des peuples cana-diens*[1] et constituant un long commentaire des œuvres de Lahontan.

À Hanovre, Lahontan n'intéresse pas seulement les philosophes. D'après l'Électrice Sophie, il « brille » à la cour. Christian Coch écrit à Leibniz, le 23 avril 1707 : « J'ay vû hier Monsr. le Baron de la Hontan [...]. Il est venu icy de Hambourg pour voir la cour. Il me semble qu'il s'y fait gouter. Il est de 40 ans, bien fait, il a de l'esprit, la conversation enjouée avec une liberté bien-seante » ; le 5 juillet 1709, l'Électrice apprend à Gaspar von Bothmer que Lahontan a composé un poème humo-ristique lors de la rencontre à Hanovre de Frédéric de Prusse et des rois de Pologne et du Danemark : « Je vous envoy ce que la Honten a fait sur le sujet. Comme nous l'avons à Herenhausen pour nous divertir par son discours, il a voulu le faire aussi par ses vers[2]. »

Sautons quelques années. Nous verrons Leibniz, au sommet de sa renommée, manifester une certaine jalou-sie pour la faveur dont jouit Lahontan à la cour. Dans

[1]Parue sous le titre *De Philosophia Canadensium Populum in America Septentrionali balbutiente*, cette leçon a été traduite en français par Anne-Marie Étarian et publiée par R. Ouellet dans *Sur Lahontan, comptes rendus et critiques, 1702-1711*, Québec, L'Hêtrière, 1983, p. 73-96.

[2]Poème reproduit dans les *Œuvres complètes*, p. 1124-1127. Les jardins Herrenhausen, à Hanovre, existent encore aujourd'hui, mais le château a été presque entièrement détruit pendant la Seconde Guerre mondiale.

une lettre du 31 janvier 1714, il assure l'Électrice Sophie de sa « devotion » et affirme vouloir lui en donner de meilleures « preuves » que « de contribuer à son divertissement de table avec M. l'abbé Bucquoy et M. de la Hontan ». Il ajoute que Bucquoy et Lahontan, tout en ne s'entendant pas très bien, divertissent l'Électeur par leurs conversations animées : « Je ne sais pourquoy M. de la Hontan ne veut pas être mis en compagnie de M. l'abbé Bucquoy dans ma lettre, puisqu'il est souvent dans sa compagnie à la table de Mgr l'Electeur, et que leurs entretiens donnent de la satisfaction à un prince aussi spirituel que S. A. E. Comme je ne say pas beaucoup de nouvelles de la cour d'Hanover, je ne say pas s'ils sont peut-être brouillés maintenant [1]. » Cet « abbé Bucquoy » (né Jean Albert d'Archambaud, vers 1650), était un ancien militaire, trappiste, maître d'école, bref, un aventurier, qui s'était échappé de la Bastille en 1713.

Lahontan s'éteindra à Hanovre le 21 avril 1716, à l'âge de 49 ans. Lui qui avait si vivement critiqué les dogmes catholiques, mourut-il hors de l'Église ? Il semble que non. Une archiviste de Hanovre, Gerda Utermöhlen, a exhumé son acte de décès, consigné à l'église Saint-Étienne : « Le 21 avril 1716, est mort le très illustre seigneur baron de Lahontemps, de nationalité française, avant d'avoir pu faire ses pâques comme il l'avait souhaité ; l'inhumation a eu lieu le 22 du même mois, vers le soir. Qu'il repose en paix [2] ! »

[1] Leibniz, *Die Werke*, O. Klopp, éd., vol. 9, Hanovre, Klindworth's Verlag, 1873, p. 425-426.
[2] Traduction du latin par André Daviault, dans Lahontan, « Chronologie », *Œuvres complètes*, p. 237.

Même décédé, Lahontan n'en a pas fini avec le grand philosophe. Il est à peine inhumé que Leibniz écrit à son éditeur Forster à Leipzig de mettre le nom de Lahontan sur la page de titre d'un pamphlet : « Il faut absolument, écrit-il, une nouvelle édition si l'on veut rendre cela présentable et il vaudrait mieux alors nommer M. le baron de la Hontan comme auteur dans le titre, car, maintenant qu'il est mort, cela ne peut lui faire de tort[1]. » Autrement dit, Leibniz, n'osant pas mettre son nom sur un pamphlet qu'il publie en français, l'attribue à Lahontan, par crainte de représailles.

L'ŒUVRE DE LAHONTAN

L'œuvre imprimée de Lahontan comprend d'abord deux ouvrages : les *Nouveaux Voyages de Mr. le Baron de Lahontan dans l'Amerique septentrionale* et les *Memoires de l'Amerique septentrionale*, millésimés 1703, mais parus en novembre 1702 et désignés comme les tomes 1 et 2 d'une même œuvre. Le *Suplement aux Voyages du Baron de Lahontan*, présenté comme le « tome troisième » d'un ensemble plus vaste, parut un an plus tard, avec deux autres pages de titre : *Dialogues de Monsieur le Baron de Lahontan et d'un Sauvage dans l'Amérique* et *Suite du Voyage de l'Amerique, ou Dialogues*.

[1] Traduction par Raymond Joly, du texte allemand conservé à la *Niedersächsische Landesbibliothek* de Hanovre (Lahontan, « Chronologie » *Œuvres complètes*, p. 236-237). Cette seconde édition paraîtra effectivement sous le titre : *Réponse du Baron de la Hontan à la Lettre d'un particulier opposée au Manifeste de Sa Majesté de la Grande Bretagne comme Electeur de Brunswic contre la Suede.*

Les *Nouveaux Voyages* sont composés de 25 lettres que l'auteur prétend avoir envoyées à un vieux parent dévot demeuré en France. Elles racontent, de manière vive et ironique, le séjour et les aventures de Lahontan en Amérique du Nord, de son arrivée en 1683 jusqu'à sa fuite au Portugal dix ans plus tard. Le territoire parcouru et décrit, très étendu, couvre quatre aires géographiques principales : la vallée du Saint-Laurent, la région des Grands Lacs, le centre-ouest américain et Plaisance à Terre-Neuve.

Plutôt qu'un récit d'aventures, les *Memoires* sont un traité géographique et ethnographique de la colonie française, avec de longues descriptions de la faune et de la flore, du « gouvernement » et « commerce de Canada », des « mœurs et manières des Sauvages ».

Le *Suplement aux Voyages* contient deux parties : les *Dialogues ou entretiens entre un Sauvage et le Baron de Lahontan* et les *Voyages de Portugal et de Danemarc*, où l'auteur reprend la forme épistolaire pour raconter son histoire depuis sa fuite du Canada et son arrivée au Portugal en janvier 1694, jusqu'à son départ de Saragosse le 8 octobre 1695.

Traduits en anglais dès 1703, sous le titre *New Voyages to North America*, les *Nouveaux Voyages*, les *Memoires* et les *Dialogues* parurent en août, quelques mois avant la publication en français du *Suplement aux Voyages*. Même si Lahontan vivait probablement à Londres depuis 1702, il ne semble pas avoir influencé cette traduction parfois assez éloignée de l'original français, comme l'a montré une étude comparative [1].

---

[1] Voir l'introduction aux *Œuvres complètes*, p. 39-43.

Outre les nombreuses rééditions ou contrefaçons (deux sont millésimées 1703), il faut souligner la publication, par le polygraphe Nicolas Gueudeville, d'une « Seconde Edition, revue, corrigée, & augmentée », désavouée par Lahontan.

LES *DIALOGUES AVEC UN SAUVAGE*

Contrairement à la majorité des auteurs de *Dialogues* avec un Sauvage, comme Diderot, par exemple, qui ne vécurent jamais en Amérique, Lahontan y a passé dix ans ; il est allé fréquemment à la chasse ou en voyage avec des groupes amérindiens, il a combattu contre les Iroquois et a acquis une assez bonne connaissance de la langue algonquine, comme en témoigne son « Petit dictionnaire de la langue des Sauvages », publié en appendice à ses *Memoires* (*Œuvres complètes*, p. 732-771). Dans l' « Avis de l'Auteur au Lecteur » de ses *Dialogues*, Lahontan affirme transcrire divers entretiens avec le chef huron Kondiaronk que les Français appelaient « le Rat » et qu'ils respectaient au plus haut point. *Adario* serait alors l'anagramme partielle de *Kondiaronk*. Lahontan a pu le rencontrer à la table du gouverneur français Frontenac, où il était apprécié pour ses réparties vives et sa liberté d'esprit.

Mais le personnage historique Kondiaronk est bien différent de l'Adario des *Dialogues*. Il était le chef des Wyandots des Grands Lacs. Sa famille appartenait à la tribu huronne de l'Ours, qui avait échappé aux Iroquois lors de la destruction de la Huronie en 1649-1650 et s'était réfugiée chez les Pétuns (les Tionnontatés), avec lesquels elle avait formé un groupe nomade qui se livrait au commerce des fourrures dans la région de Michilli-makinac (sur le détroit reliant le lac Huron au lac Michigan). En 1688, Kondiaronk, apprenant que le gouverneur Denonville menait en cachette des négociations de paix avec les Iroquois, craignit que sa nation soit « sacrifiée pour le salut des François ». Il fit tuer des délégués iroquois en route vers Montréal, affirmant qu'il en avait reçu l'ordre du gouverneur lui-même. Les Iroquois, furieux contre les Français, « débarquerent au bout de l'Isle au nombre de douze cens Guerriers, qui brûlerent & saccagerent toutes ses habitations » et « firent un massacre épouvantable d'hommes, de femmes & d'enfans[1] ». Si Kondiaronk a « trahi » de manière aussi flagrante ses alliés français, comment ceux-ci ont-ils pu continuer leur alliance avec lui et les siens ? Son biographe, William N. Fenton, affirme que, « pendant les quelque dix années de guerre qui suivirent, Kondiaronk multiplia les intrigues » ; « on le surprit à comploter avec les Iroquois » et on peut « le tenir responsable de la rebuffade que Frontenac essuya l'année suivante de la part des Outaouais ». Puis, vers 1695, on le trouve « à la tête de la faction pro-française, tandis qu'un autre chef huron, Le Baron, dirigeait les partisans favorables à une alliance avec les Anglais et avec les Iroquois[2] ». Cinq ans encore et Kondiaronk deviendra, selon la majorité des historiens, l'un des principaux artisans de la Grande Paix de Montréal, signée deux jours après sa mort, le 4 août 1701.

[1]Lahontan, *Nouveaux Voyages*, dans *Œuvres complètes*, p. 439-444.

[2]« Kondiaronk », dans D. M. Hayne et A. Vachon (dir.), *Dictionnaire biographique du Canada de 1701 à 1740*, t. 2, Québec, Presses de l'Université Laval, 1969, p. 334-337.

S'il est rusé et entreprenant, s'il n'est pas un allié inconditionnel des Français, le Kondiaronk historique est donc très différent de l'Adario des *Dialogues*. Deux autres traits importants l'en distinguent encore : il était converti au catholicisme et, bien loin de toujours survaloriser la *raison*, il la considérait comme la source du *malheur*, si l'on en croit un passage des *Memoires* de Lahontan : « Concluons donc, mon cher frere, que la raison des hommes est le plus grand instrument de leur malheur, & que s'ils n'avoient point la faculté de penser, de raisonner & de parler ils ne se feroient pas la guerre comme ils font sans aucun égard à l'humanité & à la bonne foi. »

De même, les Hurons dont on parle dans ces entretiens philosophiques sont fort éloignés des Algonquins qu'a connus Lahontan et qu'il décrit longuement dans ses *Memoires*.

Les *Dialogues* publiés en 1703 n'ont rien de « conversations » réelles que le voyageur a pu avoir sur le terrain[1]. L'auteur ne procède à aucune mise en scène des personnages, dont on ne connaît ni l'âge, ni les traits physiques, ni l'histoire. S'ils portent des noms distincts — « Adario » et « Lahontan » —, ils n'ont pas d'individualité propre. On ne sait rien de leur vie ni de leurs émotions ; jamais on ne pénètre leur intimité, jamais on ne les voit agir. Ils sont réduits aux figures archétypales bien connues de dialoguants : le Civilisé (appelé

---

[1] L'analyse qui suit reprend la plus grande partie d'une communication intitulée « Les dialogues de Lahontan (1703-1705) : de l'affirmation libertaire à l'appel révolutionnaire » et publiée dans *Actes du colloque Dialogue et controverse*, département de français, Université du Caire, 2004, p. 91-102.

ici « Lahontan »), corrompu et malheureux, face au Primitif (« Adario »), bon, sage et heureux[1]. La *distance* qu'implique tout dialogue ne vient donc pas de l'expérience, de la psychologie ou de la culture des interlocuteurs, mais de positions philosophiques inconciliables. Si chacun semble adopter une attitude différente de l'autre, ce n'est pas parce qu'il a une individualité propre, mais parce que ce trait distinctif oriente le débat.

En réalité, les *Dialogues* se situent dans le sillage de l'entretien philosophique, plus particulièrement du dialogue cynique à la manière de Lucien de Samosate, marqué par la verve et le scepticisme. Ce dialogue, très présent en Europe depuis la Renaissance, fait parler le Fou ou le Sauvage, c'est-à-dire celui qui demeure en marge du corps social et de la *doxa*, comme dans les célèbres *Colloques* d'Érasme (1509). Les *Dialogues* de Lahontan ressemblent beaucoup aussi à certains chapitres de deux romans publiés en 1676-1679, où les auteurs Gabriel de Foigny et Denis Veiras[2] font dialoguer un primitif australien avec un sage vieillard européen. Enfin, ils s'inspirent du Sauvage concret, tel que l'avaient décrit de multiples relations comme

---

[1] Pour la clarté du propos, l'on désignera désormais les deux dialoguants par les termes « Civilisé » et « Sauvage » afin d'éviter toute confusion avec les personnages historiques de l'officier écrivain Lahontan et du chef huron Kondiaronk.

[2] Gabriel de Foigny, *La Terre australe connue*, parue en 1676 et republiée en 1692 sous le titre *Les Aventures de Jacques Sadeur* ; Veiras, *L'histoire des Sevarambes, Peuples qui habitent une partie du troisième Continent, communément appelé la Terre australe*, dont les trois volumes parurent entre 1676 et 1679. Ils sont mentionnés dans la troisième partie de ce livre, « Lahontan et Leibniz », p. 287-290.

celles des missionnaires et des explorateurs : Champlain, Lescarbot, Sagard, les jésuites, Leclercq...

Les *Dialogues* portent sur cinq sujets : la religion, les lois, le bonheur, la médecine et le mariage. D'entrée de jeu, le Civilisé adopte une posture dialogique hautaine (je vais « te découvrir les grandes véritez du Christianisme »), voire injurieuse (« Tu viens de faire un sistéme sauvage par une profusion de Chiméres »), avant de devenir si conciliante qu'elle finira par accepter presque tout ce que soutiendra son interlocuteur. Chez Adario, l'attitude respectueuse du début (« Je suis prêt à t'écouter »), deviendra de plus en plus autoritaire (« fais toy Huron »), si bien qu'à la fin des entretiens les rôles seront inversés.

La posture autoritaire intolérante du Civilisé s'exprime bien par le syllogisme qui ouvre sa première intervention et qui prétend enfermer son interlocuteur dans une construction logique sans nuances :

> La Religion Chrêtienne est celle que les hommes doivent professer pour aller au Ciel. Dieu a permis qu'on découvrît l'Amérique, voulant sauver tous les peuples qui suivront les Loix du Christianisme ; il a voulu que l'Evangile fût prêché à ta Nation, afin de luy montrer le véritable chemin du paradis, qui est l'heureux séjour des bonnes Ames. Il est dommage que tu ne veuilles pas profiter des graces & des talens que Dieu t'a donné. La vie est courte, nous sommes incertains de l'heure de notre mort ; le temps est cher ; éclairci toi donc des grandes Verités du Christianisme, afin de l'embrasser au plus vîte, en regrétant les jours que tu as passé dans l'ignorance, sans culte, sans religion, & sans la connoissance du vray Dieu.

Resserrés pour être mis en termes d'école, les propos de Lahontan prennent la forme du raisonnement syllogistique avec *majeure, mineure* et *conclusion* :

Majeure : Il n'y a qu'une seule vraie et bonne religion, la religion chrétienne.

Mineure : Or, toi et tes frères hurons vous êtes « sans religion », c'est-à-dire sans croyance ni culte du vrai Dieu.

Conclusion : Donc, vous devez vous convertir au christianisme.

Si la majeure ne se discute pas, dans l'esprit du Civilisé, la mineure s'accompagne de deux considérants : 1- Dieu sauve seulement les individus et les peuples qui veulent profiter de sa grâce pour devenir chrétiens ; 2- Dieu a envoyé les Européens découvrir l'Amérique pour convertir les Amérindiens. L'idéologie colonisatrice qui sous-tend le raisonnement place l'Européen dans la position de celui qui *sait* et qui *agit*, par opposition à celle du Sauvage qui, ignorant, se contentera de *recevoir* la connaissance du « vrai Dieu ». Cette posture intransigeante transpire encore davantage dans la menace voilée qui accompagne le raisonnement : si toi et les tiens ne se font pas chrétiens, vous brûlerez éternellement en enfer, au lieu d'aller au paradis à votre mort. Faut-il rappeler ici que les missionnaires du XVIIe siècle (notamment les jésuites) tablaient sur la séduction par la science pour convertir les Chinois « civilisés », mais cherchaient à intimider les Amérindiens « barbares » du Canada et des Antilles par la crainte de l'enfer et des armes françaises [1] ?

[1] Voir, par exemple, François-Marc Gagnon, *La conversion par l'image : un aspect de la mission des Jésuites auprès des Indiens du Canada au XVIIe siècle*, Montréal, Bellarmin, 1975.

La réplique du Sauvage Adario, en six points, portera surtout sur la mineure et fera appel à l'ethnographie. Résumée en quelques mots, elle affirme que les Hurons ont des croyances religieuses : l'immortalité de l'âme et l'existence d'un Dieu créateur qu'ils appellent le *Grand Esprit*. En même temps, Adario fait éclater les termes du raisonnement syllogistique en affirmant le pouvoir de la raison comme guide moral et source de la croyance : « le grand Esprit nous a pourvus d'une raison capable de discerner le bien d'avec le mal, [...] afin que nous suivions exactement les véritables Régles de la justice & de la sagesse ». Curieusement, à peine affirmée l'importance de la raison, Adario lui dénie toute capacité métaphysique : « la portée de notre esprit ne pouvant s'étendre un pouce au dessus de la superficie de la terre, nous ne devons pas le gâter ni le corrompre en essayant de pénétrer les choses invisibles & improbables ». Si l'esprit humain est incapable de « pénétrer les choses invisibles », comment Adario peut-il affirmer que « la tranquillité d'ame plaît au grand Maître de la vie ; qu'au contraire le trouble de l'esprit lui est en horreur, parce que les hommes en deviennent méchans » ? En réalité, on a changé de registre ici : l'on est passé du questionnement métaphysique à l'apologie du Sauvage dont on verra d'autres manifestations plus loin. Cette longue réplique d'Adario, qui joue sur plusieurs tableaux en même temps, contient donc deux rejets et deux affirmations : rejets de la thèse missionnaire et d'une manière de discuter ; affirmations de la valeur amérindienne et de la raison comme guide ultime dans la recherche de la vérité et la conduite de la vie.

Des plans métaphysique et ethnographique, le débat se déplacera rapidement sur celui de l'exégèse biblique,

avec la reprise de la parole par le Civilisé qui qualifie de
« rêveries » les propos d'Adario, tout en citant la Bible
comme témoignage en faveur du christianisme : « Le
Païs des ames dont tu parles n'est qu'un Païs de chasse chimérique, au lieu que nos saintes Ecritures nous parlent
d'un Paradis situé au dessus des étoiles les plus éloignées
[...]. Ces mêmes Ecritures font mention d'un enfer [...],
où les ames de tous ceux qui n'ont pas embrassé le Christianisme brûleront éternellement sans se consumer ». Si
la Bible peut servir de preuve ou de caution à la religion,
il faut se demander, non pas si elle est un livre inspiré
par Dieu, mais si elle est acceptable par la raison. Ce
postulat amènera Adario à donner une définition de la
foi (ou de la croyance) assez surprenante :

> Ces saintes Ecritures que tu cites à tout moment,
> comme les Jésuites font, demandent cette grande foy
> dont ces bons Péres nous rompent les oreilles ; or cette foy
> ne peut être qu'une persuasion : croire c'est être persuadé,
> être persuadé c'est voir de ses propres yeux une chose, ou
> la reconoître par des preuves claires & solides. Comment
> donc aurois-je cette foy, puisque tu ne sçaurois ni me
> prouver, ni me faire voir la moindre chose de ce que tu
> dis ? Croi-moy, ne jette pas ton esprit dans des obscurités,
> cesse de soûtenir les visions des Ecritures saintes, ou bien
> finissons nos Entretiens.

Croire, pour Adario, n'est donc pas une adhésion
viscérale, intuitive, mais un acquiescement rationnel
à une vérité *montrable* dans la réalité perçue par les
sens ou *démontrable* par l'argumentation. Il veut être
convaincu plutôt que *persuadé*. Comme les deux dialoguants placent le débat sur ce registre de la raison,
examinons-le d'abord de ce point de vue, même si l'entretien ne suit pas toujours une logique serrée.

À l'instar de la tradition libertine, les *Dialogues* contestent la Bible, à la fois pour son *contenu* et pour sa *transmission* en tant que document authentique. Il ne s'agit pas d'abord de savoir si le texte biblique rapporte des absurdités ou dit la vérité, mais si l'amalgame de transcriptions, de récits oraux, de traductions, de collages, de rééditions a transformé le texte original au point de lui faire dire aujourd'hui autre chose que ce qu'il disait à l'origine. Voyons justement comment Adario passe habilement de la véracité du texte biblique à sa transmission :

> l'invention de l'Écriture n'a été trouvée, à ce que tu me dis un jour, que depuis trois mille ans, l'Imprimerie depuis quatre ou cinq siécles, comment donc s'assûrer de tant d'événemens divers pendant plusieurs siécles ? Il faut assurément estre bien crédule pour ajoûter foi à tant de rêveries contenues dans ce grand Livre que les Chrêtiens veulent que nous croïons. J'ay oüi lire des livres que les Jésuites ont fait de nostre Païs. Ceux qui les lisoient me les expliquoient en ma langue, mais j'y ay reconu vint menteries les unes sur les autres. Or si nous voïons de nos propres yeux des faussetez imprimées & des choses diférentes de ce qu'elles sont sur le papier, comment veux-tu que je croïe la sincerité de ces Bibles écrites depuis tant de siécles, traduites de plusieurs langues par des ignorans qui n'en auront pas conçu le veritable sens, ou par des menteurs qui auront changé, augmenté & diminué les paroles qui s'y trouvent aujourd'huy.

Autrement dit, les avatars du texte sacré, ses transformations successives depuis la tradition orale jusqu'aux traductions et aux rééditions plus récentes ne permettent pas de le considérer comme un document fiable.

À cette démonstration d'ordre logique, s'ajoute un procédé paralogique, l'analogie, qui vise à frapper l'imagination du lecteur pour mieux lui faire accepter la généralisation du propos : si nous pouvons découvrir tant de « menteries » dans les *Relations* des jésuites, publiées entre 1632 et 1673, qu'en sera-t-il de textes abondamment manipulés depuis des siècles ? Ce recours à l'analogie est délicat à manier parce qu'il arrache le débat à son déroulement logique pour le faire papillonner sur des anecdotes qui visent moins à le faire progresser qu'à embarrasser l'interlocuteur : celui-ci devra-t-il récuser le contenu de l'anecdote et son utilisation simplificatrice dans une discussion, ou s'en tenir à la logique prospective de l'argumentation ?

Pas plus qu'à leur transmission, on ne saurait se fier au contenu des Écritures pour asseoir une créance parce qu'elles regorgent de fables ridicules, d'absurdités et de contradictions. Telle cette histoire puérile selon laquelle « un Serpent tenta [Adam] dans un Jardin d'arbres fruitiers, pour lui faire manger d'une pomme, qui est cause que le grand Esprit a fait mourir son Fils exprez pour sauver tous les hommes ». Ou encore ces dogmes de la création, de la rédemption divine et de la condamnation à l'enfer. Ou enfin l'ambiguïté d'un message au nom duquel les Anglais et les Français se battent à mort. Avec ces exemples, Adario joue à nouveau sur des registres différents. Le premier registre, de type voltairien, ramène la richesse et la polyvalence du mythe à une fiction niaise lue au premier degré : la pomme n'est pas un symbole de la révolte humaine contre son créateur, mais un simple fruit provoquant la gourmandise. De même, l'expression « feu de l'enfer » n'est pas prise au sens métaphorique ou allégorique, mais au pied de la lettre : « comment veux-tu que l'ame, qui est un pur esprit, mille fois plus subtil & plus leger que la fumée, tende contre son penchant naturel au centre de cette Terre ? »

Comme s'il sentait le danger que le débat s'enlise dans l'anecdote, Adario s'empresse de revenir au cœur de l'argumentation touchant l'absurdité ou les contradictions internes de la Bible. Il a beau jeu d'opposer à son tour l'Évangile et le dogme chrétien : « ce Fils du grand Esprit a dit qu'il veut véritablement que tous les Hommes soient sauvés ; or s'il le veut il faut que cela soit ; cependant ils ne le sont pas tous, puis qu'il a dit que *beaucoup estoient apellés & peu éleus*. C'est une contradiction ». Contre cette objection, le Civilisé reprend l'argument traditionnel de l'Église selon lequel « Dieu ne veut sauver les Hommes qu'à condition qu'ils le veuillent eux-mêmes ». Ce faisant, il soulève une double question : comment concilier la toute-puissance de Dieu et le libre choix humain ? comment accepter qu'un Dieu de bonté conduise certains à l'enfer et d'autres au bonheur éternel[1] ?

Parce que la réplique de l'interlocuteur français est inconsistante, l'échange verbal sur le caractère absurde ou contradictoire de la Bible débouche sur une vue relativisante des choses quand Adario affirme : « Il n'est rien de si naturel aux Chrêtiens, que d'avoir de la foy

---

[1] Sur cette question, on le sait, les théologiens chrétiens ont oscillé entre deux pôles : les pélagiens soutenaient que l'homme est seul responsable de son salut, tandis que les calvinistes, par exemple, inspirés par Augustin, affirmaient que Dieu déterminait à l'avance les élus et les réprouvés. L'orthodoxie catholique s'efforçait de maintenir un moyen terme.

pour les saintes Ecritures, parce que dès leur enfance on leur en parle tant, qu'à l'imitation de tant de gens élevés dans la même créance, ils les ont tellement imprimées dans l'imagination, que la raison n'a plus la force d'agir sur leurs esprits déja prévenus de la vérité de ces Evangiles. » Ce passage est important en regard de la pensée du XVIIIe siècle, parce qu'il fait de la foi et de la religion une affaire de culture. L'individu se forge un Dieu à partir de sa propre expérience et de ce que sa culture lui transmet. Quand Adario lance à la blague que les Hurons pourraient imaginer Dieu sous les traits d'un castor, comme les catholiques se représentent le saint Esprit sous la forme d'une colombe, il recourt à une analogie fréquemment utilisée au début du XVIIIe pour affirmer que les croyances, tout comme les pratiques religieuses, sont liées à l'éducation, aux conditions de vie : dans la lettre 59 des *Lettres persanes*, Rica écrit à Usbek : « si les triangles faisaient un dieu, ils lui donneraient trois côtés [1] ».

En même temps qu'on relativise le dogme religieux en le présentant comme indissociable de la culture, on glisse naturellement vers un autre argument libertin : celui du divorce entre la croyance et la pratique chez les Européens qui veulent convertir des Sauvages meilleurs qu'eux [2]. Il ne s'agit plus ici de comparer, comme La Mothe Le Vayer en 1642, l'inconduite des civilisés à

---

[1] *Lettres persanes*, édition établie et présentée par Jean Starobinski, Gallimard, « Folio », 1973, p. 156.

[2] Ce paradoxe revient souvent sous la plume de missionnaires qui reprochent aux Européens de ne pas profiter de la grâce de Dieu : « Le bruit des Palais, ce grand tintamarre de Sergens, de Plaideurs & de Solliciteurs, ne s'entend icy que de mille lieuës loing. Les exactions, les tromperies, les vols, les rapts,

« la Vertu de Païens », éloignés dans le temps et l'espace, mais d'utiliser l'ethnographie comparée comme
une donnée incontestable. Le rappel des commandements de Dieu et de l'Église n'ouvre pas sur la question
longuement débattue du rapport entre la religion et la
morale (quels principes de morale pourra-t-on dégager
des croyances ? peut-on imaginer une morale sans religion ?) ; il débouche plutôt sur un procès et une condamnation des chrétiens parce qu'ils violent les principes de
leur croyance en ne respectant pas ces commandements :
adorer Dieu, lui rendre hommage, ne pas voler, ne pas
commettre l'adultère, ne pas mentir, observer certaines
pratiques comme le jeûne, ne pas travailler le dimanche
et les jours de fêtes, etc. Tout ce long passage aboutit, en
fin de compte, à dissocier religions instituées et conduite
vertueuse, et à considérer ces religions non plus en elles-
mêmes, mais dans leur utilité ou leur nocivité sociale.

   En tentant de justifier l'inconduite des Français par
la faiblesse humaine, le Civilisé fera dévier l'entretien
vers la question, longuement débattue, de l'origine du
mal : « l'homme corrompu comme il est, est emporté
vers le mal par tant d'endroits, & par un penchant si

les assassins, les perfidies, les inimitiez, les malices noires ne
se voyent icy qu'une fois l'an sur les papiers & sur les Gazettes,
que quelques uns apportent de l'Ancienne France. [...] Pleust à
Dieu que les ames amoureuses de la paix peussent voir combien
douce est la vie esloignée des gehennes de mille complimens
superflus, de la tyrannie des procez, des ravages de la guerre, &
d'une infinité d'autres bestes sauvages qu'on ne rencontre point
dans nos forests » (Lejeune, *Relation* de 1636, dans *The Jesuit
Relations and Allied Documents. Travels and Explorations of the
Jesuit Missionaries in New France, 1610-1791*, Cleveland, Burrows,
vol. 9, 1897, p. 138-140).

fort, qu'à moins de nécessité absolue, il est dificile qu'il y renonce ». Autrement dit, le mal est dans notre nature, dès notre naissance, comme l'affirme le dogme de la faute originelle. À cela, le Huron répond que le mal n'origine pas d'une faute ancestrale perdue dans la nuit des temps, mais d'une organisation politico-sociale fondée sur la propriété privée :

> j'ay parlé trés souvent à des François sur tous les vices qui régnent parmi eux, & quand je leur ai fait voir qu'ils n'observoient nullement les loix de leur Réligion, ils m'ont avoüé qu'il étoit vray, qu'ils le voïoient & qu'ils le conoissoient parfaitement bien, mais qu'il leur étoit impossible de les observer. [...] Ces François ont raison de dire qu'il est impossible d'observer cette Loi, pendant que le Tien & le Mien subsistera parmi vous autres. C'est un fait aisé à prouver par l'exemple de tous les Sauvages de Canada, puisque malgré leur pauvreté ils sont plus riches que vous, à qui le Tien & le Mien fait commettre toutes sortes de Crimes.

Cette réplique d'Adario déplace la critique du *religieux* au *social* (ou, si l'on préfère, au *politique*). En affirmant que le mal ne vient pas d'une faute « originelle », il nous amène dans les parages du *Discours sur l'inégalité* que publiera Rousseau un demi-siècle plus tard : le mal ne réside pas dans l'homme des origines, mais dans une organisation sociale refusant « que les fruits sont à tous et que la terre n'est à personne [1] ».

Que la propriété privée corrompe, le dialogue sur le bonheur l'affirmera avec véhémence, quand il dénoncera le pouvoir pernicieux de l'argent :

---

[1] Jean-Jacques Rousseau, *Œuvres complètes*, Paris, Gallimard, La Pléiade, t. 3, 1964, p. 164.

> ce que vous appelez argent, est le démon des démons,
> le Tiran des François, la source des maux, la perte des
> ames & le sepulcre des vivans. Vouloir vivre dans les Païs
> de l'argent & conserver son ame, c'est vouloir se jetter au
> fond du Lac pour conserver sa vie ; or ni l'un ni l'autre
> ne se peuvent. Cet argent est le Pére de la luxure, de
> l'impudicité, de l'artifice, de l'intrigue, du mensonge, de
> la trahison, de la mauvaise foy, & généralement de tous
> les maux qui sont au Monde. Le Pere vend ses enfans, les
> Maris vendent leurs Femmes, les Femmes trahissent leurs
> Maris, les Fréres se tuent, les Amis se trahissent, & tout
> pour de l'argent. Di-moy, je te prie, si nous avons tort
> aprez cela, de ne vouloir point ni manier, ni même voir
> ce maudit argent.

À ce sous-thème s'en rattache un autre qu'on retrouvera aussi chez Rousseau : la hantise de posséder toujours davantage est liée à un insatiable désir de *paraître*,
de se faire voir autre que ce qu'on est (plus grand, plus
puissant). La richesse ostentatoire qui se manifeste, par
exemple, dans la manière de s'habiller ou de se loger,
dresse des obstacles entre les humains, les empêchant de
se rejoindre directement. De ce point de vue, l'argent est
la pire possession puisqu'il se concentre dans un objet
qui se manipule facilement et qui peut s'accumuler très
vite aux dépens d'autrui [1].

Cette réflexion sur la propriété privée reviendra évidemment dans les entretiens sur les lois et sur le bonheur

[1] Derrière ces considérations morales, voire lourdement mora-
lisatrices, il faut comprendre que l'argent, comme chez Rousseau
encore, devient un « intermédiaire » entre soi et les autres, entre
soi et l'objet de son désir : voir là-dessus les belles pages de Jean
Starobinski, dans *Jean-Jacques Rousseau, la transparence et l'obstacle*, Paris, Gallimard, 1971, p. 129-137.

qui opposent la vie heureuse, tranquille et vertueuse
du Huron à l'existence malheureuse de l'Européen, que
l'ambition et l'avidité d'acquérir jettent dans le mal-être
et la méchanceté. Esclaves de leurs « passions », les
« grands seigneurs » « se haïssent intérieurement les
uns les autres », « perdent le sommeil, le boire & le
manger pour faire leur cour au Roy », « se font des violences si fort contre nature, pour feindre, déguiser, &
soufrir, que la douleur que l'ame en ressent surpasse l'imagination ». Ces grands seigneurs sont aussi esclaves de
« leur Roy », puisque, contrairement aux Hurons dont
l'autorité vient du consensus, ils sont prisonniers d'une
hiérarchie sociale où tous ont l'ambition de s'élever, mais
demeurent toujours soumis à l'autorité de quelqu'un.
Adario reprend ici un lieu commun des moralistes et
des voyageurs : la vie simple des Sauvages leur épargne la
servitude de deux grandes passions propres aux sociétés
civilisées : l'ambition et l'avarice, comme le missionnaire
jésuite Paul Lejeune l'écrivait déjà au siècle précédent :

> si c'est un grand bien d'estre delivré d'un grand
> mal, nos Sauvages sont heureux, car les deux tyrans qui
> donnent la gehenne & la torture à un grand nombre
> de nos Europeans, ne regnent point dans leurs grands
> bois : j'entends l'ambition & l'avarice ; comme ils n'ont
> ny police, ny charges, ny dignitez, ny commandement
> aucun, car ils n'obeyssent que par bien-veillance à leur
> capitaine ; aussi ne se tuent ils point pour entrer dans
> les honneurs ; d'ailleurs comme ils se contentent seule-
> ment de la vie, pas un d'eux ne se donne au Diable pour
> acquerir des richesses [1].

[1] *Relation* de 1636, dans *The Jesuit Relations and Allied Documents... (cit.)*, vol. 6, p. 230.

Évidemment, cette réflexion n'amène pas Lejeune à suggérer une transformation de la société européenne qui s'inspirerait du mode de vie des Sauvages montagnais ; elle reprend plutôt à sa manière une réflexion de moraliste qui reproche à l'Européen de ne pas se conduire en « civilisé ».

La critique sociale des Français, et surtout des prêtres, aborde le thème de la sexualité à la manière de la tradition libertine qui vitupérait le parasitisme et la vie licencieuse des religieux. Que le Huron la reprenne ne surprendra guère. Mais quand les deux interlocuteurs se mettent d'accord pour vanter, non pas la continence stricte, tout au moins une certaine retenue sexuelle, il y a anguille sous roche. Ce n'est ni la licence, ni la sexualité débridée que prêche Adario, au nom de la nature, mais une pratique sexuelle conçue comme une sorte d'hygiène qui soulage le corps sans gaspiller ses forces vives : ainsi, le jeune guerrier huron, s'il ne doit « pas s'énerver [s'affaiblir] par le fréquent exercice de l'acte vénérien, dans le temps que sa force luy permet de servir sa Nation contre ses Ennemis », recherchera, « une ou deux fois le mois », « la compagnie des Filles », car autrement il serait « extrémement incommod[é], comme l'exemple l'a fait voir envers plusieurs, qui, pour mieux courir, avoient gardé la continence ». Autrement dit, l'exercice sexuel modéré garde le corps en santé tandis que l'excès le prive de sa précieuse substance, amollit le guerrier, lui enlève cette pointe de vivacité dont il a besoin. Mais Adario va plus loin : c'est lui, et non pas le civilisé, qui blâme le coït interrompu comme une précaution « abominable », parce qu'il détourne l'acte sexuel de sa fin : la procréation. Dans le même passage, il qualifie de « crime » la continence des religieux, car « Dieu ayant créé autant d'hommes que de femmes, il a voulu que les uns & les autres travaillassent à la propagation du genre humain. Toutes choses multiplient dans la Nature, les Bois, les Plantes, les Oiseaux, les Animaux & les Insectes [1]. » Bien plus qu'une espèce de loi naturelle qui condamnerait la continence au nom d'un vitalisme multiplicateur sans fin à la Diderot, l'auteur Lahontan condamne l'inactivité sexuelle pour un motif inavoué mais très fort : la peur qu'entretenait tout le XVIIIe siècle de voir l'Europe se dépeupler. En 1721, dans ses *Lettres persanes*, Montesquieu écrira 12 lettres sur le sujet et Damilaville, auteur de l'article « Population » de l'*Encyclopédie*, tiendra le même discours. Avec le taux élevé de mortalité infantile, avec les famines et les guerres, à peu près tout le monde croyait que la Terre, et particulièrement l'Europe, se dépeuplait. L'activité sexuelle n'est donc pas ici, comme plus tard dans le siècle, une manifestation de liberté ou de vitalité individuelle, ou encore un simple plaisir : elle est un devoir envers l'humanité, quand on a besoin de tant de bras pour faire la guerre, cultiver les champs ou activer l'industrie naissante.

Cela dit, le discours d'Adario dépasse-t-il la critique des abus sociaux pour mettre en cause les fondements mêmes de la société monarchique ? On pourrait le soutenir en s'en tenant aux seuls *Dialogues*, dissociés du reste

---

[1] Plus qu'aux *Lettres persanes*, qui développent longuement la théorie de la continence contre nature, ces réflexions font penser au *Supplément au voyage de Bougainville* de Diderot, quand Orou vantera les bienfaits de l'eugénisme et d'une sexualité hautement productive.

de l'œuvre. Et encore ne trouverait-on pas, dans les propos les plus vifs du Sauvage, une incitation à la révolte pour renverser le régime, comme Gueudeville le proposera en 1705, avec sa réécriture des *Dialogues*. Sur ce point, il ne diffère pas des nombreux *Entretiens* publiés aux XVIIe-XVIIIe siècles.

Lahontan s'éloigne toutefois de la tradition dialoguale par le type d'ironie qui parcourt son texte. Cette ironie était déjà détectable dans le choix de l'intervenant européen : Lahontan. Celui-ci n'est ni l'auteur dont le nom apparaît sur la page de titre (*Dialogues ou Entretiens entre un Sauvage et le Baron de Lahontan*), ni le personnage historique qui portait à sa naissance en 1666 le nom de « Louis-Armand de Lom d'Arce », mais se fit appeler plus tard « Baron de Lahontan », du nom d'une terre achetée par son père dans le Béarn. Il est un être de fiction, naïf et lourdaud, qui ne fait pas le poids devant un Adario fringant. Le personnage historique de Lahontan, dont le nom apparaît dans les archives ou dans la correspondance de Leibniz, avait de l'esprit, il était remuant et frondeur ; l'écrivain, auteur de trois livres, avait une subtilité, une verve ironique qui récusait justement toute autorité constituée. En faisant défendre la cause de la civilisation par un personnage inconsistant portant son propre nom, Lahontan inscrit donc ses *Dialogues* sous le signe de l'ironie et du paradoxe. Seconde incongruité importante, qu'on ne peut qualifier de naïveté ou de gaucherie, le porte-parole huron, qui tient un discours de liberté, a des esclaves auxquels il fait ostensiblement allusion à plusieurs reprises. On pourrait répondre à cela que, comme chez Aristote (Lahontan le cite dans son œuvre), l'esclavage est *naturel* quand il s'agit de nations ennemies [1]. Mais le fil ironique tendu au lecteur virtuel est trop gros pour passer inaperçu et faire oublier une stratégie de communication où le destinataire, interpellé vivement, doit reconstruire à sa manière une autre thèse, ou peut-être même déconstruire la thèse explicite pour laisser flotter le sens, sans pouvoir conclure [2].

Au moment de mettre la dernière main aux *Œuvres complètes*, Alain Beaulieu et moi, nous tentions d'expliquer ce paradoxe de deux manières. D'une part, la conduite et les propos contradictoires d'Adario pourraient exprimer « l'inexorable résurgence de l'exploitation, même sous les plus belles prétentions libertaires ». Et nous ajoutions : « Pour Lahontan, la recherche de la liberté déboucherait-elle inévitablement sur l'instauration d'une autre forme d'exploitation ? La liberté ne serait-elle qu'un leurre ? » (*O.C.*, p. 66-67) D'autre part, en se plaçant à distance ironique de son énoncé, l'auteur force le lecteur à s'interroger sur le lieu idéologique d'où parle l'énonciateur. Or, par suite de sa déchéance sociale, Lahontan, petit noble ruiné, impuissant et sans avenir,

---

[1] Le Civilisé ne prend même pas la peine de rappeler Aristote, par exemple, selon lequel l'esclavage est *naturel*, puisque la nature a fait les esclaves avec un corps vigoureux, propre aux gros travaux, et un esprit faible, destiné à l'obéissance et à la servitude, comme les animaux (*Politique*, I, 5, traduction et annotation par J. Tricot, Paris Vrin, 1962, p. 40-42).

[2] Cette analyse rejoint celle de Philippe Hamon, lorsqu'il écrit sur un corpus du XIXᵉ siècle : « le discours ironique [...] attaque volontiers tous les systèmes de croyances », il laisse « flotter les significations sans en imposer une, même implicite », il « brouille volontiers l'identité et l'origine de sa propre parole en s'en désolidarisant et en multipliant les citations et les échos des discours d'autrui » (*L'ironie littéraire. Essai sur les formes de l'écriture oblique*, Paris, Hachette, 1996, p. 62).

est condamné à errer à travers l'Europe, avec pour seul
bagage sa culture et ses souvenirs d'Amérique. Sa parole
dénonciatrice n'exprimerait pas l'espoir d'un changement, mais l'amertume du désespoir. « Don Quichotte,
errant dans sa plaine, s'est retiré du monde, écrivions-
nous. Sa parole ironique lui tient lieu de compagnon »
(p. 91). La phrase est trop belle pour ne pas être excessive.
Sans écarter ces deux interprétations, on peut en ajouter
une autre aujourd'hui, déjà esquissée à l'époque. Elle a
trait à l'ironie qui marque toute l'œuvre de Lahontan.
Quand il reprend le mythe du Sauvage, l'auteur ne traite
pas le sujet comme une démonstration ; il se livre à un
jeu ironique sur un ensemble de traits mythiques identi-
fiés et connus. Il produit une parodie comme Marivaux
en 1716, dans *L'Iliade travestie*, une parodie au sens étymologique du terme (*para-odè = chant à côté*), ou, si l'on
préfère, comme des variations musicales sur des thèmes
connus. En ce sens, les *Dialogues* sont une œuvre ouverte,
une œuvre dont on ne peut tirer de thèse centrale parce
que l'ironie empêche le sens de se coaguler. Malgré la
fixité du texte, l'œuvre devient une espèce de mobile, au
sens qu'Alexander Calder donnait au mot pour désigner
ses œuvres.

La réédition des *Dialogues* par Gueudeville

Depuis le XVIIIᵉ siècle, le véritable texte de Lahontan,
celui de l'édition portant le millésime 1703, a souvent
été confondu avec celui de la réédition fort différente
de 1705. Il est acquis maintenant que cette réédition
est d'un réfugié aux Pays-Bas, le polygraphe et ancien

moine bénédictin Nicolas Gueudeville, et qu'elle a été
répudiée par Lahontan lui-même. Dans sa réplique de
septembre 1705 aux jésuites des *Mémoires* de Trévoux
qui avaient condamné son livre comme « le précis de
ce que les Deistes & les Sociniens disent de plus fort
contre la soumission que nous devons à la foy & contre
cette captivité de la raison sous l'empire de la révélation », il répliqua : « je desavoüe la seconde [édition],
quoi qu'on dise que c'est moi qui l'ai augmentée & corrigée avec l'addition d'une nouvelle Préface qu'on pretend
que j'ai fait aussi pour me deguiser plus adroitement ».
S'il n'a pas retouché les *Memoires*, Gueudeville a largement modifié les *Nouveaux Voyages* et encore davantage
les *Dialogues*. Dans sa préface, il expliquait sa décision
d'avoir récrit le texte, qu'il jugeait encombré de « trans-
positions qui gâtoient absolument le bon ordre du recit,
& [...] devoient blesser le discernement du Lecteur ».
En réalité, la réécriture de 1705 ne serre pas davantage
la logique du texte : elle l'alourdit plutôt de mytholo-
gismes, de digressions et de surcharges métaphoriques
souvent licencieuses [1]. Elle radicalise aussi la critique des
dogmes et des institutions.

D'entrée de jeu, l'interlocuteur français de 1705
change le ton du dialogue en vouvoyant son interlocuteur (« C'est donc vous, mon cher Adario »), tandis
que celui-ci interpellera parfois Lahontan par son statut
de noble : « mon cher Baron », « Seigneur Baron ». Ce
changement de ton s'exprime encore dans la première
phrase quand le Lahontan de 1703 affirme : « je veux
raisonner avec toy », alors que celui de 1705 dira : « J'ai

---

[1] Sur la réécriture de Gueudeville, voir l'introduction aux
Œuvres complètes, p. 113-118.

une vraie joie de pouvoir vous entretenir ». Ce « plaisir » d'« entretenir » se manifestera de deux manières dans l'échange verbal. Tout d'abord par la place beaucoup plus grande prise par le *je* dialoguant : au lieu de « pour moy, j'ai toûjours soûtenu que... », le texte de 1705 porte : « Et pour ne parler que de moi, je te déclare que je suis très fortement persuadé que... ». Ailleurs, le *je* se fait plus discret, mais tout aussi lourd : « Je te pose un Cas » ; « Je vous défie de me répondre là-dessus ». Autour de ce *je*, ou greffé à lui, une surcharge verbale métaphorique s'accumule qui n'apporte rien le plus souvent à la discussion, comme dans cette réflexion d'Adario :

> A ce que je vois, mon cher Baron, ta Philosophie Françoise ne vaut pas mieux que mon Huronage. Garde, je te prie, garde pour ta propre nation tout ce travers d'esprit & de cœur que tu attribues au Genre humain. Graces au Grand Esprit qui ne nous a donné que la Lumiere naturelle, nous n'éteignons point ce flambeau, nous suivons exactement les Préceptes de la Raison, & tu connois assez nos manieres pour être convaincu que l'interêt temporel ne nous fait jamais renoncer à l'Equité [1].

À quelques reprises, cette surcharge vient plutôt d'un désir de frapper l'imagination ou de dramatiser le propos en ajoutant un détail concret, quand le Civilisé, par exemple, affirme qu'il est impossible de comprendre Dieu, dont le « bon plaisir a été de faire crucifier son Fils entre deux Voleurs, pour marquer plus sensiblement aux

---

[1] L'édition de 1703 portait simplement : « Quand tu parles de l'homme, di l'homme François, car tu sçais bien que ces passions, cet intérêt, & cette corruption, dont tu parles, ne sont pas connues chez nous ».

Hommes & l'énormité de leur Offense & la grandeur infinie de son Amour ». Ou encore quand, pour dénoncer la « mode », il décrit ces hommes « courbez sous le poids d'une ample perruque », « qui peut-être, outre le crin de cheval, est tissue des cheveux d'un supplicié ».

Le « plaisir » des dialoguants se manifeste encore lorsqu'ils donnent libre cours à leur verve bouffonne ou gaillarde. Elle peut être allusive, avec l'évocation, par Adario, des « petits Bâtards » que les coureurs de bois font aux Amérindiennes « pendant l'absence de leurs Maris ». Elle se développera davantage pour dénoncer « la Débauche & l'Iniquité » des religieux [1] :

> Le brave Champion pour la cause du Célibat qu'un gros Moine bien dodu, vigoureux, rubicond, qui ne refuse rien à sa chere & precieuse nature, qui se nourrit du meilleur vin, de viandes succulentes & assaisonnées d'épiceries, veritables allumettes de la Concupiscence ! Pour moi, quand je reflechis sur cette Morale, je t'avouë que je ne serois nullement surpris quand on m'assûreroit qu'aucun de vos Ecclesiastiques n'entrera dans le Paradis du Grand Esprit. Quand tu me dis que ces sortes de gens se

[1] Voir encore, au lieu des quelques lignes de 1703, la surcharge de 1705 : « Par exemple quand un Jesuite voit une jolie Fille, penses-tu que le bon Pere soit insensible, que son cœur ne soit point chatouillé, qu'il ne sente point enfin cette agréable émotion que la vûë d'un bel objet produit naturellement ? Desabuse-toi de cela, croi moi, mon pauvre Adario, ces saints Personnages sont pêtris du Limon commun ; ils ne sont ni de bois ni de fer non plus que les autres. Mais sais-tu ce qu'ils font pour triompher de la nature ? Ils implorent l'assistance du Grand Esprit qui ne manque point d'amortir en eux les Flammes de la concupiscence & par un nouveau genre de victoire de mettre ces braves Athletes en état d'aller toûjours la Lance baissée contre les tentations de la chair. »

retirent du Monde pour se battre en retraite contre les aiguillons de la Chair, c'est se jouer de la Verité, car tu sais mieux que moi qu'il n'y a point d'hommes plus lascifs, plus lubriques, plus addonnez au Vice que vos gens noirs & encapuchonnez.

Les *Dialogues* réécrits par Gueudeville ne mériteraient pas de paraître à nouveau s'ils se contentaient d'amplifier les instances interlocutrices et de manifester une verve burlesque qui appauvrit souvent le contenu intellectuel du texte. Déjà, en 1931, Gilbert Chinard voyait en Gueudeville « un des annonciateurs de la tempête révolutionnaire [1] » ; quarante ans plus tard, Maurice Roelens affirmait que la « recherche des voies et moyens de la violence révolutionnaire » et l'« appel au peuple en armes [...] radicalisent la critique politique et sociale de La Hontan qui restait théorique et, en quelque sorte, abstraite [2] ».

Alors que Lahontan critiquait surtout le fonctionnement de la monarchie française, sans en condamner explicitement le principe [3], Gueudeville, rappelant le « Droit naturel », affirme qu'il faut parfois renverser cette monarchie, « déthrôner le Tyran », comme l'ont fait, en 1649, les Anglais, nation « brave » et « courageuse ». Il suggère en même temps, aux « trois cens mille gueux qui moiennant quelques sols par jour veulent bien se faire tuer » pour « le Riche » et pour « le

[1] Introduction à son édition des *Dialogues*, p. 43-44.
[2] Introduction aux *Dialogues avec un Sauvage*, p. 68.
[3] Parlant des « grands seigneurs », Adario les disait « esclaves de leurs passions, & de leur Roy, qui est l'unique François heureux, par raport à cette adorable liberté dont il joüit tout seul », mais sa critique se gardait bien d'aller plus loin.

Monarque », de « faire rentrer la Nation dans ses droits, d'anéantir la propriété des particuliers » et d'établir un gouvernement qui assurera « la felicité commune ». Liant vers la fin des *Dialogues* la propriété privée et la tyrannie monarchique, Adario présente le roi comme un vampire acharné sur ses sujets :

> Ce n'est pas assez qu'il vous épuise & qu'il vous suce jusqu'à la moelle des os, vous autorisez encore ses violences en le traitant de Proprietaire Universel : c'est l'Armée du Prince, ce sont les vaisseaux du Prince, c'est l'argent du Prince, & fût-il le plus grand tyran du Monde, de l'aveu de ses sujets même, il ne prend que ce qui lui appartient.

Gilbert Chinard avait donc raison d'écrire, dans son introduction de 1931 aux *Dialogues* (p. 43-44), que Gueudeville annonce déjà le Père Duchesne et que, s'il « était né trois quarts de siècle plus tard, il serait sans doute considéré aujourd'hui comme un des annonciateurs de la tempête révolutionnaire ».

Pour rendre compte du débat d'idées qui secouait la France vers la fin du long règne de Louis XIV et qui prit de l'ampleur dans les décennies suivantes, il fallait donc donner à lire, à la suite des *Dialogues* de Lahontan, la réédition de Gueudeville.

Après ces deux versions des *Dialogues* viendront deux parties intitulées « Lahontan et Leibniz », suivie de « Lahontan et les jésuites », qui permettront de mesurer l'impact des œuvres de l'auteur pendant les deux premières décennies du XVIIIe siècle.

Réal OUELLET

NOTE SUR L'ÉTABLISSEMENT DU TEXTE

Les textes de Lahontan et de Gueudeville ont été établis sur les exemplaires de l'édition originale conservés à la Bibliothèque nationale du Québec à Montréal.

Nous reproduisons intégralement la graphie et la ponctuation du texte original, sauf sur les points suivants :

- correction de coquilles comme Frontena*l* au lieu de Frontena*c*, *d'*évorez au lieu de *d*évorez, ou *j'*amais au lieu de *j*amais ;
- ajout ou suppression de l'accent grave, de l'accent circonflexe et des trémas pour distinguer *a* et *à*, *des* et *dès*, *du* et *dû*, *eut* et *eût*, *la* et *là*, *notre* et *nôtre*, *ou* et *où*, *oui* et *ouï*, et de l'accent aigu pour marquer le *é* tonique final ;
- suppression des accents insolites comme *èurent*, *mârcher*, *lû*, *eû* ;
- ajout de l'apostrophe dans les élisions pour distinguer *la* et *l'a*, *ny* et *n'y*, etc.
- élimination des trémas sur d'autres lettres que *a*, *e*, *i*, *o*, *u* ;
- dissimilation de *i* et *j*, de *u* et *v* ;
- utilisation de la majuscule après un point, en début de phrase et pour les noms propres, mais élimination de la majuscule aux verbes et adverbes et après un autre signe que le point ;

- ajout du point à la fin des phrases et de la virgule entre les termes d'une énumération ;
- élimination de la virgule après le sujet immédiatement suivi du verbe, le substantif suivi du complément de nom, du point virgule entre la principale et sa subordonnée ;
- résolution des abréviations.

Pour alléger l'appareil critique, les références bibliographiques mentionnées plus d'une fois sont abrégées, tout comme les *Œuvres complètes*, publiées aux Presses de l'Université de Montréal, sont signalées par l'abréviation *O.C.* Les mots répertoriés dans le glossaire (p. 325) sont suivis d'un astérisque à leur première occurrence dans chaque partie du livre.

Les notes infrapaginales *en italiques*, suivies de la mention [NdA], sont de Lahontan. Elles apparassaient dans les marges du manuscrit original.

LAHONTAN

DIALOGUES
OU ENTRETIENS ENTRE
UN SAUVAGE ET LE
BARON DE LAHONTAN
1703

ET LEGES ET SCEPTRA TERIT.

Frontispice des Nouveaux Voyages *et des* Mémoires *(1703) :*
« *Et leges et sceptra legis* ».

PRÉFACE

JE M'ÉTOIS *tellement flatté de rentrer dans la grace du Roy de France, avant la déclaration de cette Guerre*[1] *que bien loin de penser à l'impression de ces lettres & de ces Mémoires, je comptois de les jetter au feu, si ce Monarque m'eût fait l'honeur de me redonner mes Emplois* sous le bon plaisir de Messieurs de Pontchartrain*[2] *pére & fils. C'est cette raison qui m'a fait négliger de les métre dans l'état où je souhaiterois qu'ils fussent, pour plaire au Lecteur qui se donnera la peine de les lire.*

Je passai à l'âge de 15 à 16 ans en Canada[3]*, d'où j'eus le soin d'entretenir toûjours un commerce* de lettres avec un*

---

[1] La guerre de Succession d'Espagne, commencée en 1701, se poursuivra jusqu'à la signature des traités d'Utrecht et de Rastatt, en 1713-1714.

[2] *L'un Chancelier de France, l'autre Sécrétaire d'Etat, trés riches en or & en argent.* [NdA] Louis II Phélypeaux, comte de Pontchartrain (1643-1727), secrétaire d'État et ministre de la Marine, était mort le 10 novembre 1691. Son fils, Jérôme Phélypeaux, comte de Maurepas, puis de Pontchartrain, lui avait succédé comme secrétaire d'État et ministre de la Marine.

[3] Lahontan avait plutôt 17 ans, puisqu'il est né le 9 juin 1666, comme le révèle son acte de baptême (Archives municipales de Pau, GG2, f. 118).

vieux Parent[1]*, qui avoit exigé de moy des nouvelles de ce Païs-là, en vertu des assistances** *qu'il me donnoit annuellement. Ce sont ces mêmes lettres dont ce livre est composé. Elles contiennent tout ce qui s'est passé dans ce Païs-là entre les Anglois, les François, les Iroquois*[2]*, & autres Peuples, depuis l'année 1683 jusqu'en 1694 avec quantité de choses assez curieuses, pour les Gens qui connoissent les Colonies des Anglois ou des François. Le tout est écrit avec beaucoup de fidélité. Car enfin, je dis les choses comme elles sont. Je n'ay flatté, ni épargné personne. Je donne aux Iroquois la gloire qu'ils ont aquise en diverses ocasions, quoique je haïsse ces Coquins là plus que les cornes & les procez. J'atribue en même temps aux gens d'Eglise (malgré la vénération que j'ay pour eux) tous les maux que les Iroquois ont fait aux Colonies Françoises, pendant une guerre qu'on n'auroit jamais entrepris sans le conseil de ces pieux Ecclésiastiques*[3]*.*

    Aprés cela, j'avertis le Lecteur que les François, ne connoissant les Villes de la Nouvelle York que sous leur ancien nom, j'ay esté obligé de me conformer à cela, tant dans ma Rélation, que dans mes Cartes. Ils appellent Nieu-York *tout le Païs contenu depuis la source de sa Riviére jusqu'à son Embouchure, c'est à dire jusqu'à l'Isle où est située la Ville de* Manathe *(ainsi apellée, du temps des Hollandois) & qui est à présent apellée des Anglois* Nieu-York. *Les*

---

[1] Si Lahontan a vraiment échangé des lettres avec « un vieux parent », aucune trace de cette correspondance ne nous est parvenue.

[2] *Appellés Mahak par les Anglois de la nouvelle York.* [NdA]

[3] Dans sa réplique de 1705 aux *Mémoires* de Trévoux, Lahontan fera des jésuites « les moteurs de la guerre désastreuse » contre les Iroquois (*O.C.*, p. 1012).

François appellent aussi Orange *la Plantation d'*Albanie, *qui est vers le haut de la Riviére. Outre ceci le Lecteur est prié de ne pas trouver mauvais que les pensées des Sauvages soient habillées à l'Européane : c'est la faute du Parent à qui j'écrivois, car ce bon homme ayant tourné en ridicule la Harangue métaphorique de la Grand-Gula* [1]*, il me pria de ne plus traduire à la lettre un langage si rempli de fictions & d'hiperboles sauvages ; c'est ce qui fait que tous les raison-nements de ces Peuples paroistront icy selon la diction & le stile des Européans, car ayant obéï à mon Parent, je me suis contenté de garder les copies de ce que je luy écrivois, pendant que j'estois dans le Païs de ces Philosophes nuds. Il est bon d'avertir le Lecteur, en passant, que les gens qui connoissent mes défauts rendent aussi peu de justice à ces Peuples qu'à moy, lorsqu'ils disent que je suis un Sauvage & que c'est ce qui m'oblige de parler si favorablement de mes Confréres. Ces Observateurs me font beaucoup d'honeur, dés qu'ils n'expliquent pas que je suis directement ce que l'idée des Européans attache au mot de* Sauvage. *Car en disant simplement que je suis ce que les Sauvages sont, ils me donnent, sans y penser, le caractére du plus honnête homme du monde, puisqu'enfin c'est un fait incontestable que les Nations qui n'ont point été corrompues par le voi-sinage des Européans, n'ont ni tien ni mien, ni loix, ni Juges, ni Prestre* [2] *; personne n'en doute, puisque tous les*

[1] Cette harangue du chef iroquois Otreouti (« La Gran-Gula »), adressée au gouverneur français Lefebvre de la Barre, est reproduite dans la lettre VII des *Nouveaux Voyages* (*O.C.*, p. 307-310).

[2] Dès les pages liminaires, l'auteur introduit un des grands thèmes des *Dialogues* : la corruption vient de l'Europe, avec la propriété privée et des corps constitués comme les hommes de justice et le clergé.

Voyageurs qui connoissent ce Païs-là font foy de cette verité.
Tant de gens de diférentes professions l'ont si bien assuré
qu'il n'est plus permis d'en douter. Or si cela est, on ne doit
faire aucune dificulté de croire que ces Peuples soient si
sages & si raisonnables. Il me semble qu'il faut être aveugle
pour ne pas voir que la propriété des biens (je ne dis pas
celle des femmes) est la seule source de tous les désordres qui
troublent la Société des Européans ; il est facile de juger sur
ce pied*-là que je ne prête en aucune maniére le bon Esprit
& la sagesse, qu'on remarque dans les paroles & dans les
actions de ces pauvres Ameriquains*. Si tout le monde étoit
aussi bien fourni de livre de voyages que le Doctor Sloane [1]*,*
on trouveroit dans plus de cent Relations de Canada une
infinité de raisonnemens Sauvages incomparablement plus
forts que ceux dont il est parlé dans mes Memoires. Au
reste, les personnes qui douteront de l'instinct & du talent
des Castors, n'ont qu'à voir la grande Carte de l'Amerique
du Sr. de Fer [2]*, gravée à Paris en 1698. Ils y trouveront des*
choses surprenantes touchant ces animaux. On m'écrit de
Paris, que Messieurs de Pontchartrain cherchent les moïens

---

[1] *Docteur en Medecine à Londres* [NdA]. Le médecin et natura-
liste irlandais Hans Sloane, né en 1660, deviendra membre de la
Société royale de Londres en 1685, et laissera, à sa mort en 1753,
ses collections de livres, de manuscrits, de médailles, de plantes
et d'animaux qui seront à l'origine du British Museum.

[2] Le géographe du roi, Nicolas de Fer (1646-1720) avait effectivement publié une carte en 1698 (BNF, Cartes et plans, GE DD
2987), portant au coin supérieur gauche, sous une représentation des chutes Niagara, une scène intitulée « Des castors du
Canada », dont Lahontan s'est inspiré dans sa lettre XVI des
Nouveaux Voyages (*O.C.*, p. 386-391). Sur les représentations tex-
tuelles et graphiques du castor à l'époque, voir Fr.-M. Gagnon,
Images du castor canadien (XVIe-XVIIIe siècles).

de se venger de l'outrage qu'ils disent que je leur ay fait, en
publiant dans mon livre quelques bagatelles* que j'aurois
dû taire. On m'avertit aussi que j'ay tout lieu de craindre
le ressentiment de plusieurs Eclésiastiques, qui prétendent
que j'ay insulté* Dieu, en insultant leur conduite. Mais
comme je me suis attendu à la fureur des uns & des autres,
lorsque j'ay fait imprimer ce livre, j'ai eu tout le loisir de
m'armer de pied en cap, pour leur faire teste. Ce qui me
console, c'est que je n'ay rien écrit que je ne puisse prouver
autentiquement, outre que je n'ay pu moins dire à leur
égard que ce que j'ai dit. Car si j'eusse voulu m'écarter tant
soit peu de ma narration, j'aurois fait des digressions où la
conduite des uns & des autres auroit semblé porter préju-
dice au repos & au bien public. J'aurois eu assez de raison
pour faire ce coup là ; mais comme j'écrivois à un vieux
Cagot de Parent, qui ne se nourrissoit que de devotion, &
qui craignoit les malignes* influences de la Cour, il m'ex-
hortoit incessament, à ne lui rien écrire qui pût choquer
les gens d'Eglise & les gens du Roy, de crainte que mes
lettres ne fussent interceptées ; quoiqu'il en soit, on m'aver-
tit encore de Paris qu'on employe des Pédans* pour écrire
contre moy, & qu'ainsi il faut que je me prépare à essuyer
une grêle d'injures qu'on va faire pleuvoir sur moy, dans
quelques jours ; mais n'importe, je suis assez bon sorcier
pour repousser l'orage du côté de Paris. Je m'en moque, je
feray la guerre à coups de plume, puisque je ne la puis faire
à coups d'épée [1]. Ceci soit dit en passant, dans cette Préface
au Lecteur, que le Ciel daigne combler de prospéritez, en le
préservant d'aucune discussion d'affaire avec la plûpart des

[1]Toute cette mise en scène textuelle vise évidemment à créer
le suspense chez le lecteur en attente de révélations et de déve-
loppements polémiques.

*Ministres d'Etat ou de l'Evangile, car ils auront toûjours
raison, quelque tort qu'ils ayent, jusqu'à ce que l'Anarchie* [1]
*soit introduite chez nous, comme chez les Amériquains,
dont le moindre s'estime beaucoup plus qu'un Chancelier
de France. Ces peuples sont heureux d'être à l'abri des chicanes de ces Ministres, qui sont toujours maîtres par tout.
J'envie le sort d'un pauvre Sauvage, qui* leges & Sceptra
terit [2], *& je souhaiterois pouvoir passer le reste de ma vie
dans sa Cabane, afin de n'être plus exposé à fléchir le genou
devant des gens qui sacrifient le bien public à leur intérêt
particulier, & qui sont nés pour faire enrager les honêtes
gens. Les deux Ministres d'Etat à qui j'ay affaire ont été
sollicitez en vain par Madame la Duchesse du Lude, par
M*r*. le Cardinal de Bouillon, par M*r*. le Comte de Guis-
car, par M*r*. de Quiros, & par M*r*. le Comte d'Avaux* [3] *;
rien n'a pu les fléchir, quoique mon affaire ne consiste qu'à
n'avoir pas soufert les afronts d'un Gouverneur* [4] *qu'ils*

[1] Au sens étymologique du terme, anarchie (*anarkhia*) signifie absence de chef.

[2] *Qui foule aux pieds le livre de lois et le sceptre.* Voir la gravure du frontispice, *supra*, p. 53.

[3] Marguerite-Louise de Béthune, duchesse du Lude, dame d'honneur de la duchesse de Bourgogne ; Emmanuel-Théodose de la Tour d'Auvergne, cardinal de Bouillon ; Louis, comte de Guiscard, lieutenant général de l'armée des Flandres, ambassadeur en Suède ; Bernard-François de Quiros, ambassadeur d'Espagne à La Haye ; Jean-Antoine de Mesmes, comte d'Avaux, ambassadeur de France en Hollande, en Suède et à La Haye.

[4] Le gouverneur Jacques-François de Mombeton de Brouillan, gouverneur de Plaisance (Terre-Neuve), où Lahontan avait été nommé lieutenant de roi en 1693. Alors que le gouverneur, dans ses lettres au ministre, taxe Lahontan d'insubordination et de manquements répétés aux devoirs de sa charge, celui-ci accuse son supérieur de concussion et de violences graves. En réalité,

protégent, pendant que cens autres Officiers, qui ont eu des affaires mille fois plus criminelles que la mienne, en ont été quittes pour trois mois d'absence. La raison de ceci est qu'on fait moins de quartier aux gens qui ont le malheur de déplaire à Messieurs de Pontchartrain, qu'à ceux qui contreviénent aux ordres du Roy. Quoiqu'il en soit, je trouve dans mes malheurs la consolation de joüir en Angleterre [1] d'une espéce de liberté, dont on ne joüit pas ailleurs, car on peut dire que c'est l'unique Païs de tous ceux qui sont habitez par des peuples civilisez, où cette liberté paroit plus parfaite. Je n'en excepte pas même celle du cœur, etant convaincu que les Anglois la conservent fort précieusement, tant il est vray que toute sorte d'esclavage est en horreur à ces Peuples, lesquels témoignent leur sagesse par les précautions qu'ils prénent pour s'empêcher de tomber dans une servitude fatale.

AVIS DE L'AUTEUR AU LECTEUR

Dès que plusieurs Anglois, d'un mérite distingué, à qui la Langue Françoise est aussi familiére que la leur, & divers autres de mes Amis, eurent veu mes Lettres & Mémoires de Canada, ils me témoignérent qu'ils auroyent souhaité une

Lahontan ne pourra jamais rentrer en grâce, comme l'affirme la princesse palatine Élisabeth-Charlotte (épouse de Monsieur, frère de Louis XIV), dans une lettre de Versailles datée du 19 octobre 1710 et adressée à la duchesse de Hanovre : « ce que le roi peut le moins souffrir, c'est qu'on attaque ses ministres. Il punit cela aussi sévèrement que s'il avait été visé lui-même. C'est pourquoi Langallere et Lahontan ne peuvent rentrer en grâce » (cité dans Lahontan, *O.C.*, p. 231).

[1] Au moment où il rédige cette préface, Lahontan est en Angleterre depuis la première moitié de 1702.

*plus ample Relation des mœurs & coutumes des Peuples
ausquels nous avons donné le nom de Sauvages. C'est ce
qui m'obligea de faire profiter le Public de ces Divers Entretiens que j'ay eu dans ce Païs-là avec un certain Huron, à
qui les François ont donné le nom de Rat* [1] ; je me faisois
une application* agréable, lorsque j'étois au Village de cet
Ameriquain, de receuillir avec soin tout ses raisonnemens.
Je ne fus pas plûtôt* de retour de mon Voyage des Lacs de
Canada, que je fis voir mon Manuscrit à M^r. le Comte de
Frontenac, qui fut si ravi de le lire, qu'ensuite il se donna
la peine de m'aider à mettre ces* Dialogues dans l'état où ils
sont* [2]. Car ce n'étoit auparavant que des Entretiens inter-
rompus, sans suite & sans liaison. C'est à la sollicitation de
ces Gentishommes Anglois, & autres de mes Amis, que j'ai
fait part au Public de bien des Curiositez qui n'ont jamais
été écrites auparavant, touchant ces Peuples sauvages. J'ay
aussi cru qu'il n'auroit pas desagréable que j'y ajoûtasse des
Relations assez curieuses de deux Voyages que j'ai faits, l'un
en Portugal, où je me sauvai de Terre-Neuve, & l'autre en
Danemarc* [3]. On y trouvera la description de Lisbone, de
Copenhague, & de la Capitale du Royaume d'Arragon, me
reservant à faire imprimer d'autres Voyages* [4] que j'ay faits
en Europe, lorsque j'auray le bonheur de pouvoir dire des
Véritez sans risque & sans danger.*

[1]Le chef huron Kondiaronk, dit le Rat, dont l'anagramme partielle est Adario. Il mourut à Montréal, le 2 août 1701, quelques
jours avant la signature de la Grande Paix avec les Iroquois, qu'il
avait contribué à préparer.

[2]Il semble peu vraisemblable que Frontenac, mort à Québec
en 1698, ait travaillé en 1688 à la mise en forme des *Dialogues*.

[3]Les *Voyages de Portugal et de Danemarc* (O.C., p. 887-992),
qui complètent le t. 3 des œuvres de Lahontan.

[4]Lahontan ne publiera pas d'autres *Voyages*.

DE LA RELIGION [1]

LAHONTAN

C'est avec beaucoup de plaisir, mon cher Adario, que je veux raisonner avec toy de la plus importante affaire qui soit au Monde, puis qu'il s'agit de te découvrir les grandes veritez du Christianisme [2].

ADARIO

Je suis prêt à t'écouter, mon cher Frére, afin de m'éclaircir* de tant de choses que les Jésuites nous prêchent depuis long temps, & je veux que nous parlions

---

[1] Ce sous-titre, comme ceux sur le bonheur, la médecine et le mariage, a sauté par inadvertance dans les *Dialogues* de Lahontan.

[2] Sur les diverses questions théologiques soulevés dans le premier *Dialogue*, voir, en particulier, les ouvrages suivants : J. Bricout (dir.), *Dictionnaire pratique des connaissances religieuses* ; A. Vacant et E. Mangenot, (dir.), *Dictionnaire de théologie catholique* ; M. Viller, (dir.), *Dictionnaire de spiritualité, ascétique et mystique, doctrine et histoire*.

ensemble avec autant de liberté que faire se pourra. Si ta Créance* est semblable à celle que les Jésuites nous prêchent, il est inutile que nous entrions en Conversation, car ils m'ont débité tant de fables, que tout ce que j'en puis croire, c'est qu'ils ont trop d'esprit pour les croire eux-mêmes.

LAHONTAN

Je ne sçai pas ce qu'ils t'ont dit, mais je croi que leurs paroles & les miennes se raporteront* fort bien les unes aux autres. La Religion Chrêtienne est celle que les hommes doivent professer pour aller au Ciel. Dieu a permis qu'on découvrît l'Amérique, voulant sauver tous les peuples, qui suivront les Loix du Christianisme ; il a voulu que l'Evangile fût prêché à ta Nation, afin de luy montrer le véritable chemin du paradis, qui est l'heureux séjour des bonnes Ames. Il est dommage que tu ne veuilles pas profiter des graces & des talens que Dieu t'a donné. La vie est courte, nous sommes incertains de l'heure de notre mort ; le temps est cher ; éclairci toi donc des grandes Verités du Christianisme, afin de l'embrasser au plus vîte, en regrétant les jours que tu as passé dans l'ignorance, sans culte, sans religion, & sans la connoissance du vray Dieu.

ADARIO

Comment sans conoissance du vray Dieu ! est-ce que tu rêves* ? Quoy ! tu nous crois sans réligion aprez avoir demeuré tant de temps avec nous ? 1. Ne sais-tu pas que nous reconnoissons un Créateur de l'Univers, sous le nom du grand Esprit, ou du Maistre de la vie, que nous croyons être dans tout ce qui n'a point de bornes ? 2. Que nous confessons* l'immortalité de l'ame. 3. Que le grand Esprit nous a pourvus d'une raison capable de discerner le bien d'avec le mal, comme le ciel d'avec la terre, afin que nous suivions exactement* les véritables Régles de la justice & de la sagesse. 4. Que la tranquillité d'ame plaît au grand Maître de la vie ; qu'au contraire le trouble de l'esprit lui est en horreur, parce que les hommes en deviennent méchans. 5. Que la vie est un songe, & la mort un réveil, aprés lequel, l'ame voit & connoit la nature & la qualité des choses visibles & invisibles. 6. Que la portée de notre esprit ne pouvant s'étendre un pouce* au dessus de la superficie de la terre, nous ne devons pas le gâter ni le corrompre en essayant de pénétrer les choses invisibles & improbables*. Voilà, mon cher Frére, quelle est notre Créance, & ce que nous suivons exactement*. Nous croyons aussi d'aller dans le païs des ames après notre mort ; mais nous ne soupçonnons pas, comme vous, qu'il faut nécessairement qu'il y ait des séjours & bons & mauvais après la vie, pour les bonnes ou mauvaises ames, puisque nous ne sçavons pas si ce que nous croyons être un mal selon les hommes, l'est aussi selon Dieu ; si votre Religion est diférente de la nôtre, cela ne veut pas dire que nous n'en ayons point du tout. Tu sçais que j'ay été en France [1], à la nouvelle Jork & à Quebec, où j'ay étudié les mœurs & la doctrine des Anglois & des François. Les Jésuites disent que parmi cinq ou six cens sortes de Religions qui sont sur la terre, il n'y en a qu'une seule bonne & véritable*, qui est la leur, & sans laquelle nul homme n'échapera d'un feu qui

---

[1] Kondiaronk ne semble être jamais allé en France.

brûlera son ame durant toute l'éternité ; & cependant ils n'en scauroient donner des preuves.

Lahontan

Ils ont bien raison, Adario, de dire qu'il y en a de mauvaises, car, sans aller plus loin, ils n'ont qu'à parler de la tienne. Celui qui ne connoît point les veritez de la Religion Chrêtienne n'en sçauroit avoir. Tout ce que tu viens de me dire sont des rêveries effroyables. Le Païs des ames dont tu parles n'est qu'un Païs de chasse chimérique, au lieu que nos saintes Ecritures nous parlent d'un Paradis situé au dessus des étoiles les plus éloignées, où Dieu séjourne actuellement* environé de gloire, au milieu des ames de tous les fidéles Chrêtiens. Ces mêmes Ecritures font mention d'un enfer que nous croïons être placé dans le centre de la Terre, où les ames de tous ceux qui n'ont pas embrassé le Christianisme brûleront éternellement sans se consumer, aussi bien que celles des mauvais Chrêtiens. C'est une vérité à laquelle tu devrois songer.

Adario

Ces saintes Ecritures que tu cites à tout moment, comme les Jésuites font, demandent cette grande foy, dont ces bons Péres nous rompent les oreilles ; or cette foy ne peut être qu'une persuasion : croire c'est être persuadé, être persuadé c'est voir de ses propres yeux une chose, ou la reconoître par des preuves claires & solides. Comment donc aurois-je cette foy, puisque tu ne sçaurois ni me prouver, ni me faire voir la moindre chose de ce que tu dis[1] ? Croi-moy, ne jette pas ton esprit dans des obscurités*, cesse de soûtenir les visions des Ecritures saintes, ou bien finissons nos Entretiens. Car, selon nos principes, il faut de la probabilité*. Sur quoy fondes-tu le destin des bonnes ames qui sont avec le grand Esprit au dessus des étoiles, ou celuy des mauvaises qui brûleront éternellement au centre de la terre ? Il faut que tu accuse Dieu de tirannie, si tu crois qu'il ait créé un seul homme pour le rendre éternellement malheureux parmi les feux du centre de cette Terre. Tu diras, sans doute, que les saintes Ecritures prouvent cette grande verité ; mais il faudroit encore, si cela étoit, que la Terre fût éternelle, or les Jésuites le nient, donc le lieu des flammes doit cesser lorsque la terre sera consumée. D'ailleurs, comment veux-tu que l'ame, qui est un pur esprit, mille fois plus subtil* & plus leger que la fumée, tende contre son penchant naturel au centre de cette Terre ? il seroit plus probable qu'elle s'élevât & s'envolât au soleil, où tu pourrois plus raisonablement placer ce lieu de feux & de flammes, puisque cet Astre est plus grand que la Terre, & beaucoup plus ardent.

LAHONTAN

Ecoute, mon cher Adario, ton aveuglement est extréme, & l'endurcissement de ton cœur te fait rejetter

[1]En bonne tradition apologétique, le dogme chrétien ne se démontre pas par la raison mais sa croyance est *raisonnable*. C'est l'objection même que formulait le « sorcier » montagnais au jésuite Paul Lejeune en 1634 : « Comment veux-tu, me dit-il, que nous croyons en ton Dieu, ne l'ayans jamais veu ? » (*JR*, vol. 7, p. 124).

cette foy & ces Ecritures, dont la verité se découvre*
aisément, lorsqu'on veut un peu se défaire de ses préjugés. Il ne faut* qu'examiner les prophéties qui y sont
contenues, & qui ont esté incontestablement écrites
avant l'événement. Cette Histoire sainte se confirme
par les Auteurs payens, & par les Monumens les plus
anciens, & les plus incontestables que les siecles passez
puissent fournir. Croi-moy, si tu faisois réfléxion sur la
maniere dont la Religion de Jesus-Christ s'est établie
dans le monde, & sur le changement qu'elle y a aporté ;
si tu pressois les Caractéres de vérité, de sincérité, & de
divinité, qui se remarquent dans ces Ecritures ; en un
mot, si tu prenois les parties de nostre Réligion dans
le détail, tu verrois & tu sentirois que ses dogmes, que
ses précéptes, que ses promesses, que ses menaces, n'ont
rien d'absurde, de mauvais, ni d'opposé aux sentimens
naturels, & que rien ne s'accorde mieux avec la droite
Raison, & avec les sentimens* de la Conscience.

ADARIO

Ce sont des contes que les Jésuites m'ont fait déja
plus de cent fois ; ils veulent que depuis cinq ou six mille
ans, tout ce qui s'est passé, ait été écrit sans altération.
Ils commencent à dire la maniere dont la terre & les
cieux furent créez ; que l'homme le fut de terre, la femme
d'une de ses côtes, comme si Dieu ne l'auroit pas faite de
la même matiére ; qu'un Serpent tenta cet homme dans
un Jardin d'arbres fruitiers, pour lui faire manger d'une
pomme, qui est cause que le grand Esprit a fait mourir
son Fils exprez pour sauver tous les hommes. Si je disois
qu'il est plus probable que ce sont des fables que des verités, tu me payerois des raisons de ta Bible ; or l'invention

de l'Ecriture n'a été trouvée, à ce que tu me dis un jour, que depuis trois mille ans, l'Imprimerie depuis quatre ou cinq siécles, comment donc s'assûrer de tant d'événemens divers pendant plusieurs siécles ? Il faut assurément estre bien crédule pour ajoûter foi à tant de rêveries contenues dans ce grand Livre que les Chrêtiens veulent que nous croïons [1]. J'ay oüi* lire des livres que les Jésuites ont fait de nostre Païs [2]. Ceux qui les lisoient me les expliquoient en ma langue, mais j'y ay reconu vint menteries* les unes sur les autres. Or si nous voïons de nos propres yeux des faussetez imprimées & des choses diférentes de ce qu'elles sont sur le papier, comment veux-tu que je croïe la sincerité* de ces Bibles écrites depuis tant de siécles, traduites de plusieurs langues par des ignorans qui n'en auront pas conçu le veritable sens, ou par des menteurs qui auront changé, augmenté & diminué les paroles qui s'y trouvent aujourd'huy. Je pourrois ajoûter à cela quelques autres dificultez qui, peut-être, à la fin t'engageroient, en quelque maniére, d'avoüer que j'ay raison de m'en tenir aux affaires visibles ou probables.

LAHONTAN

Je t'ay découvert, mon pauvre Adario, les certitudes & les preuves de la Religion Chrêtienne, cependant tu ne veux pas les écouter ; au contraire tu les regardes comme des chiméres, en alleguant les plus sotes raisons du Monde. Tu me cites les faussetez qu'on écrit dans

[1] Sans transition, Adario passe de la crédibilité du dogme à l'exégèse biblique, abondamment discutée au XVIIᵉ siècle.

[2] Les *Relations* de la Nouvelle-France, publiées à Paris de 1632 à 1673.

les *Relations* que tu as veues de ton Païs. Comme si le
Jésuite qui les a faites, n'a pas pu estre abusé par ceux qui
luy en ont fourni les Mémoires. Il faut que tu considéres
que ces descriptions de Canada sont des bagatelles, qui
ne se doivent pas comparer avec les Livres qui traitent
des choses Saintes, dont cent auteurs diférens ont écrit
sans se contredire.

ADARIO

Comment sans se contredire ! Hé quoy ce Livre des
choses saintes n'est-il pas plein de contradictions ? Ces
Evangiles, dont les Jésuites nous parlent, ne causent ils
pas un désordre épouvantable entre les François & les
Anglois ? Cependant tout ce qu'ils contiennent vient
de la bouche du grand Esprit, si l'on vous en croit. Or,
qu'elle apparence* y a-t'il qu'il eût parlé confusément, &
qu'il eût donné à ses paroles un sens ambigu, s'il avoit
eu envie qu'on l'entendît ? De deux choses l'une : s'il est
né & mort sur la terre, & qu'il ait harangué, il faut que
ses discours ayent esté perdus, parce qu'il auroit parlé si
clairement que les Enfans auroient pu concevoir ce qu'il
eût dit ; ou bien si vous croyés que les Evangiles sont
veritablement ses paroles, & qu'il n'y ait rien que du sien,
il faut qu'il soit venu porter la guerre dans ce monde au
lieu de la paix, ce qui ne sçauroit estre.

Les Anglois m'ont dit que leurs Evangiles contiennent les mêmes paroles que ceux des François, il y a pourtant plus de diférence, de leur Réligion à la vôtre, que de
la nuit au jour. Ils assûrent que la leur est la meilleure ;
les Jésuites prêchent le contraire, & disent que celles
des Anglois, & de mille autres Peuples, ne valent rien.

Qui dois-je croire, s'il n'y a qu'une seule véritable* religion sur la terre ? Qui sont les gens qui n'estiment pas la
leur la plus parfaite ? Comment l'homme peut-il estre
assés habile pour discerner cette unique & divine Réligion parmi tant d'autres diférentes ? Croi-moy, mon cher
Frére, le grand Esprit est sage, tous ses ouvrages sont
acomplis, c'est lui qui nous a faits, il sçait bien ce que
nous deviendrons. C'est à nous d'agir librement, sans
embarrasser notre esprit des choses futures. Il t'a fait
naître François, afin que tu crusses ce que tu ne vois ni
ne conçois ; & il m'a fait naître Huron, afin que je ne
crusse que ce que j'entens, & ce que la Raison m'enseigne.

LAHONTAN

La Raison t'enseigne à te faire Chrestien, & tu ne le
veux pas être ; tu entendrois, si tu voulois, les verités de
notre Evangile, tout s'y suit ; rien ne s'y contredit. Les
Anglois sont Chrestiens, comme les François ; & s'il y
a de la diférence entre ces deux Nations, au sujet de la
Religion, ce n'est que par raport à certains passages de
l'Ecriture sainte qu'elles expliquent diféremment. Le premier & principal point qui cause tant de disputes est que
les François croient que le Fils de Dieu ayant dit que son
corps estoit dans un morceau de pain [1], il faut croire que

---

[1] Pour le dogme théologique catholique, le corps et le sang
du Christ sont *réellement présents* dans l'Eucharistie, tandis que
pour les calvinistes, cette présence est seulement symbolique.
Sur l'interminable débat touchant l'Eucharistie à l'époque de la
colonisation française de l'Amérique, voir Franck Lestringant,
Une sainte horreur, ou le voyage en Eucharistie, XVIᵉ-XVIIIᵉ siècle,
Paris, Presses universitaires de France, 1998.

cela est vray, puis qu'il ne sçauroit mentir. Il dit donc à
ses Apôtres qu'ils le mangeassent & que ce pain estoit
véritablement son corps, qu'ils fissent incessamment*
cette Cérémonie en comémoration de luy. Ils n'y ont
pas manqué, car depuis la mort de ce Dieu fait homme,
on fait tous les jours le sacrifice de la Messe, parmi les
François, qui ne doutent point de la présence réelle du
Fils de Dieu dans ce morceau de pain. Or les Anglois
prétendent qu'étant au ciel, il ne sçauroit estre corpo-
rellement sur la terre, que les autres paroles qu'il a dit
ensuite (& dont la discussion seroit trop étendue pour
toy) les persuadent que ce Dieu n'est que spirituellement
dans ce pain. Voilà toute la diférence qu'il y a d'eux à
nous, car pour les autres points, ce sont des vetilles, dont
nous nous accorderions facilement.

ADARIO

Tu vois donc bien qu'il y a de la contradiction ou
de l'obscurité dans les paroles du Fils du grand Esprit,
puisque les Anglois & vous autres en disputés* le sens
avec tant de chaleur & d'animosité, & que c'est le principal motif de la haine qu'on remarque entre vos deux
Nations. Mais ce n'est pas ce que je veux dire. Ecoute,
mon Frére, il faut que les uns & les autres soient fous
de croire l'incarnation d'un Dieu, voyant l'ambiguité
de ces discours dont votre Evangile fait mention. Il y a
cinquante choses équivoques qui sont trop grossiéres,
pour estre sorties de la bouche d'un Etre aussi parfait.
Les Jésuites nous assûrent que ce Fils du grand Esprit a
dit qu'il veut véritablement que tous les Hommes soient
sauvés ; or s'il le veut il faut que cela soit ; cependant ils

ne le sont pas tous, puis qu'il a dit que *beaucoup estoient apellés & peu éleus*[1]. C'est une contradiction. Ces Péres répondent que Dieu ne veut sauver les Hommes qu'à condition qu'ils le veuillent eux-mêmes[2]. Cependant Dieu n'a pas ajoûté cette clause, parce qu'il n'auroit pas alors parlé en Maître. Mais enfin les Jésuites veulent pénétrer dans les secrets de Dieu, & prétendre ce qu'il n'a pas prétendu luy même, puis qu'il n'a pas établi cette condition. Il en est de même que si le grand Capitaine des François faisoit dire par son Viceroy, qu'il veut que tous les Esclaves de Canada[3] passassent véritablement en France, où il les feroit tous riches, & qu'alors les Esclaves respondissent qu'ils ne veulent pas y aller, parce que ce grand Capitaine ne peut le vouloir qu'à condition qu'ils le voudront. N'est-il pas vray, mon Frere, qu'on se moqueroit d'eux, & qu'ils seroient ensuite obligez de passer en France malgré leur volonté : tu n'ozerois me dire le contraire. Enfin ces mêmes Jésuites m'ont expliqué tant d'autres paroles qui se contredisent, que je m'étonne après cela qu'on puisse les apeller *Ecritures Saintes*. Il est écrit que le premier Homme que le grand Esprit fit de sa propre main, mangea d'un fruit défendu, dont il fut

---

[1] Dans ses *Memoires*, Lahontan écrit que cet axiome de l'évangéliste Matthieu (XX, 16 et XXII, 14) choquait particulièrement Kondiaronk, qui tenait le même discours qu'Adario ici.

[2] Cette argumentation qui met l'accent sur la volonté divine de sauver tous les hommes et la liberté laissée à ceux-ci, concorde avec l'orthodoxie catholique contemporaine.

[3] Sur l'esclavage au Canada, voir M. Trudel, *Deux siècles d'esclavage au Québec*. Voir aussi Brett Rushforth, « "A Little Flesh We Offer You" : The Origins of Indian Slavery in New France ». Pour les colonies anglaises nord-américaines, voir A. Gallay, *The Indian Slave Trade*.

châtié, luy & sa Femme, pour estre aussi criminels l'un
que l'autre. Suposons donc que pour une pomme leur
punition ait esté comme tu voudras, ils ne devoient se
plaindre que de ce que le grand Esprit sçachant qu'ils
la mangeroient, il les eût créez pour estre malheureux [1].
Venons à leurs enfans qui, selon les Jesuites, sont enve-
lopés dans cette déroute. Est-ce qu'ils sont coupables de
la gourmandise de leur Pére & de leur Mére ? Est-ce que
si un Homme tuoit un de vos Rois, on puniroit aussi
toute sa Génération, péres, méres, oncles, cousins, sœurs,
fréres & tous ses autres parens ? Suposons donc que
le grand Esprit, en créant cet Homme, ne sçeût pas ce
qu'il devroit faire apres sa création (ce qui ne peut être),
suposons encore que toute sa posterité soit complice
de son Crime (ce qui seroit injuste), ce grand Esprit
n'est-il pas, selon vos Ecritures, si misericordieux & si
clément, que sa bonté pour tout le Genre humain ne
peut se concevoir. N'est-il pas aussi si grand & si puissant que si tous les esprits des Hommes qui sont, qui ont
eté, & qui seront, estoient rassemblés en un seul, il luy
seroit impossible de comprendre la moindre partie de sa
toute puissance. Or, s'il est si bon & si misericordieux, ne
pouvoit il pas pardonner luy & tous ses décendans d'une
seule parole ? Et s'il est si puissant & si grand, quelle
apparence y a t-il qu'un Etre si incompréhensible se fît
Homme, vecût en miserable, & mourût en infame, pour
expier le peché d'une vile Creature, autant ou plus au
dessous de luy qu'une mouche est au dessous du soleil
& des étoiles ? Où est donc cette puissance infinie ? A
quoy luy serviroit-elle, & quel usage en feroit il ? Pour

---

[1]En ramenant les mythes bibliques ou religieux à l'anecdote,
au pied de la lettre, Adario leur enlève toute portée symbolique.

. moy, je soûtiens que c'est douter de l'étendue incomprehensible de sa toutepuissance & avoir une présomption* extravagante de soi-même de croire un avilissement de cette nature.

LAHONTAN

Ne vois tu pas, mon cher Adario, que le grand Esprit estant si puissant, & tel que nous l'avons dit, le péché de nostre premier Pére estoit par consequent si énorme & si grand qu'on le puisse dépeindre. Par exemple, si j'ofençois un de mes soldats, ce ne seroit rien, mais si je faisois un outrage au Roi, mon ofense seroit achevée*, & en même temps impardonable. Or Adam outrageant le Roi des Rois, nous sommes ses complices, puis que nous sommes une partie de son ame, & par conséquent, il faloit à Dieu une satisfaction telle que la mort de son propre Fils. Il est bien vray qu'il nous auroit pu pardonner d'une seule parole, mais par des raisons que j'aurois de la peine à te faire comprendre, il a bien voulu vivre & mourir pour tout le Genre Humain. J'avoue qu'il est miséricordieux, & qu'il eût pu absoudre Adam le même jour, car sa misericorde est le fondement de toute l'esperance du salut. Mais, s'il n'eût pas pris à cœur le crime de sa desobeissance, sa defense n'eût été qu'un jeu. Il faudroit qu'il n'eût pas parlé sérieusement, & sur ce pied-là, tout le monde seroit en droit de faire tout le mal qu'il voudroit.

ADARIO

Jusqu'à présent tu ne prouves rien, & plus j'examine cette prétendue incarnation, & moins j'y trouve de

vray-semblance. Quoy ! ce grand & incomprehensible
Etre & Createur des Terres, des Mers & du vaste Firmament, auroit pu s'avilir à demeurer neuf mois prisonnier
dans les entrailles d'une Femme, à s'exposer à la miserable
vie de ses camarades pécheurs, qui ont écrit vos Livres
d'Evangiles, à estre batu, foüetté, & crucifié comme un
malheureux ? C'est ce que mon esprit ne peut s'imaginer.
Il est écrit qu'il est venu tout exprés sur la Terre pour
y mourir, & cependant il a craint la mort ; voilà une
contradiction en deux manieres. I. S'il avoit le dessein
de naître pour mourir, il ne devoit pas craindre la mort.
Car pourquoy la craint on ? C'est parce qu'on n'est pas
bien assûré* de ce qu'on deviendra en perdant la vie ; or il
n'ignoroit pas le lieu où il devoit aller, donc il ne devoit
pas être si efraïé. Tu sçais bien que nous & nos femmes
nous nous empoisonons le plus souvent, pour nous aller
tenir compagnie dans le païs des Morts, lorsque l'un ou
l'autre meurt ; tu vois donc bien que la perte de la vie
ne nous éfarouche pas, quoique nous ne soïons pas bien
certains de la route que nos ames prénent. Aprés cela
que me répondras-tu ? II. Si le Fils du grand Esprit avoit
autant de pouvoir que son Pére, il n'avoit que faire de le
prier de lui sauver la vie, puisqu'il pouvoit lui même se
garantir de la mort, & qu'en priant son Pere il se prioit
soi-même. Pour moy, mon cher Frére, je ne conçois rien
de tout ce que tu veux que je conçoive.

LAHONTAN

Tu avois bien raison de me dire tout à l'heure, que la
portée de ton esprit ne s'étend pas un pouce au dessus de
la superficie de la Terre. Tes raisonnemens le prouvent

assez. Apres cela, je ne m'étonne pas si les Jésuites ont tant de peine à te prêcher, & à te faire entendre les saintes Veritez. Je suis fou de raisonner avec un Sauvage qui n'est pas capable de distinguer une supposition* chimérique d'un principe assûré, ni une conséquence* bien tirée, d'une fausse. Comme, par exemple, lorsque tu as dit que Dieu vouloit sauver tous les hommes, & que pourtant il y en auroit peu de sauvez ; tu as trouvé de la contradiction à cela ; cependant, il n'y en a point. Car il veut sauver tous les hommes qui le voudront eux-mêmes en suivant sa Loy & ses préceptes, ceux qui croiront son incarnation, la vérité des Evangiles, la recompense des bons, le châtiment des méchans, & l'éternité. Mais comme il se trouvera peu de ces gens là, tous les autres iront brûler éternellement dans ce lieu de feux & de flammes, dont tu te moques. Prens garde de n'estre pas du nombre de ces derniers ; j'en serois fâché, parce que je suis ton ami ; alors tu ne diras pas que l'Evangile est plein de contradictions & de chiméres. Tu ne demanderas plus de preuves grossiéres de toutes les vérités que je t'ai dit ; tu te repentiras bien d'avoir traité nos Evangelistes d'imbéciles Conteurs de fables, mais il n'en sera plus temps ; songe à tout ceci, & ne sois pas si obstiné, car, en vérité, si tu ne te rens aux raisons incontestables que je donne sur nos mistéres, je ne parleray de ma vie avec toy.

ADARIO

Ha ! mon Frére, ne te fâche pas, je ne prétens pas t'ofenser en t'opposant les miennes. Je ne t'empêche pas de croire tes Evangiles. Je te prie seulement de me per- métre que je puisse douter de tout ce que tu viens de

m'expliquer. Il n'est rien de si naturel aux Chrêtiens, que
d'avoir de la foy pour les saintes Ecritures, parce que
dés leur enfance on leur en parle tant, qu'à l'imitation
de tant de gens élevés dans la même créance, ils les ont
tellement imprimées dans l'imagination, que la raison
n'a plus la force d'agir sur leurs esprits déja prévenus
de la vérité de ces Evangiles [1] ; il n'est rien de si raisonnable à des gens sans préjugés, comme sont les Hurons,
d'examiner les choses de prés. Or, aprés avoir fait bien
des réfléxions, depuis dix Années, sur ce que les Jésuites
nous disent de la vie & de la mort du Fils du grand Esprit,
tous mes Hurons te donneront vint raisons qui prouveront le contraire : pour moy, j'ai toûjours soûtenu que,
s'il étoit possible qu'il eût eu la bassesse* de décendre
sur terre, il se seroit manifesté à tous les Peuples qui
l'habitent. Il seroit décendu en triomphe avec éclat &
Majesté, à la veüe de quantité de gens. Il auroit ressuscité
les morts, rendu la veüe aux aveugles, fait marcher les
boîteux, guéri les malades par toute la terre ; enfin, il
auroit parlé, & commandé ce qu'il vouloit qu'on fît ; il
seroit allé de Nation en Nation faire ces grands miracles
pour donner la même Loy à tout le monde ; alors nous
n'aurions tous qu'une même Religion, & cette grande
uniformité qui se trouveroit par tout, prouveroit à nos
Décendans d'ici à dix mille ans, la verité de cette Réligion connue aux quatre coins de la Terre, dans une même
égalité, au lieu qu'il s'en trouve plus de cinq ou six cens
diférentes les unes des autres, parmi lesquelles celle des
François est l'unique qui soit bonne, sainte & véritable,
suivant ton raisonement. Enfin, aprés avoir songé mille

[1]Plutôt que de la grâce de Dieu, la foi, pour Adario, tient de
la culture.

fois à toutes ces énigmes que vous appelez mistéres, j'ay creu qu'il faloit estre né au delà du grand Lac, c'est à dire estre Anglois ou François pour les conçevoir. Car dès qu'on me dira que Dieu, dont on ne peut se représenter la figure, puisse produire un Fils sous celle d'un homme, je répondrai qu'une femme ne sçauroit produire un Castor, parce que chaque Espéce dans la nature y produit son semblable. Et si les hommes étoient tous au Diable, avant la venüe du Fils de Dieu, quelle apparence y a-t'il qu'il eût pris la forme des Créatures qui estoient au Diable ? n'en eust-il pas pris une diférente & plus belle & plus pompeuse* ? Cela se pouvoit d'autant mieux que la troisiéme Personne de cette Trinité (si incompatible avec l'unité) a pris la forme d'une Colombe.

LAHONTAN

Tu viens de faire un sistéme sauvage par une profusion de Chiméres, qui ne signifie rien. Encore une fois ce seroit en vain que je chercherois à te convaincre par des raisons solides, puisque tu n'es pas capable de les entendre. Je te renvoye aux Jésuites. Cependant je te veux faire concevoir une chose fort aisée & qui est de la sphére de ton génie*. C'est qu'il ne sufit pas de croire, pour aller chez le grand Esprit, ces grandes veritez de l'Evangile que tu nies, il faut inviolablement observer les commandemens de la Loy qui y est contenue, c'est à dire n'adorer que le grand Esprit seul, ne point travailler les jours de la grande priére, honorer son pére & sa mére, ne point coucher avec les filles, ni même les desirer que pour le mariage, ne tuer, ni faire tuer persone, ne dire du mal de ses fréres, ni mentir ; ne point toucher aux

femmes mariées, ne prendre point le bien de ses fréres ;
aller à la Messe les jours marqués* par les Jésuites, &
jeûner certains jours de la Semaine [1], car tu aurois beau
croire tout ce que nous croïons des saintes Ecritures, ces
préceptes y étant compris, il faut les observer, ou brûler
éternellement aprez la mort.

ADARIO

Ha ! mon cher Frére, voilà où je t'attendois. Vraîment il y a long temps que je sçai tout ce que tu me viens
d'expliquer à présent. C'est ce que je trouve de raisonable dans ce Livre de l'Evangile, rien n'est plus juste ni
plus plausible* que ces ordonances. Tu viens de me dire
que si on ne les exécute pas, & qu'on ne suive pas ponc-
tuellement ces commandemens, la créance & la foy des
Evangiles est inutile ; pourquoy donc est-ce que les François le croient en se moquant de ces préceptes ? Voilà une
Contradiction manifeste. Car I. à l'égard de l'adoration
du grand Esprit, je n'en connois aucune marque dans vos
actions, & cette adoration ne consiste qu'en paroles pour
nous tromper. Par exemple, ne vois-je pas tous les jours
que les Marchands disent en trafiquant nos Castors :
*Mes marchandises me coûtent tant, aussi vray que j'adore
Dieu, je perds tant avec toy, vray comme Dieu est au Ciel.*
Mais, je ne vois pas qu'ils lui fassent des sacrifices des
meilleures marchandises qu'ils ont, comme nous faisons,
lorsque nous les avons achetées d'eux, & que nous les
brûlons en leur présence. II. Pour le travail des jours de
la grande Priére, je ne conçois pas que vous fassiez de

---

[1]Ce résumé des commandements de Dieu et de l'Église se
retrouve dans tous les catéchismes de l'époque.

la diférence de ceux-là aux autres, car j'ay veu vint fois des François qui trafiquoient des péleteries, qui faisoient des filets ; qui joüoient, se quérelloient, se batoient, se souloient, & faisoient cent autres folies. III. Pour la vénération de vos Péres, c'est une chose extraordinaire parmi vous de suivre leurs conseils ; vous les laissez mourir de faim, vous vous séparez d'eux, vous faites cabane à part ; vous étes toûjours prêts à leur demander, & jamais à leur donner ; & si vous espérez quelque chose d'eux, vous leur souhaitez la mort, ou du moins vous l'attendés avec impatiénce. IV. Pour la continence envers le sexe*, qui sont ceux parmi vous, à la reserve des Jésuites, qui l'aïent jamais gardée ? Ne voïons-nous pas tous les jours vos jeunes gens poursuivre nos filles & nos femmes jusques dans les champs, pour les séduire par des présens, courir toutes les nuits de Cabane en Cabane dans notre Village pour les débaucher, & ne sçais-tu pas toy même combien d'affaires se sont passées parmi tes propres soldats ? V. A l'égard du meurtre, il est si ordinaire parmi vous, il est si fréquent, que pour la moindre chose, vous métez l'épée à la main, & vous vous tuez [1]. Quand j'estois à Paris, on y trouvoit toutes les nuits des gens percez* de coups ; & sur les chemins de là à la Rochelle, on me dit qu'il faloit que je prisse bien garde de perdre la vie. VI. Ne dire du mal de ses fréres, ni mentir, sont des choses dont vous vous abstiendriez moins que de boire & de manger ; je n'ay jamais oüi* parler quatre François ensemble sans dire du mal de quelqu'un, & si tu sçavois ce que j'ay entendu publier* du Viceroy, de l'Intendant, des Jésuites, & de mille gens que tu connois, & peut-être de toy même, tu verrois bien que les François se sçavent déchirer de la belle maniére.

[1] Sur le duel en France, voir *infra*, p. 114.

Pour mentir, je soûtiens qu'il n'y a pas un Marchand icy qui ne dise vingt menteries pour nous vendre la valeur d'un Castor de marchandise, sans conter* celles qu'ils disent pour difamer leurs camarades. VII. Ne point toucher aux femmes mariées, il ne faut que vous entendre parler quand vous avez un peu bu, on peut aprendre sur cette matiére bien des histoires, on n'a qu'à compter les enfans que les femmes des Coureurs de bois sçavent faire pendant l'absence de leurs Maris. VIII. Ne point prendre le bien d'autrui. Combien de vols n'as-tu pas veu faire depuis que tu es ici entre les Coureurs de bois qui y sont ? N'en a t-on pas pris sur le fait, n'en a t-on pas châtié ? N'est-ce pas une chose ordinaire dans vos Villes, peut-on marcher la nuit en sureté, ni laisser ses portes ouvertes ? IX. Aller à vostre Messe pour prêter l'oreille aux paroles d'une langue qu'on n'entend pas ; il est vray que le plus souvent les François y vont, mais c'est pour y songer à toute autre chose qu'à la priére. A Quebec les Hommes y vont pour voir les Femmes, & celles-ci pour voir les Hommes. J'en ay veu qui se font porter des Coussins, de peur de gâter leurs bas, & leurs jupes ; elles s'asséïent sur leurs talons, elles tirent un Livre d'un grand sac, elles le tiennent ouvert en regardant plûtôt les Hommes qui leur plaisent que les priéres qui sont dedans. La plûpart des François y prénent du tabac en poudre, y parlent, y rient & chantent plutôt par divertissement que par devotion. Et qui pis est, je sçai que pendant le temps de cette priére plusieurs Femmes & filles en profitent pour leurs galanteries, demeurant seules dans leurs maisons. A l'égard de vostre jeûne, il est plaisant. Vous mangez de toute sorte de poisson à crever, des œufs, & mille autres choses, & vous apellez cela *jeûner* [1] ? Enfin, Mon cher Frére, vous autres François prétendez tous tant que vous étes avoir de la foy, & vous étes des incrédules ; vous voulez passer pour sages, & vous êtes foux, vous vous croyez des gens d'esprit, & vous êtes de présomptueux ignorans.

LAHONTAN

Cette Conclusion, mon cher Ami, est un peu Hurone, en décidant de tous les François en général ; si cela estoit, aucun d'eux n'iroit en paradis ; or nous sçavons qu'il y a des millions de bienheureux que nous apellons des Saints, & dont tu vois les Images dans nos Eglises. Il est bien vray que peu de François ont cette véritable foy, qui est l'unique principe de la piété ; plusieurs font profession de croire les véritez de nostre Religion, mais cette créance n'est ni assez forte, ni assez vive en eux. J'avoue que la plûpart conoissans les Véritez Divines & faisans profession de les croire, agissent tout au contraire de ce que la Foy & la Religion ordonnent. Je ne sçaurois nier la contradiction que tu as remarquée. Mais il faut considérer que les hommes péchent quelquefois contre les lumiéres de leur conscience, & qu'il y a des gens bien instruits qui vivent mal. Cela peut arriver ou par le défaut d'attention, ou par la force de leurs passions, par leurs attachemens aux interests temporels : l'homme corrompu comme il est, est emporté vers le mal par tant d'endroits, & par un penchant si fort, qu'à moins de nécessité absolue, il est dificile qu'il y renonce.

[1] Adario confond ici le jeûne et l'abstinence de viande.

Adario

Quand tu parles de l'homme, di l'homme François, car tu sçais bien que ces passions, cet intérêt, & cette corruption, dont tu parles, ne sont pas connues chez nous. Or ce n'est pas là ce que je veux dire : écoute mon Frére, j'ay parlé trés souvent à des François sur tous les vices qui régnent parmi eux, & quand je leur ai fait voir qu'ils n'observoient nullement les loix de leur Réligion, ils m'ont avoüé qu'il étoit vray, qu'ils le voïoient & qu'ils le conoissoient* parfaitement bien, mais qu'il leur étoit impossible de les observer. Je leur ay demandé s'ils ne croyoient pas que leurs ames brûleroient éternellement : ils m'ont répondu que la miséricorde de Dieu est si grande que quiconque a de la confiance en sa bonté, sera pardonné ; que l'Evangile est une Alliance de grace dans laquelle Dieu s'accommode à l'état & à la foiblesse de l'Homme qui est tenté par tant d'attraits violens si fréquemment qu'il est obligé de succomber ; & qu'enfin ce Monde estant le lieu de la corruption, il n'y aura de la pureté dans l'homme corrompu si ce n'est dans le Païs de Dieu. Voilà une Morale moins rigide que celle des Jésuites, lesquels nous envoyent en enfer pour une bagatéle. Ces François ont raison de dire qu'il est impossible d'observer cette Loi, pendant* que le Tien & le Mien subsistera parmi vous autres. C'est un fait aisé à prouver par l'exemple de tous les Sauvages de Canada, puisque malgré leur pauvreté ils sont plus riches que vous, à qui le Tien & le Mien fait commettre toutes sortes de Crimes.

LAHONTAN

J'avoüe, mon cher Frére, que tu as raison, & je ne sçaurois me lasser d'admirer l'innocence de tous les Peuples sauvages. C'est ce qui fait que je souhaiterois de tout mon cœur qu'ils connussent la sainteté de nos Ecritures, c'est à dire cet Evangile dont nous avons tant parlé ; il ne leur manqueroit autre chose que cela pour rendre leurs ames éternellement bienheureuses. Vous vivés tous si moralement bien que vous n'auriez qu'une seule dificulté à surmonter pour aller en paradis. C'est la fornication parmi les gens libres de l'un & de l'autre Sexe, & la liberté qu'ont les hommes & les femmes de rompre leurs mariages, pour changer reciproquement, & s'accommoder au choix de nouvelles Personnes. Car le grand Esprit a dit que la mort ou l'adultére pouvoient seuls rompre ce lien indissoluble [1].

ADARIO

Nous parlerons une autre fois de ce grand obstacle que tu trouves à notre salut, avec plus d'attention [2] ; cependant je me contenterai de te donner une seule raison sur l'un de ces deux points, c'est de la liberté

---

[1] Seule la mort, et non pas l'adultère, pouvait rompre un mariage *consommé* : voir, par exemple, l'article « Mariage » de divers ouvrages comme le *Dictionnaire théologique portatif* (Paris, Didot, Nyon, Savoye et Dammoneville, 1761) ou encore le *Dictionnaire des cas de conscience* (par Augustin de Bussy de Lamet et Germain Fromageau), largement diffusé au XVIIIe siècle.

[2] Voir *infra*, p. 168-170.

des Filles & des Garçons. Premiérement un jeune Guerrier ne veut point s'engager à prendre une femme qu'il
n'ait fait quelque Campagne contre les Iroquois, pris des
esclaves pour le servir à son village, à la chasse, & à la
pêche, & qu'il ne sçache parfaitement bien chasser &
pêcher ; d'ailleurs*, il ne veut pas s'énerver* par le fréquent exercice de l'acte vénérien*, dans le temps que sa
force luy permet de servir sa Nation contre ses Ennemis ; outre qu'il ne veut pas exposer une femme & des
enfans à la douleur de le voir tué ou pris. Or, comme il est
impossible qu'un jeune homme puisse se contenir totalement sur cette matiére, il ne faut pas trouver mauvais
que les Garçons une ou deux fois le mois, recherchent la
compagnie des Filles, & que ces Filles soufrent celle des
Garçons ; sans cela, nos jeunes gens en seroient extrême-
ment incommodés*, comme l'exemple l'a fait voir envers
plusieurs, qui, pour mieux courir, avoient gardé la continence ; & d'ailleurs nos Filles auroient la bassesse de se
donner à nos Esclaves [1].

LAHONTAN

Croi-moy, mon cher Ami, Dieu ne se paye* pas de
ces raisons-là, il veut qu'on se marie, ou qu'on n'ait aucun
commerce avec le Sexe*. Car pour une seule pensée
amoureuse, un seul desir, une simple volonté de contenter sa passion brutale*, il faut brûler éternellement. Et
quand tu trouves de l'impossibilité dans la Continence,
tu donnes un démenti à Dieu, car il n'a ordonné que
des choses possibles. On peut se modérer quand on le

[1] Ainsi donc la société égalitariste des Hurons a des esclaves à
son service.

veut ; il ne faut que le vouloir. Tout homme qui croit en
Dieu doit suivre ces préceptes, comme nous avons dit.
On résiste à la tentation par le secours de sa grace qui ne
nous manque jamais. Voi, par exemple, les Jésuites, crois-
tu qu'ils ne soient pas tentés, quand ils voyent de belles
filles dans ton Village ? Sans contredit ils le sont ; mais
ils apellent Dieu à leur secours ; ils passent leur vie, aussi
bien que nos Prêtres, sans se marier, ni sans avoir aucun
commerce criminel avec le Sexe. C'est une promesse
solemnelle qu'ils font à Dieu, quand ils endossent l'habit
noir. Ils combatent toute leur vie les tentations ; il se faut
faire de la violence pour gagner le Ciel : il faut fuir les
occasions de peur de tomber dans le péché. On ne sçauroit mieux les éviter qu'en se jettant dans les Cloistres.

ADARIO

Je ne voudrois pas pour dix Castors être obligé de
garder le silence sur cette matiére. Premiérement ces
gens-là font un crime en jurant la Continence, car Dieu
ayant créé autant d'hommes que de femmes, il a voulu
que les uns & les autres travaillassent à la propagation
du genre humain [1]. Toutes choses multiplient dans la
Nature, les Bois, les Plantes, les Oiseaux, les Animaux
& les Insectes. C'est une leçon qu'ils nous donnent tous
les ans. Et les gens qui ne sont pas ainsi sont inutiles
au monde, ne sont bons que pour eux-mêmes, & ils

[1] Il faut situer ces réflexions dans une Europe qui craint le
désastre de la dépopulation, comme on le voit aussi bien dans
les *Lettres persanes* (lettres CXIII-CXVIII) de Montesquieu
que dans l'article « Population », rédigé par Damilaville pour
l'*Encyclopédie* de Diderot.

volent à la terre le bled qu'elle leur donne, puisqu'ils
n'en font aucun usage, selon vos principes. Ils font un
second Crime quand ils violent leur serment (ce qui leur
est assez ordinaire), car ils se moquent de la parole & de
la foy* qu'ils ont donnée au grand Esprit. En voici un
troisiéme qui en améne un quatriéme, dans le commerce
qu'ils ont soit avec les filles, ou avec les femmes. Si c'est
avec les filles il est constant* qu'ils leur ôtent en les déflo-
rant ce qu'ils ne sçauroient jamais leur rendre, c'est à dire
cette fleur que les François veulent cueillir eux-mêmes,
quand ils se marient, & laquelle ils estiment un trésor
dont le vol est un des grands crimes qu'ils puissent faire.
En voilà déja un, & l'autre est que pour les garentir de
la grossesse, ils prenent des précautions abominables, en
faisant l'ouvrage à demi [1] ; si c'est avec les femmes, ils
sont responsables de l'adultére & du mauvais ménage
qu'elles font avec leurs maris. Et de plus les enfans qui
en proviennent sont des voleurs qui vivent aux dépens
de leurs demi-fréres. Le cinquiéme crime qu'ils commétent, consiste dans les voyes illégitimes & profanes
dont ils se servent pour assouvir leur passion brutale, car
comme ce sont eux qui prêchent votre Evangile, ils leur
font entendre en particulier une explication bien diférente de celle qu'ils débitent en public, sans quoy ils ne
pourroient pas autoriser* leur libertinage, qui passe pour
crime selon vous autres. Tu vois bien que je parle juste,
& que j'ay veu en France ces bons Prêtres noirs ne pas
cacher leurs visages avec leurs chapeaux, quand ils voyent
les femmes. Encore une fois, mon cher Frére, il est impossible de se passer d'elles à un certain âge, encore moins
de n'y pas penser. Toute cette résistance, ces efforts dont

---

[1] Le coït interrompu.

tu parles sont des contes à dormir debout. De même cette occasion que tu prétens qu'on évite en s'enfermant dans le Couvent, pourquoy soufre-t'on que les jeunes Prêtres ou Moines confessent des filles & des femmes ? Est-ce fuir les occasions ? N'est-ce pas plûtôt les chercher ? Qui est l'homme au monde qui peut entendre certaines galanteries dans les Confessionaux, sans être hors de soy même ? sur tout des gens sains, jeunes & robustes qui ne travaillent point, & ne mangent que des viandes nourrissantes, assaisonnées de cent drogues* qui échauffent assez le sang sans autre provocation. Pour moy je m'étonne aprez cela qu'il y ait un seul Ecclésiastique qui aille dans ce paradis du grand Esprit ; & tu ozes me soûtenir que ces gens-là se font Moines & Prêtres pour éviter le péché, pendant qu'il sont adonnez à toutes sortes de vices ? Je sçay par d'habiles* François que ceux d'entre vous qui se font Prêtres ou Moines ne songent qu'à vivre à leur aise, sans travail, sans inquiétude, de peur de mourir de faim, ou d'aller à l'Armée. Pour bien faire il faudroit que tous ces gens-là se mariassent, & qu'il demeurassent chacun dans leur ménage, ou tout au moins ne recevoir de Prêtres ou de Moines au dessous de l'âge de 60 ans. Alors ils pourroient confesser, prêcher, visiter sans scrupule les familles, par leur exemple édifier tout le Monde. Alors, dis je, ils ne pourroient séduire ni femmes ni filles. Ils seroient sages, modérés, considérez par leur vieillesse & par leur conduite, & la Nation n'y perdroit rien, puis qu'à cet âge-là on est hors d'état de faire la guerre.

LAHONTAN

Je t'ay déja dit une fois qu'il ne falloit pas comprendre tout le Monde en des choses où trés-peu de
gens ont part. Il est vray qu'il y en peut avoir quelques-
uns qui ne se font Moines ou Prêtres que pour subsister
commodément, & qui abandonnant les devoirs de leur
Ministére, se contentent d'en tirer les revenus. J'avoüe
qu'il y en a d'yvrognes, de violens, & d'emportés dans
leurs actions & dans leurs paroles ; qu'il s'en trouve d'une
avarice* sordide, & d'un attachement extréme à leur inté-
rest ; d'orgueilleux, d'implacables dans leurs haines, de
paillards, de débauchez, de jureurs, d'ypocrites, d'ignorans, de mondains, de médisans, &c., mais le nombre
en est trés petit, parce qu'on ne reçoit dans l'Eglise que
des gens sages dont on soit bien assûré, on les éprouve,
& on tâche de connoistre le fond de leur ame avant que
de les y admétre. Néanmoins, quelque précaution qu'on
prenne, il ne se peut faire qu'on n'y soit trompé quelquefois. C'est pourtant un malheur, car lorsque ces vices
paroissent dans la conduite de ces gens-là, c'est asseurément le plus grand des scandales ; dès* là les paroles
saintes se salissent dans leur bouche, les Loix de Dieu
sont méprisées, les choses divines ne sont plus respec-
tées ; le Ministére s'avilit, la Religion en général tombe
dans le mépris ; & le peuple n'estant plus retenu par le
respect que l'on doit avoir pour la Réligion se donne une
entiere licence. Mais il faut que tu saches que nous nous
réglons plûtôt par la doctrine que par l'exemple de ces
indignes Ecclésiastiques. Nous ne faisons pas comme
vous autres, qui n'avez pas le discernement & la fermeté
necessaires pour sçavoir ainsi séparer la doctrine d'avec

l'exemple, & pour n'estre pas ébranlez par les scandales que donnent ceux que tu as veu à Paris, dont la vie & la prédication ne s'acordent pas. Enfin tout ce que j'ay à te dire, c'est que le Pape recommandant expressément à nos Evêques de ne conferer à aucun Sujet indigne les Ordres Ecclésiastiques, ils prénent bien garde à ce qu'ils font, & ils tâchent en même temps de ramener à leur devoir ceux qui s'en écartent.

ADARIO

C'est quelque chose d'étrange que depuis que nous parlons ensemble, tu ne me répondes que superficielle-ment sur toutes les objections que je t'ay fait. Je voi que tu cherches des détours, & que tu t'éloignes toûjours du sujet de mes questions. Mais à propos du Pape, il faut que tu sçaches qu'un Anglois me disoit un jour à la Nieu-Jorc, que c'estoit comme nous un homme, mais un homme qui envoyoit en enfer tous ceux qu'il excommu-nioit [1], qu'il faisoit sortir d'un second lieu de flammes [2], que tu as oublié, tous ceux qu'il vouloit, & qu'il ouvroit les portes du Païs du grand Esprit à qui bon luy sembloit, parce qu'il avoit les Clefs de ce bon Païs-là [3] ; si cela est, tous ses amis devroient donc se tuer quand il meurt,

[1] L'excommunication, c'est-à-dire l'exclusion de l'Église, était une opération beaucoup plus complexe que ne le donne à penser cette allusion rapide.

[2] Le purgatoire, évidemment.

[3] Ces « clefs » sont les indulgences que le pape ou ses délégués accordaient aux défunts et aux vivants pour le pardon de leurs fautes, moyennant certaines peines – parfois pécuniaires. En 1517, Martin Luther s'était élevé contre ce trafic qui avait servi à financer l'achèvement de la basilique Saint-Pierre à Rome.

pour se trouver à l'ouverture des portes en sa Compagnie ; & s'il a le pouvoir d'envoyer les ames dans le feu
éternel, il est dangereux d'être de ses ennemis. Ce même
Anglois ajoûtoit que cette grande autorité ne s'étendoit
nullement sur la Nation Angloise, & qu'on se moquoit
de luy en Angleterre. Di-moy, je te prie, s'il a dit la vérité.

LAHONTAN

Il y auroit tant de choses à raconter sur cette question, qu'il me faudroit quinze jours pour te les expliquer.
Les Jésuites te les distingueront* mieux que moy. Néanmoins je puis te dire en passant que l'Anglois railloit* en
disant quelques véritez. Il avoit raison de te persuader
que les gens de sa Réligion ne demandent pas au Pape le
chemin du Ciel, puisque cette foy vive, dont nous avons
tant parlé, les y conduit en disant des injures à ce saint
homme. Le fils de Dieu veut les sauver tous par son sang
& par ses mérites. Or s'il le veut, il faut que cela soit.
Ainsi, tu vois bien qu'ils sont plus heureux que les François dont ce Dieu exige de bonnes œuvres qu'ils ne font
guéres. Sur ce pied là nous allons en enfer, si nous contre-
venons par nos méchantes actions au Commandement
de Dieu dont nous avons parlé, quoique nous ayons la
même foy qu'eux. A l'égard du second lieu de flammes,
dont tu parles, & que nous appellons le Purgatoire, ils
sont exempts d'y passer, car ils aimeroient mieux vivre
éternellement sur la Terre, sans jamais aller en paradis,
que de brûler des milliers d'années chemin faisant. Ils
sont si délicats* sur le point d'honneur, qu'ils n'accepte-
roient jamais de presens au prix de quelques bastonades.
On ne fait pas, selon eux, une grace à un homme lorsqu'on le maltraite en luy donnant de l'argent, c'est plûtôt

une injure. Mais les François, qui sont moins scrupuleux que les Anglois, tiénent pour une grande faveur celle de brûler une infinité de siécles dans ce Purgatoire[1], parce qu'ils connoissent mieux le prix du Ciel.

Or comme le Pape est leur Créancier, & qu'il leur demande la restitution de ses biens, ils n'ont garde de luy demander ses pardons, c'est à dire un passeport pour aller en paradis, sans passer en Purgatoire, car il leur donneroit plûtôt pour aller à cet enfer, qu'ils prétendent n'avoir jamais esté fait pour eux. Mais nous autres François qui luy faisons une rente assez belle, par la connoissance que nous avons de son pouvoir extréme, & de péchez que nous commettons tous contre Dieu, il faut de nécessité que nous ayons recours aux indulgences de ce saint homme, pour en obtenir un pardon qu'il a pouvoir de nous accorder ; & tel parmi nous qui seroit condamné à quarante mille ans de Purgatoire, avant que d'aller au Ciel, peut en estre quitte pour une seule parole du Pape. Les Jésuites, comme je te l'ai déja dit, t'expliqueront à merveilles le pouvoir du Pape, & l'état du Purgatoire.

ADARIO

La diférence que je trouve entre votre créance*, & celle des Anglois, embarasse si fort mon esprit, que plus je cherche à m'éclaircir, & moins je trouve de lumiéres. Vous feriez mieux de dire tous tant que vous étes, que le grand Esprit a donné des lumiéres sufisantes à tous les hommes, pour conoître ce qu'ils doivent croire & ce qu'il doivent faire, sans se tromper. Car j'ay ouï* dire que parmi chacune de ces Réligions diférentes, il s'y trouve

---

[1]Les protestants rejetaient le dogme du purgatoire.

un nombre de gens de diverses opinions, comme, par exemple, dans la vôtre chaque Ordre Religieux soutient certains points diférents des autres, & se conduit aussi diversement en ses Instituts qu'en ses habits, cela me fait croire qu'en Europe chacun se fait une religion à sa mode, diférente de celle dont il fait profession extérieure. Pour moy, je croy que les hommes sont dans l'impuissance de conoître ce que le grand Esprit demande d'eux [1], & je ne puis m'empêcher de croire que ce grand Esprit estant aussi juste & aussi bon qu'il l'est, sa justice ait pu rendre le salut des hommes si dificile, qu'ils seront tous damnés hors de vostre religion, & que même peu de ceux qui la professent iront dans ce grand paradis. Croi-moy, les affaires de l'autre monde sont bien diférentes de celles-ci. Peu de gens sçavent ce qui s'y passe. Ce que nous sçavons c'est que nous autres Hurons ne sommes pas les auteurs de notre création ; que le grand Esprit nous a fait honnêtes gens, en vous faisant des scelerats qu'il envoye sur nos Terres, pour corriger vos défauts & suivre nostre exemple. Ainsi, mon Frére, croi tout ce que tu voudras, aïe tant* de foy qu'il te plaira, tu n'iras jamais dans le bon pais des Ames si tu ne te fais Huron. L'innocence de notre vie, l'amour que nous avons pour nos fréres, la tranquillité d'ame dont nous jouissons par le mépris de l'intérêt, sont trois choses que le grand Esprit exige de tous les hommes en général. Nous les pratiquons naturellement dans nos Villages, pendant que les Européans se déchirent, se volent, se diffament, se tuent dans leurs Villes, eux qui voulant aller au pais

[1]Pourtant, Adario énumérera, quelques phrases plus loin, « trois choses que le grand Esprit exige de tous les hommes en général ».

des Ames ne songent jamais à leur Créateur, que lors
qu'ils en parlent avec les Hurons. Adieu, mon cher Frére,
il se fait tard ; je me retire dans ma Cabane pour songer
à tout ce que tu m'as dit, afin que je m'en ressouvienne
demain, lorsque nous raisonnerons avec le Jésuite.

DES LOIX [1]

LAHONTAN

Et bien, mon Ami, tu as entendu le Jésuite, il t'a parlé clair, il t'a bien mieux expliqué les choses que moy. Tu vois bien qu'il y a de la diférence de ses raisonemens aux miens. Nous autres, gens de guerre, ne sçavons que superficiellement notre réligion, qui est pourtant une sçience que nous devrions sçavoir le mieux ; mais les Jésuites la possédent à tel point qu'ils ne manquent jamais de convaincre les Peuples de la Terre les plus incrédules & les plus obstinez.

ADARIO

A te parler franchement, mon cher Frére, je n'ay pu concevoir quasi rien de ce qu'il m'a dit, & je suis fort

[1] Sur la justice française au début du XVIIIᵉ siècle, voir Daniel Jousse, *Traité de l'administration de la justice* ; Decrusy, Isambert et Taillandier, *Recueil général des anciennes lois françaises depuis l'an 420 jusqu'à la révolution de 1789*. Pour la Nouvelle-France, voir André Lachance, *La justice criminelle du roi au Canada au XVIIIᵉ siècle, tribunaux et officiers*.

trompé s'il l'a compris luy même. Il m'a dit cent fois les mêmes choses dans ma Cabane, & tu as bien pu remarquer que je luy répondis vint fois hier, que j'avois déja entendu ses raisonnements à diverses reprises. Ce que je trouve encore de ridicule, c'est qu'il me persécute* à tout moment de les expliquer mot pour mot aux gens de ma Nation, parce que, dit-il, ayant de l'esprit, je puis trouver des termes assez expressifs dans ma Langue pour rendre le sens de ses paroles plus intelligible que luy, à qui le langage Huron n'est pas assez bien connu [1]. Tu as bien veu que je luy ay dit qu'il pouvoit baptizer tous les enfans qu'il voudroit, quoi qu'il n'ait sçeu me faire entendre* ce que c'est que le bâtême. Qu'il fasse tout ce qu'il voudra dans mon Village, qu'il y fasse des Chrêtiens, qu'il prêche, qu'il bâtize, je ne l'en empêche pas. C'est assez parler de Religion ; venons à ce que vous appellez les Loix ; c'est un mot comme tu sçais que nous ignorons dans notre langue ; mais j'en connois la force & l'expression, par l'explication que tu me donnas l'autre jour, avec les exemples que tu ajoûtas pour me le faire mieux concevoir. Di-moy, je te prie, les Loix n'est-ce pas dire les choses justes & raisonnables ? Tu dis qu'oui ; & bien, observer les Loix c'est donc observer les choses justes & raisonnables. Si cela est, il faut que vous preniez ces choses justes & raisonnables dans un autre sens que nous, ou que, si vous les entendés de même, vous ne les suiviez jamais.

[1] Les missionnaires utilisaient souvent des nouveaux convertis pour expliquer la doctrine catholique aux autres.

Lahontan

Vraîment tu fais là de beaux contes & de belles distinctions ! est ce que tu n'as pas l'esprit de concevoir depuis 20 ans, que ce qui s'appelle raison, parmi les Hurons, est aussi raison parmi les François ? Il est bien sûr que tout le Monde n'observe pas ces Loix, car si on les observoit, nous n'aurions que faire de châtier personne ; alors ces Juges que tu as veu à Paris & à Quebec, seroient obligés de chercher à vivre par d'autres voies. Mais comme le bien de la société consiste dans la justice & dans l'observance de ces Loix, il faut châtier les méchans & recompenser les bons ; sans cela tout le Monde s'égorgeroit, on se pilleroit, on se diffameroit, en un mot, nous serions les gens du Monde les plus malheureux.

Adario

Vous l'étes assez déja, je ne conçoi pas que vous puissiez l'être davantage. O quel genre d'hommes sont les Européans ! O quelle sorte de creatures qui font le bien par force & n'évitent à faire le mal que par la crainte des châtimens ! Si je te demandois ce que c'est qu'un homme, tu me repondrois que c'est un François, & moi je te prouverai que c'est plûtôt un Castor. Car un homme n'est pas homme à cause* qu'il est planté droit sur ses deux pieds, qu'il sçait lire & écrire, & qu'il a mille autres industries*. J'apelle un homme celui qui a un penchant naturel à faire le bien & qui ne songe jamais à faire du mal. Tu vois bien que nous n'avons point des Juges. Pourquoy ? parceque nous n'avons point de querelles ni de procez. Mais pourquoy n'avons nous pas de procez ? c'est parceque nous ne

voulons point recevoir ni connoître* l'argent. Pourquoy
est-ce que nous ne voulons pas admétre cet argent ? c'est
parce que nous ne voulons pas de loix, & que depuis que
le monde est monde nos Péres ont vêcu sans cela. Au
reste, il est faux, comme je l'ay déja dit, que le mot de
Loix signifie parmi vous les choses justes & raisonables,
puis que les riches s'en moquent & qu'il n'y a que les malheureux qui les suivent. Venons donc à ces loix ou choses
raisonnables. Il y a cinquante ans que les Gouverneurs de
Canada prétendent que nous soyons sous les Loix de leur
grand Capitaine [1]. Nous nous contentons de nier notre
dépendance de tout autre que du grand Esprit ; nous
sommes nés libres & frères unis, aussi grands Maîtres les
uns que les autres, au lieu que vous étes tous des esclaves
d'un seul homme. Si nous ne répondons pas que nous
prétendons que tous les François dépendent de nous,
c'est que nous voulons éviter des querelles. Car sur quel
droits & sur quelle autorité fondent-ils cette prétention ?
Est-ce que nous nous sommes vendus à ce grand Capi-
taïne ? Avons nous été en France vous chercher ? C'est
vous qui estes venus ici nous trouver. Qui vous a donné
tous les païs que vous habitez ? De quel droit les possé-
dez vous ? Ils apartiénent aux Algonkins depuis toûjours.
Ma foy, mon cher Frére, je te plains dans l'ame. Croi-moy,
fais toy Huron. Car je voi la diférence de ma condition

---

[1] Le 11 mai 1676, le Conseil souverain de la Nouvelle-France
avait statué que les Amérindiens, comme les Français, subiraient
« les peines portées par les lois et ordonnances de France pour
le vol, meurtre, rapt, yvresse et autres fautes » (*Jugements et
délibérations du Conseil souverain de la Nouvelle-France*, Québec,
A. Côté, vol. 2, 1886, p. 70).

à la tienne. Je suis maître de mon corps[1], je dispose de moy-même, je fais ce que je veux, je suis le premier & le dernier de ma Nation ; je ne crains personne, & ne dépens uniquement que du grand Esprit. Au lieu que ton corps & ta vie dépend de ton grand Capitaine ; son Viceroy dispose de toi, tu ne fais pas ce que tu veux, tu crains voleurs, faux témoins, assassins, &c. Tu dépens de mille gens que les Emplois* ont mis au dessus de toy. Est-il vray ou non ? sont-ce des choses improbables* & invisibles ? Ha ! mon cher Frére, tu vois bien que j'ay raison ; cependant tu aimes encore mieux estre Esclave François que libre Huron. O le bel homme qu'un François avec ses belles Loix, qui croyant estre bien sage est assûrement bien fou, puis qu'il demeure dans l'esclavage & dans la dépendance, pendant que les Animaux mêmes joüissant de cette adorable Liberté, ne craignent, comme nous, que des ennemis étrangers.

LAHONTAN

En vérité, mon Ami, tes raisonnemens sont aussi sauvages que toy. Je ne conçoi pas qu'un homme d'esprit & qui a esté en France & à la Nouvelle Angleterre puisse parler de la sorte. Que te sert-il d'avoir vu nos Villes, nos Forteresses, nos Palais, nos Arts, notre industrie & nos plaisirs ? Et quand tu parles de Loix sévéres, d'esclavage, & de mille autres sotises, il est seur que tu prêches contre

[1]Dans les *Memoires*, ce sont les filles sauvages qui se disent « Maîtresses de leurs corps » (*O.C.*, p. 669). Lamothe Cadillac utilise la même expression en parlant des femmes et des filles : « elles sont maistresses de leur corps » (« Relation du sieur de Lamothe Cadillac », p. 120).

ton sentiment. Il te fait beau* voir me citer la félicité des
Hurons, d'un tas de gens qui ne font que boire, manger,
dormir, chasser, & pêcher, qui n'ont aucune commodité
de la vie, qui font quatre cens lieües* à pied pour aller
assommer quatre Iroquois, en un mot, des hommes qui
n'en ont que la figure. Au lieu que nous avons nos aises,
nos commoditez, & mille plaisirs, qui font trouver les
momens de la vie supportables ; il ne faut* qu'estre honnête homme & ne faire de mal à personne, pour n'être
pas exposé à ces Loix, qui ne sont sévéres qu'envers les
scélérats & les méchans.

ADARIO

Vraîment, Mon cher Frére, tu aurois beau estre honnête homme, si deux faux témoins [1] avoient juré ta perte,
tu verrois bien si les Loix sont sévéres ou non. Est-ce que
les Coureurs* de bois ne m'ont pas cité vint exemples
de gens innocens que vos Loix ont fait mourir cruelle-
ment, & dont on n'a reconnu l'innocence qu'aprés leur
mort ? Je sçay pas si cela est vray ; mais je voi bien
que cela peut être. Ne m'ont-ils pas dit encore (quoique
je l'eusse oüi conter en France) qu'on fait soufrir des
tourmens épouvantables à de pauvres innocens [2] pour
leur faire avoüer, par la violence des tortures, tout le

---

[1] Deux témoignages directs pouvaient suffire à établir une
preuve criminelle.

[2] Le supplice de la question s'appliquait aussi aux innocents
qu'on voulait faire avouer. Les enfants, les malades, les femmes
enceintes n'y étaient pas soumis, mais on les en menaçait.
Répandu dans toute l'Europe, il n'y sera aboli que pendant le
dernier quart du XVIIIe siècle. Il fut vivement condamné par
Bayle, Montaigne, Montesquieu, Voltaire, l'*Encyclopédie*, et sur-

mal qu'on veut qu'ils aïent fait, & dix fois davantage. O quelle tirannie exécrable ! Cependant les François prétendent estre des hommes. Les femmes ne sont pas plus exemptes de cette horrible cruauté, & les uns & les autres aiment mieux mourir une fois, que cinquante ; ils ont raison. Que si, par une force de courage extraordinaire, ils peuvent soufrir ces tourmens, sans avoüer ce crime qu'ils n'ont pas commis, quelle santé, quelle vie leur en reste-t'il ? Non non, mon cher Frére, les Diables noirs, dont les Jésuites nous parlent tant, ne sont pas dans le Païs où les ames brûlent ; ils sont à Quebec & en France, avec les Loix, les faux Témoins, les commoditez de la vie, les Villes, les Forteresses & les plaisirs dont tu me viens de parler.

LAHONTAN

Les Coureurs de Bois, & les autres qui t'ont fait de semblables contes, sans te raconter sur cela ce qu'ils ne connoissoient pas, sont des sots qui feroient mieux de se taire. Je veux t'expliquer l'affaire comme elle est. Supposons deux faux Témoins qui déposent contre un homme. On les met d'abord en deux Chambres séparées, où ils ne peuvent ni se voir ni se parler. On les interroge ensuite diverses fois l'un aprés l'autre, sur les mêmes déclarations qu'ils font contre l'Accusé ; & les Juges ont tant de conscience qu'ils employent toute l'industrie possible pour découvrir si l'un des deux, ou tous les deux ensemble, ne se coupent point. Si par hazard on

tout Cesare Beccaria, dont le livre *Des délits et des peines*, publié en 1764, provoquera un véritable raz de marée en faveur de l'abolition de la torture et de la réforme judiciaire.

découvre de la fausseté dans leurs témoignages, ce qui
est aisé à voir, on les fait mourir sans remission. Mais s'il
paroît qu'ils ne se contredisent en rien, on les présente
devant l'Accusé pour sçavoir s'il ne les recuse pas, & s'il
se tient* à leur conscience. S'il dit que oui, & qu'ensuite
ces Témoins jurent par le grand Dieu, qu'ils ont veu
tuer, violer, piller, &c., les Juges le comdamnent à mort.
A l'égard de la torture, elle ne se donne que quand il
ne se trouve qu'un seul témoin, parce qu'il ne sufit pas,
les Loix voulant que deux hommes soient une preuve
sufisante [1], & qu'un seul homme soit une demi preuve ;
mais il faut que tu remarques que les Juges prénent toute
la précaution imaginable, de peur de rendre d'injustes
jugemens.

ADARIO

Je suis aussi sçavant que je l'estois, car au bout du
conte, deux faux Témoins s'entendent bien, avant que
de se présenter, & la torture ne se donne pas moins par
la déclaration d'un scelerat que par celle d'un honnête
homme, qui selon moy, cesseroit de l'être par son témoignage, quoiqu'il eût veu le crime. Ah ! les bonnes gens
que les François, qui, bien loin de se sauver la vie les
uns aux autres, comme fréres, le pouvant faire, ne le
font pas. Mais, di-moy, que pense-tu de ces Juges ? Est-
il vray qu'il y en ait de si ignorans comme on dit, &
d'autres si méchans que, pour un Ami, pour une Courtisane, pour un grand Seigneur, ou pour de l'argent, ils

[1]Les aveux obtenus par la torture servaient à compléter une
preuve insuffisante : voir les nombreux textes cités dans l'annotation des *Œuvres complètes* de Lahontan, p. 832-836.

jugent injustement contre leurs consciences ? Je te voi déja prêt de dire que cela est faux, que les Loix sont des choses justes & raisonables. Cependant je sçay que cela est aussi vray que nous sommes ici, car celui qui a raison de demander son bien à un autre qui le posséde injustement, fait voir clair comme le jour la vérité de sa cause, n'atrape rien du tout, si ce Seigneur, cette Courtisane, cet Ami & cet argent parlent pour sa partie, aux Juges, qui doivent décider l'afaire. Il en est de même pour les gens accusez de crime. Ha ! vive les Hurons, qui sans Loix, sans prisons, & sans tortures, passent la vie dans la douceur, dans la tranquillité, & joüissent d'un bonheur inconnu aux François. Nous vivons simplement sous les Loix de l'instinct & de la conduite innocente que la Nature sage nous a imprimée dés le berceau. Nous sommes tous d'acord, & conformes en volontez, opinions & sentimens. Ainsi, nous passons la vie dans une si parfaite intelligence, qu'on ne voit parmi nous ni procez, ni dispute, ni chicanes. Ha ! malheureux, que vous estes à plaindre d'estre exposés à des Loix auxquelles vos Juges ignorans, injustes & vicieux* contreviennent autant par leur conduite particuliere qu'en l'administration de leurs Charges. Ce sont là ces équitables Juges qui manquent de droiture, qui ne raportent leur Emploi qu'à leurs interêts, qui n'ont en veüe que de s'enrichir, qui ne sont accessibles qu'au démon de l'argent, qui n'administrent la justice que par un principe d'avarice*, ou par passion, qui autorisant* le crime exterminent la justice & la bonne foy, pour donner cours à la tromperie, à la chicane, à la longueur des procez, à l'abus & à la violation de sermens, & à une infinité d'autres désordres. Voilà ce que sont ces grands Souteneurs* des belles Loix de la Nation Françoise.

LAHONTAN

Je t'ay déja dit qu'il ne faut pas croire tout ce que les
sottes gens disent ; tu t'amuses* à des Ignorans qui n'ont
pas la teinture du sens commun, & qui te débitent des
mensonges pour des véritez. Ces mauvais Juges, dont
ils t'ont parlé, sont aussi rares que les Castors blancs [1].
Car on n'en trouveroit peut-être pas quatre dans toute la
France. Ce sont des gens qui aiment la vertu & qui ont
une ame à sauver comme toy & moy ; qui en qualité de
personnes publiques ont à répondre devant un Juge [2]
qui n'a point d'égard à l'apparence des Personnes, &
devant lequel le plus grand des Monarques n'est pas plus
que le moindre des Esclaves. Il n'y en a presque point
qui n'aimât mieux mourir que de blesser sa conscience
& de violer les Loix ; l'argent est de la boüe pour eux,
les femmes les échaufent moins que la Glace, les Amis
& les grands Seigneurs ont moins de pouvoir sur leur
esprit, que les vagues contre les rochers ; ils corrigent
le libertinage, ils reforment* les abus, & ils rendent la
justice à ceux qui plaident, sans qu'aucun interêt s'en
mêle. Pour moy, j'ay perdu tout mon bien en perdant
trois ou quatre procez à Paris, mais je serois bien fâché
de croire qu'ils les ont mal jugés, quoique mes Parties,

[1] Les castors albinos.

[2] Les juges n'ont de comptes à rendre qu'à Dieu, comme l'affirmera Daniel Jousse, dans son *Traité de l'administration de la
justice*, publié en 1771 : « Les Juges qui se laissent corrompre,
ou qui se conduisent par passion dans leurs Jugements, doivent
se souvenir qu'ils rendront compte un jour à Dieu, de tout ce
qu'ils auront fait ; & ils doivent avoir sans cesse devant les yeux,
les malédictions qui sont prononcées dans les Saintes Ecritures
contre les Juges injustes [...] » (t. 1, p. 525).

avec de trés mauvaises causes, ne manquoient ni d'argent
ni d'amis. Ce sont les Loix qui m'ont jugé, & les Loix
sont justes & raisonnables ; je croyois avoir raison parce
que je ne les avois pas bien étudiées [1].

ADARIO

Je t'avoüe que je ne conçois rien à ce que tu me dis,
car enfin je sçay le contraire, & ceux qui m'ont parlé
des vices de ces Juges sont assûrément des gens d'esprit
& d'honneur. Mais quand personne me m'en auroit
informé, je ne suis pas si grossier que je ne voye moy-
même l'injustice des Loix & des Juges. Ecoute un peu,
mon cher Frere ; allant un jour de Paris à Versailles, je vis
à moitié chemin un Païsan qu'on alloit foüéter pour
avoir pris des perdrix & des liévres à des lacets. J'en
vis un autre entre la Rochelle & Paris qu'on condamna
aux galéres [2], parce qu'on le trouva saisi d'un petit sac
de sel [3]. Ces deux miserables hommes furent châtiez
par ces injustes Loix, pour vouloir faire subsister leurs
pauvres Familles, pendant qu'un million de Femmes

[1] Rappel ironique des nombreux procès qui ont suivi la mort
du père de Lahontan, Isaac de Lom d'Arce.
[2] Avec la restauration des galères par Louis XIV en 1660,
les galériens volontaires sont de plus en plus remplacés par
des condamnés en justice (criminels, protestants qui refusent
d'abjurer, etc.) et des esclaves « barbaresques » : voir Marc Vigié,
Les galériens du roi, Paris, Fayard, 1985 ; André Zysberg, *Les
galériens*, Paris, Seuil, 1988 ; Didier Chirat, *Vivre et mourir sur
les galères du Roi-Soleil*, Louviers, L'Ancre de Marine, 2007.
[3] Monopole d'État sous l'Ancien Régime, le sel était frappé
d'une taxe importante : la gabelle. Ceux qui en faisaient la
contebande, les faux sauniers, étaient condamnés aux galères.

font des enfans en l'absence de leurs Maris ; que des
Médecins font mourir les trois Carts des hommes [1], &
que les Joüeurs [2] mettent leurs familles à la mendicité, en
perdant tout ce qu'ils ont au Monde, sans être châtiés [3].
Où sont donc ces Loix justes & raisonnables, où sont
ces Juges qui ont une ame à garder comme toy & moy ?
Aprés cela tu ozes encore dire que les Hurons sont des
Bêtes ! Vraîment, ce seroit quelque chose de beau si nous
allions châtier un de nos Fréres pour des liévres & pour
des perdrix ! Ce seroit encore une belle chose entre nous,
de voir nos femmes multiplier le nombre de nos enfans
pendant que nous allons en guerre contre nos ennemis,
des Médecins empoisonner nos familles, & des Joüeurs
perdre les Castors de leurs chasses ; ce sont pourtant des
bagatelles en France qui ne sont point sujettes aux belles
Loix des François. En vérité, il y a bien de l'aveuglement
dans l'esprit de ceux qui nous connoissent, & ne nous
imitent pas.

LAHONTAN

Tout beau, mon cher Ami, tu vas trop vîte, croi moi,
tes connoissances sont si bornées, comme je t'ay déja dit,

[1] Pour protéger le public, Louis XIV promulguera, en 1707,
un édit réglementant la pratique de la médecine en France.

[2] Sur la frénésie du jeu en France, vers la fin du règne de Louis
XIV, voir Jacques Saint-Germain, *La vie quotidienne en France
à la fin du Grand Siècle*, p. 309-314. Montesquieu la dénoncera
aussi dans la lettre LVI de ses *Lettres persanes*, publiées en 1721.

[3] Sur l'ambiguïté du pouvoir royal touchant le jeu, fort
répandu à l'époque de Lahontan, voir Élisabeth Belmas,
« Jeux », dans Lucien Bély (dir.), *Dictionnaire de l'Ancien Régime*,
Paris, Presses universitaires de France, 1996, p. 695-697.

que la portée de ton esprit n'envisage que l'apparence des choses. Si tu voulois entendre raison, tu concevrois d'abord que nous n'agissons que sur de bons principes, pour le maintien de la Societé. Il faut que tu sçaches que les loix condamnent les gens qui tombent dans les cas que tu viens de citer, sans en excepter aucun. Premiérement les Loix défendent aux Païsans de tuer ni liévres ni perdrix, sur tout aux environs de Paris, parce qu'ils en dépeupleroient le Royaume, s'il leur étoit permis de chasser. Ces gens-là ont reçu de leurs Seigneurs les terres dont ils joüissent, & ceux-ci se sont réservé la chasse, comme leurs Maitres. Les païsans leur font un vol, & contreviennent en même temps à la défence établie par les Loix [1]. De même ceux qui transportent du sel, parce que c'est un droit qui appartient directement au Roi. A l'égard des Femmes [2] & des Joüeurs, dont tu viens de parler, il faut que tu croyes qu'on les renferme* dans des prisons & dans des Couvens, d'où ni les uns ni les autres ne sortent jamais. Pour ce qui est des Médecins, il ne seroit pas juste de les maltraiter, car de cent malades il n'en tuent pas deux, ils font ce qu'ils peuvent pour nous guérir. Il faut bien que les Vieillards & les gens usez finissent. Néanmoins quoique nous ayons tous affaire de ces Docteurs, s'il estoit prouvé qu'ils eussent fait mourir quelqu'un par ignorance, ou par malice*, les Loix ne les

[1] La chasse était effectivement réservée au roi et au seigneur de fief.

[2] À la différence du droit canonique, le droit français ne condamnait pas le mari, mais seulement la femme adultère. Celle-ci était enfermée dans un couvent pendant deux ans, au terme desquels, si le mari ne la reprenait pas, elle était rasée, voilée, recluse à perpétuité et dépouillée de sa dot et de ses avantages matrimoniaux.

épargneroient pas plus que les autres, & les condamne-
roient à des prisons perpétuelles, &, peut-être, à quelque
chose de pis.

ADARIO

Il faudroit bien des prisons si ces Loix étoient observées ; mais je vois bien que tu ne dis pas tout, & que tu
serois fâché de pousser la chose plus loin, de peur de trouver mes raisons sans replique. Venons maintenant à ces
deux hommes qui se sauvérent l'année passée à Quebec,
pour n'être pas brulés en France, & disons, en examinant
le crime dont on les accuse, qu'il y a de bien sottes Loix
en Europe. Hé bien ces deux François sont des préten-
dus Magiciens Jongleurs [1], on les accuse d'avoir jonglé*,
quel mal ont-ils fait ? Ces pauvres gens ont peut-être eu
quelque maladie, qui leur a laissé cette folie, comme il
arrive parmi nous. Di-moi un peu, je te prie, quel mal
font nos Jongleurs ? Ils s'enferment seuls dans une petite
Cabane lorsqu'on leur recommande quelque malade, ils
y chantent, ils crient, ils dancent, ils disent cent extravagances ; ensuite ils font connoître aux Parens du malade
qu'il faut faire un festin pour consoler le malade, soit
de viande, soit de poisson, selon le goût de ce Jongleur,
qui n'est qu'un Médecin imaginaire, dont l'esprit est
troublé par l'accident de quelque fiévre* chaude qu'il

---

[1]Ce sont les chamans guérisseurs dont parlent tous les chroni-
queurs. Alors que Lahontan les qualifie de « Charlatans » dans
ses *Memoires*, la majorité des auteurs les prennent au sérieux,
comme les jésuites Paul Lejeune en Nouvelle-France (*Relation
de 1634*) ou Pierre Pelleprat aux Antilles (*Relation des missions*,
p. 174-175).

a essuyée. Tu vois bien que nous nous raillons d'eux en leur absence, & que nous connoissons leur fourberie ; tu sçais encore qu'ils sont comme des insensez dans leurs actions, comme dans leurs paroles, qu'ils ne vont ni à la chasse ni à la guerre. Pourquoy brûlerions-nous les pauvres gens qui parmi vous ont le même malheur ?

LAHONTAN

Il y a bien de la diférence de nos Jongleurs aux vôtres, car ceux parmi nous qui le sont parlent avec le méchant Esprit, font des festins avec luy, toutes les nuits ; ils empêchent un mari de caresser sa femme par leurs sortileges[1] ; ils corrompent aussi les filles sages & vertueuses par un charme qu'ils métent dans ce qu'elles doivent boire ou manger. Ils empoisonnent les Bestiaux, ils font périr les biens de la Terre, mourir les hommes en langueur, blesser les femmes grosses ; & cent autres maux que je ne te raconte pas. Ces gens-là s'appellent Enchanteurs & Sorciers[2], mais il y en d'autres encore plus méchans : ce sont les Magiciens[3]. Ils ont des conversations familiéres avec le méchant Esprit, ils le font voir à ceux qui en ont la curiosité sous telle figure qu'ils veulent. Ils ont des secrets pour faire gagner au jeu & enrichir ceux à qui ils les donnent. Ils devinent ce qui doit arriver ;

[1] Ils l'empêchent, par un maléfice, de consommer le mariage : cela s'appelait « nouer l'aiguillette ».

[2] Selon Furetière (*Dictionnaire*, 1690), le sorcier est un « Magicien, Enchanteur qui a communication avec le Diable, & qui fait plusieurs choses merveilleuses par son secours ».

[3] Pour Furetière, le magicien est aussi un « enchanteur » : « celuy qui fait des effets des choses extraordinaires par la puissance diabolique ».

ils ont le pouvoir de se métamorphoser en toutes sortes
d'Animaux, & de figures* les plus horribles ; ils vont en
certaines maisons faire des hurlemens affreux mêlés de
cris & de plaintes effroyables, ils y paroissent tous en feu
plus hauts que des arbres, traînant des chaînes aux pieds,
portant des serpens dans la main ; enfin ils épouvantent
tellement les gens, qu'on est obligé d'aller chercher les
Prêtres pour les exorciser, croyant que ce sont des ames
qui viennent du Purgatoire en ce monde, y demander
quelques Messes, dont elles ont besoin pour aller jöuir
de la veüe de Dieu. Il ne faut donc pas que tu t'étonnes
si on les fait brûler sans remission, selon les Loix dont
nous parlons[1].

ADARIO

Quoi ! seroit-il possible que tu croïes ces bagatelles ?
Il faut asseurément que tu railles*, pour voir ce que je
répondray. C'est apparemment de ces contes que j'ay veu
dans les fables d'Esope, livres où les Animaux parlent. Il
y a icy des Coureurs de Bois qui les lisent tous les jours,

[1] Par un décret du 31 août 1682 touchant « la vaine profession de devins, magiciens, sorciers », ceux-ci n'étaient désormais
condamnés à mort que s'ils avaient joint à la superstition, « l'im-
piété et le sacrilège ». C'est ce qui arrivera en 1701, deux ans
avant la parution des œuvres de Lahontan, quand le curé Bar-
bet sera brûlé à Paris pour avoir célébré des messes noires (une
femme remplaçait l'autel sur lequel le cérémoniant avait déposé
le calice) : voir J. Saint-Germain, *La vie quotidienne en France
à la fin du Grand Siècle*, p. 287-289 ; voir aussi *Magistrats et sorciers en France au XVIIe siècle*. Plus largement, sur la sorcellerie
en Europe, voir Colette Arnould, *Histoire de la sorcellerie en
Occident*.

& je me trompe fort si ce que tu viens de me raconter, n'y est écrit. Car il faudroit être fou pour croire sérieusement que le méchant Esprit, supposé qu'il soit vray qu'il y en ait un, tel que les Jésuites me l'ont dépeint, eût le pouvoir de venir sur la Terre. Si cela étoit, il y feroit assés de mal luy-même, sans le faire faire à ces Sorciers, & s'il se communiquoit à un homme il se communiqueroit bien à d'autres ; & comme il y a plus de méchans hommes que de bons parmi vous, il n'y en a pas un qui ne voulût être sorcier ; alors tout seroit perdu, le Monde seroit renversé, en un mot ce seroit un désordre irrémédiable. Sçais tu bien, mon Frére, que c'est faire tort au grand Esprit de croire ces sotises. Car c'est l'accuser d'autoriser les méchancetez & d'être la cause directe de toutes celles que tu viens de raconter, en permettant à ce méchant Esprit de sortir de l'enfer [1]. Si le grand Esprit est si bon que nous le sçavons toy & moy, il seroit plus croyable qu'il envoyât de bonnes Ames sous d'agréables figures, reprocher aux hommes leurs mauvaises actions & les inviter à l'amiable de pratiquer la vertu, en leur faisant une peinture du bonheur des Ames qui sont heureuses dans le bon Païs où elles sont. A l'égard de celles qui sont dans le Purgatoire (si tant est qu'il y ait un tel lieu), il me semble que le grand Esprit n'a guére besoin d'estre prié par des gens

[1] Lahontan attaquera encore plus vivement la sorcellerie dans la lettre V de ses *Voyages de Portugal et de Danemarc* : « il faut absolument nier la toute puissance de Dieu, si l'on établit dans le monde les Sorciers, les Magiciens, les Devins, les Enchanteurs, les Spectres, les Fantômes, les Farfadets, les Lutins, & le Diable visible que nous mettons à la queue de toutes ces chimères. C'est avoir peu de religion, d'esprit, & de sagesse de croire que Dieu se serve de Sorciers & de Magiciens pour faire du mal aux hommes, & aux biens de la Terre » (*O.C.*, p. 960).

qui ont assez affaire* de prier pour eux-mêmes, & qu'il
pourroit bien leur donner la permission d'aller au Ciel,
s'il leur acorde celle de venir sur la Terre. Ainsi, mon
cher Frére, si tu me parles sérieusement de ces choses, je
croiray que tu rêves*, ou que tu as perdu le sens*. Il faut
qu'il y ait quelque autre méchanceté dans l'acusation de
ces deux Jongleurs, ou bien vos Loix & vos Juges sont
aussi fort déraisonables. La conclusion que je tirerois de
ces méchancetez, si elles étoient vraïes, c'est que puisqu'on ne voit rien de semblable chez aucun peuple de
Canada, il faut absolument que ce méchant Esprit ait un
pouvoir sur vous qu'il n'a pas sur nous [1]. Cela étant, nous
sommes donc de bonnes gens, & vous, tout au contraire
pervers, malicieux* & adonnez à toutes sortes de vices
& de méchancetez. Mais finissons, je te prie, sur cette
matiére, dont je ne veux entendre aucune replique ; &
di moy, à propos de Loix, pourquoy elles soufrent qu'on
vende les filles pour l'argent, à ceux qui veulent s'en servir ? Pourquoy on permet certaines Maisons publiques,
où les putains & les maquerelles s'y trouvent à toute
heure pour toute sorte de gens ? Pourquoy on permet de
porter l'épée aux uns, pour tuer ceux à qui il est defendu
d'en porter [2] ? Pourquoy permet on encore de vendre
du vin au dessus de certaine quantité, & dans lequel on

[1] Dans son ethnographie des Algonquins, Lahontan dénonce
les « folies sur ce sujet, écrites par des gens d'Eglise, qui soû-
tiennent que ces Peuples ont des conférences* avec lui, qu'ils
le consultent & qu'ils lui rendent quelque sorte d'hommage ».
Le diable, concluait-il, « ne s'est jamais manifesté à ces Amériquains » (*O.C.*, p. 664).
[2] De 1660 à 1700, plusieurs ordonnances avaient rappelé
que seuls les nobles pouvaient porter l'épée. Quant au duel,
l'édit d'août 1679 l'avait interdit, mais sans grand succès : voir

met mille drogues* qui ruinent la santé ? Ne vois-tu pas
les malheurs qui arrivent icy, comme à Quebec, par les
yvrognes ? Tu me répondras, comme d'autres ont déja
fait, qu'il est permis au Cabarétier de vendre le plus de
marchandise qu'il peut pour gagner sa vie, que celuy
qui boit doit se conduire lui-même, & se modérer sur
toutes choses. Mais je te prouveray que cela est impossible, parce qu'on a perdu la raison avant qu'on puisse
s'en apercevoir ; ou du moins elle demeure si afoiblie
qu'on ne connoît* plus ce qu'on doit faire. Pourquoy
ne défend-on pas aussi les jeux excessifs qui traînent
mille maux aprez eux. Les Péres ruïnent leurs familles
(comme je t'ay déja dit), les enfans volent leurs Péres ou
les endétent ; les filles & les femmes se vendent quand
elles ont perdu leur argent, aprez avoir consumé* leurs
meubles & leur habits ; delà viennent des disputes, des
meurtres, des inimitiez & des haines irréconciliables.
Voilà, mon Frére, des defences inutiles chez les Hurons,
mais qu'on devroit bien faire dans le Païs des François ;
ainsi peu à peu reformant* les abus que l'intérêt a introduit parmi vous, j'espérerois que vous pourriez un jour
vivre sans loix, comme nous faisons.

François Billacois, *Le duel dans la société française des XVIe-
XVIIe siècles : essai de psychosociologie historique*, Paris, Éditions
de l'École des hautes études en sciences sociales, 1986. Pour
dénoncer la « barbarie » du duel, Lafitau le comparera à la
torture amérindienne des ennemis : « quelque barbarie qu'il
y ait à reprocher aux Sauvages, par rapport aux ennemis qui
tombent entre leurs mains, on doit d'un autre côté leur rendre
cette justice qu'entr'eux ils se ménagent davantage que ne font
les Européens. Ils regardent avec raison, comme quelque chose
de plus barbare et de plus féroce, la brutalité des Duels, & la
facilité de s'entre-détruire qu'a introduit un point d'honneur mal
entendu [...] » (*Mœurs des Sauvages ameriquains*, t. 2, p. 291).

LAHONTAN

Je t'ay déja dit une fois, qu'on châtioit les Joüeurs, on en use de même envers les Maquereaux & les Courtisanes, sur tout envers les Cabarétiers, lorsqu'il arrive du désordre chez eux. La diférence qu'il y a, c'est que nos Villes sont si grandes & si peuplées qu'il n'est pas facile aux Juges de découvrir les méchancetez qu'on y fait. Mais cela n'empêche pas que les Loix ne les défendent, & on fait tout ce qu'on peut pour rémédier à ces maux. En un mot, on travaille avec tant de soin & d'aplication à détruire les mauvaises coûtumes, à établir le bel ordre par tout, à punir le vice, & à recompenser le mérite, que, pour peu que tu voulusses te défaire de tes mauvais préjugez*, & considérer à fond l'excellence de nos loix, tu serois obligé d'avoüer que les François sont gens équitables, judicieux & sçavans, qui suivent mieux que vous autres les véritables régles de la Justice & de la Raison.

ADARIO

Je voudrois bien avoir occasion de le croire avant que de mourir, car j'aime naturellement les bons François ; mais j'apréhende bien de n'avoir pas cette consolation. Il faut donc que vos Juges commencent les premiers à suivre les Loix, pour donner exemple aux autres, qu'ils cessent d'oprimer les Veuves, les Orphelins & les misérables ; qu'ils ne fassent pas languir les procez des Plaideurs, qui font des voyages de cent lieües ; en un mot, qu'ils jugent les causes de la même maniére que le grand Esprit les jugera. Que vos Loix diminuent les tributs & les impositions que les pauvres gens sont obligés de païer,

pendant que les riches de tous états ne païent rien à proportion des biens qu'ils possédent. Il faut encore que
vous défendiez aux Coureurs de Bois d'aporter de l'eau
de vie dans nos Villages, pour arrêter le cours des yvro-
gneries qui s'y font [1]. Alors j'espéreray que peu à peu vous
vous perfectionerez, que l'égalité de biens pourra venir
peu à peu, & qu'à la fin vous détesterez cet interêt qui
cause tous les maux qu'on voit en Europe. Ainsi n'ayant
ni tien ni mien, vous vivrez avec la même felicité des
Hurons. C'en est assez pour aujourd'huy. Voilà mon
Esclave [2] qui vient m'avertir qu'on m'attend au Village.
Adieu, mon cher Frére, jusqu'à demain.

---

[1] Dans la lettre VIII de ses *Nouveaux Voyages*, Lahontan
approuvait l'interdiction de vendre des boissons alcooliques
aux Sauvages, qui « boivent excessivement », « se querellent, se
battent » et « se tueroient infailliblement » si on ne les retenait
(*O.C.*, p. 317-318).

[2] Ce rappel ironique chez un thuriféraire de l'égalitarisme
social ne doit pas nous faire oublier le contexte colonial du tour-
nant du siècle, alors que l'industrie sucrière des Antilles utilisait
un grand nombre d'esclaves noirs. Selon les données compi-
lées par James Pritchard pour l'année 1700, on comptait 15 266
esclaves à la Martinique et à la Grenade, 6 855 à la Guadeloupe et
à Marie-Galante, et 9 082 à Saint-Domingue ; cette population
servile doublera en moins de 15 ans (*In Search of Empire*, p. 424).

DU BONHEUR

LAHONTAN

Il me semble, mon cher Ami, que tu ne viendrois pas de si bonne heure chez moy, si tu n'avois envie de disputer* encore. Pour moy, je te déclare que je ne veux plus entrer en matiére avec toy, puisque tu n'es pas capable de concevoir mes raisonnemens, tu es si fort prévenu en faveur de ta Nation, si fort préocupé de tes manieres sauvages, & si peu porté à examiner les nôtres comme il faut, que je ne daigneray plus me tuer le corps & l'ame, pour te faire connoître l'ignorance & la misére dans lesquelles on voit que les Hurons ont toûjours vêcu. Je suis ton Ami, tu le sçais ; ainsi je n'ay d'autre intérêt que celuy de te montrer le bonheur des François, afin que tu vives comme eux, aussi bien que le reste de ta Nation. Je t'ay dit vint fois que tu t'ataches à considérer la vie de quelques méchans François, pour mesurer tous les autres à leur aune* ; je t'ay fait voir qu'on les châtioit ; tu ne te payes* pas de ces raisons là, tu t'obstines par des réponces injurieuses à me dire que nous ne sommes rien moins que des hommes. Au bout du conte* je suis las d'entendre des pauvretez* de la bouche d'un homme que tous les François regardent comme un trés habile* Personnage. Les gens de ta Nation t'adorent tant* par ton esprit, que par ton expérience & ta valeur. Tu es Chef de guerre & Chef de Conseil ; & sans te flatter, je n'ay guére veu de gens au monde plus vifs & plus pénétrans que tu l'es, ce qui fait que je te plains de tout mon cœur, de ne vouloir pas te défaire de tes préjugés.

ADARIO

Tu as tort, mon cher Frére, en tout ce que tu dis, car je ne me suis formé aucune fausse idée de votre Religion ni de vos Loix ; l'exemple de tous les François en général m'engagera toute ma vie à considérer toutes leurs actions comme indignes de l'homme. Ainsi mes idées sont justes, mes préjugez* sont bien fondés, je suis prêt à prouver ce que j'avance. Nous avons parlé de Religion & de Loix, je ne t'ay répondu que le quart de ce que je pensois sur toutes les raisons que tu m'as alléguées ; tu blâmes notre maniére de vivre ; les François en général nous prénent pour des Bétes, les Jésuites nous traitent d'impies, de foux, d'ignorans & de vagabons ; & nous vous regardons tout sur le même pied*. Avec cette différence que nous nous contentons de vous plaindre, sans vous dire des injures. Ecoute, mon cher Frére, je te parle sans passion, plus je réfléchis à la vie des Européans & moins je trouve de bonheur & de sagesse parmi eux. Il y a six ans que je ne fais que penser à leur état. Mais je ne trouve rien dans leurs actions qui ne soit au dessous de l'homme, & je regarde comme impossible que cela puisse être autrement, à moins que vous ne veuilliez vous réduire à vivre sans le Tien ni le Mien, comme nous faisons. Je dis donc que ce que vous appelez argent, est le démon des démons, le Tiran des François, la source des maux, la perte des ames & le sepulcre des vivans. Vouloir vivre dans les Païs de l'argent & conserver son ame, c'est vouloir se jetter au fond du Lac pour conserver sa vie ; or ni l'un ni l'autre ne se peuvent. Cet argent est le Pére de la luxure, de l'impudicité, de l'artifice, de l'intrigue, du mensonge, de la trahison, de la mauvaise foy, & généralement de tous les maux qui sont au Monde. Le Pere vend ses enfans, les Maris vendent leurs Femmes, les Femmes trahissent leurs Maris, les Fréres se tuent, les Amis se trahissent, & tout pour de l'argent. Di-moy, je te prie, si nous avons tort aprez cela, de ne vouloir point ni manier, ni même voir ce maudit argent.

LAHONTAN

Quoy, sera-t'il possible que tu raisoneras tousjours si sottement ! Au moins écoute une fois en ta vie avec attention ce que j'ay envie de te dire. Ne vois-tu pas bien, mon Ami, que les Nations de l'Europe ne pourroient pas vivre sans l'or & l'argent, ou quelque autre chose précieuse ? Déja les Gentishommes*, les Prêtres, les Marchans & mille autres sortes de gens qui n'ont pas la force de travailler à la terre, mourroient de faim. Comment nos Rois seroient-ils Rois ? Quels soldats auroient ils ? Qui est celuy qui voudroit travailler pour eux, ni pour qui que ce soit ? Qui est celuy qui se risqueroit sur la mer ? Qui est celuy qui fabriqueroit des armes pour d'autres que pour soi ? Croy-moy, nous serions perdus sans ressource, ce seroit un Cahos en Europe, une confusion, la plus épouvantable qui se puisse imaginer.

ADARIO

Vraîment tu me fais là de beaux contes, quand
tu parles des gentishommes, des Marchans & des
Prêtres ! Est-ce qu'on en verroit s'il n'y avoit ni Tien
ni Mien ? Vous seriez tous égaux, comme les Hurons
le sont entr'eux. Ce ne seroit que les trente premiéres
années aprés le banissement de l'intérêt qu'on verroit
une étrange désolation, car ceux qui ne sont propres
qu'à boire, manger, dormir & se divertir, mourroient en
langueur ; mais leurs décendans vivroient comme nous.
Nous avons assez parlé des qualitez qui doivent composer l'homme intérieurement, comme sont la sagesse, la
raison, l'équité, &c., qui se trouvent chez les Hurons. Je
t'ai fait voir que l'intérêt les détruit toutes chez vous ;
que cet obstacle ne permet pas à celuy qui conoît cet
intérêt d'être homme raisonable. Mais voyons ce que
l'homme doit être extérieurement. Premiérement, il
doit sçavoir marcher, chasser, pêcher, tirer un coup de
fléche ou de fusil, sçavoir conduire un Canot, sçavoir
faire la guerre, conoître les bois, estre infatiguable, vivre
de peu dans l'ocasion*, construire des Cabanes & des
Canots, faire, en un mot, tout ce qu'un Huron fait.
Voilà ce que j'apelle un homme. Car di-moy, je te prie,
combien de millions de gens y-a-t il en Europe, qui, s'ils
étoient trente lieües* dans des Forêts, avec un fusil ou
des fléches, ne pourroient ni chasser de quoi se nourrir,
ni même trouver le chemin d'en sortir. Tu vois que nous
traversons cent lieües de bois sans nous égarer, que nous
tuons les oiseaux & les animaux à coups de fléches, que
nous prenons du poisson par tout où il s'en trouve, que
nous suivons les hommes & les bêtes fauves* à la piste,

dans les prairies & dans les bois, l'été comme l'hiver, que nous vivons de racines, quand nous sommes aux portes des Iroquois, que nous sçavons manier la hache & le coûteau, pour faire mille ouvrages nous-mêmes. Car, si nous faisons toutes ces choses, pourquoy ne les feriés vous pas comme nous ? N'étes vous pas aussi grands, aussi forts, & aussi robustes ? Vos Artisans ne travaillent-ils pas à des ouvrages incomparablement plus dificiles & plus rudes que les nôtres ? Vous vivriés tous de cette maniére là, vous seriés aussi grands maîtres les uns que les autres. Votre richesse seroit, comme la nôtre, d'aquérir de la gloire dans le mêtier de la guerre ; plus on prendroit d'esclaves, moins on travailleroit ; en un mot, vous seriez aussi heureux que nous.

LAHONTAN

Appelles-tu vivre heureux, d'estre obligé de gîter* sous une miserable Cabane d'écorce, de dormir sur quatre mauvaises couvertures de Castor, de ne manger que du rôti & du boüilli, d'être vêtu de peaux, d'aller à la chasse des Castors, dans la plus rude saison de l'année ; de faire trois cens lieües à pied dans des bois épais, abatus & inaccessibles, pour chercher les Iroquois ; aller dans de petits canots se risquer à périr chaque jour dans vos grands Lacs, quand vous voyagez ; coucher sur la dure à la belle étoile, lorsque vous aprochés des Villages de vos ennemis ; être contrains le plus souvent de courir sans boire ni manger, nuit & jour, à toute jambe, l'un deçà, l'autre de là, quand ils vous poursuivent, d'estre réduits à la derniere des miséres, si par amitié & par commisération les Coureurs* de Bois n'avoient la charité

de vous porter des fusils, de la poudre, du plomb, du fil
à faire des filets, des haches, des couteaux, des aiguilles,
des Alesnes, des ameçons, des chaudières*, & plusieurs
autres marchandises.

ADARIO

Tout beau, n'allons pas si vîte, le jour est long, nous
pouvons parler à loisir, l'un aprés l'autre. Tu trouves, à
ce que je vois, toutes ces choses bien dures. Il est vray
qu'elles le seroient extrémement pour ces François, qui
ne vivent, comme les bêtes, que pour boire & manger, &
qui n'ont esté élevés que dans la molesse ; mais di-moy,
je t'en conjure, quelle diférence il y a de coucher sous
une bonne Cabane, ou sous un Palais ; de dormir sur
des peaux de Castors, ou sur des matelats entre deux
draps ; de manger du rosti & du boüilli, ou de sales
pâtez, & ragoûts, aprêtez par des Marmitons crasseux ?
En sommes nous plus malades, ou plus incommodez*
que les François qui ont ces Palais, ces lits, & ces Cuisi-
niers ? Hé ! combien y en a-t'il parmi vous, qui couchent
sur la paille, sous des toits ou des greniers que la pluye
traverse de toutes parts, & qui ont de la peine à trouver du pain & de l'eau ? J'ay esté en France, j'en parle
pour l'avoir veu. Tu critiques nos habits de peaux, sans
raison, car ils sont plus chauds & résistent mieux à la
pluye que vos draps, outre qu'ils ne sont pas si ridiculement faits que les vôtres, auxquels on employe soit
aux poches, ou aux costez, autant d'étoffe qu'au corps de
l'habit. Revenons à la chasse du Castor durant l'hiver [1],

[1] Lahontan décrit longuement cette chasse dans ses *Memoires*
(*O.C.*, p. 697-704).

que tu regardes comme une chose afreuse, pendant que nous y trouvons toute sorte de plaisir & les commoditez d'avoir toutes sortes de marchandises pour leurs peaux. Déja nos esclaves ont la plus grande peine (si tant est qu'il y en ait) ; tu sçais que la chasse est le plus agréable divertissement que nous ayons ; celle de ces Animaux estant tout à fait plaisante, nous l'estimons aussi plus que toute autre. Nous faisons, dis-tu, une guerre pénible ; j'avoüe que les François y périroient, parce qu'ils ne sont pas accoutumez de faire de si grands voyages à pied ; mais ces courses ne nous fatiguent nullement ; il seroit à souhaiter pour le bien de Canada que vous eussiez nos talens. Les Iroquois ne vous égorgeroient pas, comme ils font tous les jours, au milieu de vos Habitations[1]. Tu trouves aussi que le risque de nos petits Canots[2] dans nos Voyages est une suite de nos miséres ; il est vray que nous ne pouvons pas quelquefois nous dispenser d'aller en Canot, puisque nous n'avons pas l'industrie* de bâtir des Vaisseaux ; mais ces grands Vaisseaux que vous faites ne périssent pas moins que nos Canots. Tu nous reproches encore que nous couchons sur la dure à la belle étoile, quand nous sommes au pied des Villages des Iroquois ; j'en conviens, mais aussi je sçay bien que les soldats en France ne sont pas si* commodément que les

[1] Adario rappelle la terrible attaque des Iroquois contre Montréal, dans la nuit du 4 au 5 mars 1689, que Lahontan avait racontée dans la lettre XVII de ses *Nouveaux Voyages* : « Ils débarquerent au bout de l'Isle au nombre de douze cens Guerriers, qui brûlerent & saccagerent toutes ses habitations. Ils firent un massacre épouvantable d'hommes, de femmes & d'enfans » (*O.C.*, p. 442-443).

[2] Lahontan avait décrit ces canots d'écorce dans la lettre VI de ses *Nouveaux Voyages* (*O.C.*, p. 291).

tiens sont ici, & qu'ils sont bien contrains de se gîter dans les Marais & dans les fossez à la pluye & au vent. Nous nous enfuyons, ajoûte-tu, à toute jambe ; il n'y a rien de si naturel, quand le nombre des ennemis est triple, que de s'enfuir ; à la vérité la fatigue de courir nuit & jour, sans manger, est terrible, mais il vaut bien mieux prendre ce parti que d'estre esclave. Je croy que ces extrémitez seroient horribles pour des Européans, mais elles ne sont quasi rien à nostre égard. Tu finis en concluant que les François nous tirent de la misére, par la pitié qu'ils ont de nous. Et comment faisoient nos Péres, il y a cent ans ? en vivoient-ils moins sans leurs marchandises ? au lieu de fusils, de poudre, & de plomb, ils se servoient de l'arc & des fléches, comme nous faisons encore. Ils faisoient des rets* avec du fil d'écorce d'arbre [1] ; ils se servoient des haches de pierre ; ils faisoient des coûteaux, des aiguilles, des Alesnes, &c., avec des os de cerf ou d'élan ; au lieu de chaudiére on prenoit des pots de terre. Si nos Péres se sont passez de toutes ces marchandises, tant de siécles, je croy que nous pourrions bien nous en passer plus facile-ment que les François ne se passeroient de nos Castors [2], en échange desquels, par bonne amitié, ils nous donnent des fusils qui estropient, en crevant, plusieurs Guerriers, des haches qui cassent en taillant un arbrisseau, des coû-teaux qui s'émoussent en coupant une citroüille, du fil

---

[1] Les Amérindiens utilisaient les fibres de l'écorce du tilleul et du thuya pour fabriquer des cordages et des filets de pêche. Ils employaient aussi l'apocyne chanvrin.

[2] Sur le commerce des fourrures, et plus spécifiquement du castor aux XVIᵉ-XVIIᵉ siècles, voir B. Allaire, *Pelleteries, man-chons et chapeaux de castor* ; D. Francis et T. Morantz, *La traite des fourrures dans l'est de la baie James*.

moitié pourri, & de si méchante* qualité que nos filets
sont plûtôt usez qu'achevez ; des chaudiéres si minces
que la seule pesanteur de l'eau en fait sauter le fond[1].
Voilà, mon Frére, ce que j'ay à te répondre sur les miséres
des Hurons.

LAHONTAN

Hé bien, tu veux donc que je croye les Hurons insensibles à leurs peines & à leurs travaux, & qu'ayant esté
élevez dans la pauvreté & les soufrances, ils les envisagent
d'un autre œil que nous ; cela est bon pour ceux qui n'ont
jamais sorti de leur païs, qui ne connoissent point de
meilleure vie que la leur, & qui n'ayant jamais été dans
nos Villes, s'imaginent que nous vivons comme eux ;
mais pour toy, qui as été en France, à Quebec, & dans
la Nouvelle Angleterre, il me semble que ton goût &
ton discernement sont bien sauvages de ne pas trouver
l'estat des Européans préférable à celuy des Hurons. Y
a-t'il de vie plus agréable & plus délicieuse au Monde
que celle d'un nombre infini de gens riches à qui rien
ne manque ? Ils ont de beaux Carosses, de belles Maisons ornées de tapisseries & de tableaux magnifiques ; de
beaux Jardins où se cueillent toutes sortes de fruits, des
Parcs où se trouvent toutes sortes d'animaux ; des Chevaux & des Chiens pour chasser, de l'argent pour faire
grosse chére, pour aller aux Comédies & aux jeux, pour
marier richement leurs enfans ; ces gens sont adorés de
leurs dépendans*. N'as-tu pas vu nos Princes, nos Ducs,

[1]Pourquoi alors les Hurons commercent-ils avec les Français ?
serait-on tenté de demander, oubliant qu'il s'agit d'un dialogue
philosophique.

nos Marêchaux de France, nos Prélats & un million de
gens de toutes sortes d'états qui vivent comme des Rois,
à qui rien ne manque, & qui ne se souviénent d'avoir
vêcu que quand il faut mourir ?

ADARIO

Si je n'estois pas si informé que je le suis de tout ce
qui se passe en France, & que mon voyage de Paris ne
m'eût pas donné tant de conoissances & de lumiéres,
je pourrois me laisser aveugler par ces apparences exte-
rieures de félicité, que tu me représentes ; mais ce Prince,
ce Duc, ce Marêchal, & ce Prélat, qui sont les premiers
que tu me cites, ne sont rien moins qu'heureux, à l'égard*
de Hurons, qui ne conoissent d'autre félicité que la tranquillité d'ame & la liberté. Or ces grands seigneurs se
haïssent intérieurement les uns les autres, ils perdent le
sommeil, le boire & le manger pour faire leur cour au
Roy, pour faire des piéces* à leurs ennemis ; ils se font des
violences si fort contre nature, pour feindre, déguiser, &
soufrir, que la douleur que l'ame en ressent surpasse l'imagination. N'est-ce rien, à ton avis, mon cher Frére, que
d'avoir cinquante serpens dans le cœur ? Ne vaudroit-il
pas mieux jetter Carosses, dorures, Palais, dans la riviére,
que d'endurer toute sa vie tant de martires ? Sur ce pied
là j'aimerois mieux si j'étois à leur place, estre Huron,
avoir le Corps nu, & l'ame tranquille. Le corps est le
logement de l'ame, qu'importe que ce Corps soit doré,
étendu dans un Carrosse, assis à une table, si cette ame
le tourmente, l'afflige & le désole ? Ces grands seigneurs,
dis-je, sont exposez à la disgrace du Roy, à la médisance
de mille sortes de Personnes, à la perte de leurs Charges,
au mépris de leurs semblables ; en un mot leur vie molle

est traversée par l'ambition, l'orgueuil, la présomption* & l'envie. Ils sont esclaves de leurs passions, & de leur Roy, qui est l'unique François heureux, par raport* à cette adorable liberté dont il joüit tout seul. Tu vois que nous sommes un millier d'hommes dans notre Village, que nous nous aimons comme fréres ; que ce qui est à l'un est au service de l'autre ; que les Chefs de guerre, de Nation & de Conseil n'ont pas plus de pouvoir que les autres Hurons ; qu'on n'a jamais veu de quérelles ni de médisances parmi nous ; qu'enfin chacun est maître de soy-même, & fait tout ce qu'il veut, sans rendre conte à personne, & sans qu'on y trouve à redire. Voilà, mon Frére, la diférence qu'il y a de nous à ces Princes, à ces Ducs, &c., laissant à part tous ceux qui estant au dessous d'eux doivent, par consequent, avoir plus de peines, de chagrin & d'embarras [1].

LAHONTAN

Il faut que tu croye, mon cher Ami, que comme les Hurons sont élevez dans la fatigue & dans la misére,

[1] On trouve pareille apologie de la vie simple chez les moralistes et les voyageurs depuis le XVIe siècle. Le missionnaire jésuite Paul Lejeune, pourtant fort critique envers les Montagnais avec lesquels il venait d'hiverner, écrivait, dans sa *Relation* de 1634 : « Si c'est un grand bien d'estre delivré d'un grand mal, nos Sauvages sont heureux, car les deux tyrans qui donnent la gehenne & la torture à un grand nombre de nos Europeans, ne regnent point dans leurs grands bois, j'entends l'ambition & l'avarice ; comme ils n'ont ny police, ny charges, ny dignitez, ny commandement aucun, car ils n'obeyssent que par bien-veillance à leur Capitaine, aussi ne se tuent ils point pour entrer dans les honneurs ; d'ailleurs comme ils se contentent seulement de la vie, pas un d'eux ne se donne au Diable pour acquerir des richesses » (*JR*, vol. 5, p. 230).

ces grands Seigneurs le sont de même dans le trouble, dans l'ambition, & ils ne vivroient pas sans cela ; & comme le bonheur ne consiste que dans l'imagination, ils se nourrissent de vanité. Chaqu'un d'eux s'estime dans le cœur autant que le Roy. La tranquillité d'ame des Hurons n'a jamais voulu passer en France, de peur qu'on ne l'enfermât aux petites Maisons [1]. Etre tranquille en France c'est être fou, c'est être insensible, indolent. Il faut toûjours avoir quelque chose à souhaiter pour être heureux ; un homme qui sçauroit se borner seroit Huron. Or personne ne le veut être ; la vie seroit ennuyeuse si l'esprit ne nous portoit à desirer à tout moment quelque chose de plus que ce que nous possédons : & c'est ce qui fait le bonheur de la vie, pourvu que ce soit par des voïes légitimes.

ADARIO

Quoy ! n'est ce pas plûtôt mourir en vivant, que de tourmenter son esprit à toute heure, pour aquérir des Biens ou des Honneurs qui nous dégoûtent dès que nous en joüissons ? d'afoiblir son corps & d'exposer sa vie pour former des entreprises qui échouent le plus souvent ? Et puis tu me viendras dire que ces grands Seigneurs sont élevez dans l'ambition, & dans le trouble, comme nous dans le travail & la fatigue. Belle comparaison pour un homme qui sçait lire & écrire ! Dis-moy, je te prie, ne faut-il pas, pour se bien porter, que le corps travaille & que l'esprit se repose ? Au contraire, pour détruire sa santé, que le corps se repose, & que l'esprit agisse ? Qu'avons-nous au monde de plus cher que la vie ?

[1] L'asile des aliénés mentaux à Paris.

Pourquoy n'en pas profiter ? Les François détruisent leur santé par mille causes diférentes ; & nous conservons la nôtre jusqu'à ce que nos corps soient usez, parce que nos ames exemptes de passions ne peuvent altérer ni troubler nos corps. Mais enfin les François hâtent le moment de leur mort par des voïes légitimes ; voilà ta conclusion ; elle est belle, asseurément, & digne de remarque ! Croimoy, mon cher Frére, songe à te faire Huron pour vivre long-temps. Tu boiras, tu mangeras, tu dormiras, & tu chasseras en repos ; tu seras delivré des passions qui tiranisent les François ; tu n'auras que faire d'or, ni d'argent, pour être heureux ; tu ne craindras ni voleurs, ni assassins, ni faux témoins ; & si tu veux devenir le Roi de tout le monde, tu n'auras qu'à t'imaginer de l'estre, & tu le seras.

LAHONTAN

Ecoute, il faudroit pour cela que j'eusse commis en France de si grands crimes qu'il ne me fût permis d'y revenir que pour y être brûlé, car, après tout, je ne vois point de métamorphose plus extravagante à un François que celle de Huron. Est-ce que je pourrois résister aux fatigues dont nous avons parlé ? Aurois-je la patience d'entendre les sots raisonnemens de vos Vieillards [1] & de vos jeunes gens, comme vous faites, sans les contredire ? Pourrois-je vivre de boüillons, de pain, de bled d'Inde, de rôti & boüilli, sans poivre ni sel ? Pourrois-je me colorer le visage de vint sortes de couleurs, comme un fou ? Ne boire que de l'eau d'érable ? Aller tout nu durant

---

[1] Dans ses *Memoires*, Lahontan écrit des Amérindiens : « Ils écoutent les vieillards comme des Oracles » (*O.C.*, p. 650).

l'été, me servir de vaisselle de bois ? M'acomoderois-je
de vos repas continuels, où trois ou quatre cens personnes se trouvent pour y danser deux heures devant*
& aprés ? Vivrois-je avec des gens sans civilité, qui, pour
tout compliment, ne sçavent qu'un *je t'honore*. Non,
mon cher Adario, il est impossible qu'un François puisse
être Huron, au lieu que le Huron se peut faire aisément
François.

ADARIO

A ce conte*-là tu préféres l'esclavage à la liberté ;
je n'en suis pas surpris, aprés toutes les choses que tu
m'as soûtenues. Mais, si par hasard, tu rentrois en toy
même, & que tu ne fusses pas si prévenu en faveur des
mœurs & des maniéres des François, je ne voi pas que
les dificultez dont tu viens de faire mention fussent
capables de t'empêcher de vivre comme nous. Quelle
peine trouves-tu d'aprouver les contes des vieilles gens,
comme des jeunes ? N'as-tu pas la même contrainte
quand les Jésuïtes & les gens qui sont au dessus de toy
disent des Extravagances ? Pourquoy ne vivrois-tu pas
de boüillons de toutes sortes de bonnes viandes ? Les
perdrix, poulets d'Inde, liévres, canards, Chevreuils ne
sont-ils pas bons rôtis & boüillis ? A quoy sert le poivre,
le sel & mille autres épiceries*, si ce n'est à ruïner la
santé [1] ? Au bout de quinze jours tu ne songerois plus
à ces drogues. Quel mal te feroient les couleurs sur le

---

[1]Même remarque dans les *Memoires* : « Ils ne peuvent souffrir
le goût du sel, ni des épiceries : ils sont surpris que nous puissions
vivre trente ans, à cause de nos vins, de nos épiceries & de l'usage
immodéré des femmes » (*O.C.*, p. 640).

visage ? Tu te mets bien de la poudre & de l'essence aux cheveux, & même sur les habits ? N'ay-je pas veu des François qui portent des moustaches, comme les Chats, toutes couvertes de Cire ? Pour la boisson d'eau d'érable elle est douce, salutaire, de bon gôut & fortifie la poitrine : je t'en ay veu boire plus de quatre fois. Au lieu que le vin & l'eau de vie détruisent la chaleur naturelle, afoiblissent l'estomac, brûlent le sang, enyvrent, & causent mille désordres. Quelle peine aurois-tu d'aller nu pendant qu'il fait chaud[1] ? Au moins tu vois que nous ne le sommes pas tant que nous n'ayons le devant & le derriére couverts. Il vaut bien mieux aller nu que de suer continuellement sous le fardeau de tant de vêtemens, les uns sur les autres. Quel embarras trouves-tu encore de manger, chanter & danser en bonne Compagnie ? Cela ne vaut-il pas mieux que d'être seul à Table, ou avec des gens qu'on n'a jamais ni veus ni connus ? Il ne resteroit plus donc qu'à vivre sans complimens, avec des gens incivils. C'est une peine qui te paroît assez grande, qui cependant ne l'est point. Dis moy, la Civilité ne se réduit-elle pas à la bienséance & à l'affabilité ? Qu'est ce que la bienséance ? N'est-ce pas une gêne perpétuelle, & une affectation fatiguante dans ses paroles, dans ses habits, & dans sa contenance ? Pourquoy donc aimer ce qui embarasse ? Qu'est-ce que l'affabilité ? N'est ce pas assûrer les gens de notre bonne volonté à leur rendre service, par des caresses* & d'autres signes extérieurs ? Comme quand vous dites à tout moment : *Monsieur, je suis votre serviteur, vous pouvés disposer de moy*. A quoi

---

[1]Voir aussi dans les *Mémoires* : « Ils disent que la nudité ne choque la bienséance que par l'usage, & par l'idée que les Européens ont attaché à cet état » (*O.C.*, p. 636).

toutes ces paroles aboutissent-elles ? Pourquoy mentir
à tout propos, & dire le contraire de ce qu'on pense ?
Ne te semble-t'il pas mieux de parler comme ceci : *Te
voilà donc, sois le bien venu, car je t'honore.* N'est-ce pas
une grimace éfroyable, que de plier dix fois son corps,
baisser la main jusqu'à terre, de dire à tous momens : *Je
vous demande pardon*, à vos Princes, à vos Ducs, & autres
dont nous venons de parler ? Sçache, mon Frére, que ces
seules soumissions* me dégoûteroient entierement de
vivre à l'Européane, & puis tu me viendras dire qu'un
Huron se feroit aisément François ! Il trouveroit bien
d'autres dificultez que celles que tu viens de dire. Car supposons que dès demain je me fisse François, il faudroit
commencer par être Chrestien, c'est un point dont nous
parlâmes assez il y a trois jours. Il faudroit me faire faire
la barbe tous les trois jours, car apparamment dès que je
serois François, je deviendrois velu & barbu comme une
bête ; cette seule incommodité me paroît rude. N'est-
il pas plus avantageux de n'avoir jamais de barbe, ni
de poil au corps [1] ? As-tu vu jamais de Sauvage qui en
ait eu ? Pourrois-je m'acoutumer à passer deux heures
à m'habiller, à m'accommoder*, à métre un habit bleu,
des bas rouges, un chapeau noir, un plumet blanc, & des
rubans verts ? Je me regarderois moy-même comme un

---

[1] Le cliché du Sauvage nu et couvert de poils survivait encore
à la fin du XVIIᵉ siècle, malgré les dénégations des voyageurs
et des missionnaires, comme en témoigne la définition du mot
par Furetière (1690) : « Les Sauvages vont nuds, & sont velus,
couverts de poil ». Dès 1557, le cordelier André Thevet avait
intitulé « Contre l'opinion de ceux qui estiment les sauvages
être pelus », le chapitre XXXI de ses *Singularités de la France
antarctique*.

fou. Et comment pourrois-je chanter dans les rues, danser devant les miroirs, jetter ma perruque tantôt devant, tantôt derriére ? Et comment me réduirois-je à faire des révérences & des prosternations à de superbes fous, en qui je ne connoîtrois d'autre mérite que celui de leur naissance & de leur fortune ? Comment verrois-je languir les Nécessiteux, sans leur donner tout ce qui seroit à moy ? Comment porterois je l'épée sans exterminer un tas de scélérats qui jettent aux Galéres mille pauvres étrangers, les Algériens, Salteins*, Tripolins, Turcs qu'on prend sur leurs Côtes, & qu'on vient vendre à Marseille pour les Galéres, qui n'ayant jamais fait de mal à personne sont enlevez impitoyablement de leur Païs natal, pour maudire, mille fois le jour, dans les chaines, pére & mére, vie, naissance, l'Univers & le grand Esprit. Ainsi languissent les Iroquois qu'on y envoya il y a deux ans [1]. Me seroit-il possible de faire ni dire du mal de mes Amis, de caresser* mes ennemis, de m'enyvrer par compagnie, de mépriser & bafouer les malheureux, d'honorer les méchans & de traiter avec eux ; de me réjoüir du mal d'autruy, de loüer un homme de sa méchanceté ; d'imiter les envieux, les traîtres, les flateurs, les inconstans, les menteurs, les orgueilleux, les Avares, les intéressez, les raporteurs & les gens à double intention ? Aurois-je l'indiscretion* de me vanter de ce que j'aurois fait, & de ce que je n'aurois pas fait ? Aurois-je la bassesse de

---

[1] Au terme d'une expédition punitive contre les Iroquois Tsonontouans, pendant l'été 1687, le gouverneur Denonville avait envoyé 31 prisonniers aux galères de France ; ils furent ramenés à Québec, en novembre 1689, par le nouveau gouverneur Frontenac (*Nouveaux Voyages*, lettres XIII et XVIII, *O. C.*, p. 344-347 et 450-451).

ramper comme une couleuvre aux pieds d'un Seigneur, qui se fait nier par ses Valets [1] ? Et comment pourrois je ne me pas rebuter de ses refus ? Non, Mon cher Frére, je ne sçaurois être François ; j'aime bien mieux être ce que je suis, que de passer ma vie dans ces Chaines. Est-il possible que notre liberté ne t'enchante pas ? peut-on vivre d'une maniére plus aisée que la nôtre ? Quand tu viens pour me voir dans ma Cabane, ma femme & mes filles ne te laissent-elles pas seul avec moy, pour ne pas interrompre nos conversations ? De même, quand tu viens voir ma femme ou mes filles, ne te laisse-t-on pas seul avec celle des deux que tu viens visiter ? N'es tu pas le maître en quelque Cabane du Village où tu puisses aller, de demander à manger de tout ce que tu sçais y avoir de meilleur ? Y a-t-il des Hurons qui aïent jamais refusé à quelque autre sa chasse, ou sa pêche, ou toute ou en partie ? Ne cotizons nous pas entre toute la Nation les Castors de nos Chasses, pour suppléer à ceux qui n'en ont pu prendre suffisamment pour acheter les marchandises dont ils ont besoin [2] ? N'en usons*-nous pas de même de nos bleds d'Inde, envers ceux dont les champs n'ont sçeu raporter des moissons sufisantes pour la nourriture de leurs familles ? Si quelqu'un d'entre nous veut faire un Canot, ou une nouvelle Cabane, chacun n'envoye-t'il pas ses esclaves pour y travailler, sans en être prié ? Cette vie-là est bien diférente de celle des Euro-péans, qui feroient un procez pour un Bœuf ou pour un

---

[1] Qui fait dire qu'il est absent.

[2] Remarque similaire dans les *Memoires* : « Les Sauvages ne connoissent ni tien, ni mien, car on peut dire que ce qui est à l'un est à l'autre. Lors qu'un Sauvage n'a pas réüssi à la Chasse des Castors, ses Confréres le secourent sans être priez » (*O.C.*, p. 637).

Cheval à leurs plus proches parens ? Si un Fils demande à son Pére, ou le Pére à son Fils, de l'argent, il dit qu'il n'en a point ; si deux François qui se conoissent depuis vint ans, qui boivent & mangent tous les jours ensemble, s'en demandent aussi l'un à l'autre, ils disent qu'ils n'en ont point. Si de pauvres miserables, qui vont tous nuds, décharnez, dans les rues, mourans de faim & de miśere, mendient une obole à des Riches, ils leurs répondent qu'ils n'en ont point. Aprés cela, comment avez vous la présomption* de prétendre avoir un libre accez dans le Païs du grand Esprit ? Y a-t-il un seul homme au monde qui ne conoisse* que le mal est contre nature, & qu'il n'a pas été créé pour le faire ? Quelle esperance peut avoir un Chrêtien à sa mort, qui n'a jamais fait de bien en sa vie ? Il faudroit qu'il crût que l'ame meurt avec le corps. Mais je ne croy pas qu'il se trouve des gens de cette opinion. Or si elle est immortelle, comme vous le croyez, & que vous ne vous trompiez pas dans l'opinion que vous avez de l'enfer & des péchez qui conduisent ceux qui les commétent, en ce Païs-là, vos ames ne se chaufferont pas mal.

LAHONTAN

Ecoute, Adario, je croy qu'il est inutile que nous raisonnions davantage ; je vois que tes raisons n'ont rien de solide ; je t'ay dit cent fois que l'exemple de quelques méchantes gens ne concluoit* rien ; tu t'imagines qu'il n'y a point d'Européan qui n'ait quelque vice particulier caché ou connu ; j'aurois beau te prêcher le contraire d'icy à demain, ce seroit en vain, car tu ne mets aucune diférence de l'homme d'honneur au sçelerat. J'aurois

beau te parler dix ans de suite, tu ne démordrois jamais
de la mauvaise opinion que tu t'es formée, & des faux
préjugez* touchant notre Religion, nos Loix, & nos
maniéres. Je voudrois qu'il m'eût coûté cent Castors
que tu sçusse aussi bien lire & écrire qu'un François ;
je suis persuadé que tu n'insisterois* plus à mépriser si
vilainement l'heureuse condition des Européans. Nous
avons veu en France des Chinois & des Siamois qui
sont des gens du bout du Monde, qui sont en toutes
choses plus opposez à nos maniéres que les Hurons, &
qui cependant ne se pouvoient lasser d'y admirer notre
maniére de vivre. Pour moy, je t'avoüe que je ne conçois
rien à ton obstination.

ADARIO

Tous ces gens-là ont l'esprit aussi mal tourné que le
corps. J'ay veu certains Ambassadeurs de ces Nations
dont tu parles. Les Jésuites de Paris me racontérent
quelque histoire de leurs Pais. Ils ont le tien & le mien
entr'eux, comme les François ; ils connoissent l'argent
aussi bien que les François ; & comme ils sont plus brutaux*, & plus intéressez que les François, il ne faut pas
trouver étrange qu'ils aïent approuvé les maniéres des
gens qui les traitant avec toute sorte d'amitié, leur faisoient encore des présens à l'envi les uns des autres. Ce
n'est pas sur ces gens-là que les Hurons se régleront. Tu
ne dois pas t'ofencer de tout ce que je t'ay prouvé ; je
ne méprise point les Européans, en leur présence. Je me
contente de les plaindre. Tu as raison de dire que je ne
fais point de diférence de ce que nous appellons homme
d'honneur à un brigand. J'ay bien peu d'esprit, mais il y

a assez de temps que je traite avec les François, pour sçavoir ce qu'ils entendent par ce mot d'*homme d'honneur*.
Ce n'est pas pour le moins un Huron, car un Huron
ne connoît point l'argent, & sans argent on n'est pas
homme d'honneur parmi vous. Il ne me seroit pas dificile de faire un homme d'honneur de mon esclave : je
n'ay qu'à le mener à Paris, & luy fournir cent paquets de
Castors pour la dépense d'un Carosse, & de dix ou douze
Valets ; il n'aura pas plûtôt un habit doré avec tout ce
train, qu'un chacun le saluera, qu'on l'introduira dans les
meilleures Tables, & dans les plus célébres Compagnies*.
Il n'aura qu'à donner des repas aux Gentishommes, des
présens aux Dames, il passera par tout pour un homme
d'esprit, de mérite, & de capacité ; on dira que c'est le
Roy des Hurons ; on publiera* par tout que son Païs est
couvert de mines d'or, que c'est le plus puissant Prince de
l'Amérique ; qu'il est sçavant ; qu'il dit les plus agréables
choses du monde en Conversation ; qu'il est redouté
de tous ses Voisins ; enfin ce sera un homme d'honneur,
tel que la plûpart des Laquais le deviennent en France,
aprés qu'ils ont sçeu trouver le moyen d'attraper assez
de richesses pour paroître en ce pompeux* équipage*,
par mille voyes infames & détestables. Ha ! mon cher
Frére, si je sçavois lire, je découvrirois de belles choses
que je ne sçay pas, & tu n'en serois pas quitte pour les
défauts que j'ay remarquez parmi les Européans ; j'en
aprendrois bien d'autres, en gros & en détail, alors je croy
qu'il n'y a point d'état ou de vocation sur lesquels je ne
trouvasse bien à mordre. Je croi qu'il vaudroit bien mieux
pour les François qu'ils ne sçeussent ni lire ni écrire ; je
voy tous les jours mille disputes ici entre les Coureurs
de Bois pour les Ecrits, lesquels n'aportent que des chicanes & des procez. Il ne faut qu'un morceau de papier

pour ruïner une famille ; avec une lettre la femme trahit
son mari, & trouve le moyen de faire ce qu'elle veut ; la
mere vend sa fille ; les Faussaires trompent qui ils veulent.
On écrit tous les jours dans des livres des menteries* &
des impertinences* horribles ; & puis tu voudrois que
je sçeusse lire & écrire, comme les François ? Non, mon
Frére, j'aime mieux vivre sans le sçavoir, que de lire &
d'écrire des choses que les Hurons ont en horreur. Nous
avons assez de nos Hiéroglifes* pour ce qui regarde la
chasse & la guerre ; tu sçais bien que les Caractéres que
nous faisons autour d'un arbre pelé, en certains passages,
comprénent tout le succez* d'une Chasse ou d'un parti
de guerre ; que tous ceux qui voyent ces marques les
entendent*. Que faut il davantage ? La communauté de
biens des Hurons n'a que faire d'écriture, il n'y a ni poste,
ni chevaux dans nos Forêts pour envoyer des Courriers
à Quebec. Nous faisons la paix & la guerre sans écrit,
seulement par des Ambassadeurs qui portent la parole
de la Nation. Nos limites sont réglez aussi sans écrits.
A l'égard des Sçiences que vous conoissez, elles nous
seroient inutiles, car pour la Géografie [1], nous ne voulons pas nous embarasser l'esprit en lisant des livres de
Voyages qui se contredisent tous, & nous ne sommes pas
gens à quitter notre Païs dont nous conoissons, comme
tu sçais, jusqu'au moindre petit ruisseau, à quatre cens
lieües à la ronde. L'Astronomie ne nous est pas plus avantageuse, car nous contons* les années par Lunes, & nous

---

[1] Dans ses *Memoires*, Lahontan écrit que les Sauvages n'ont
« aucune connoissance de la Geografie », ce qui ne les empêche
pas de faire « les Cartes du Monde les plus correctes des Païs
qu'ils connoissent » (*O.C.*, p. 645).

disons *j'ay tant d'hivers* pour dire tant d'années. La Navigation encore moins, car nous n'avons point de Vaisseaux. Les Fortifications non plus ; un Fort de simples palissades nous garentit des fléches & des surprises* de nos Ennemis, à qui l'artillerie est inconnue. En un mot, vivant comme nous vivons, l'écriture ne nous serviroit de rien. Ce que je trouve de beau, c'est l'Aritmétique ; il faut que je t'avoüe que cette sçience me plaît infiniment, quoique pourtant ceux qui la sçavent ne laissent pas de faire de grandes tromperies ; aussi je n'aime de toutes les Vocations des François, que le commerce, car je le regarde comme la plus légitime, & qui nous est la plus nécessaire [1]. Les Marchands nous font plaisir ; quelques uns nous portent quelquefois de bonnes marchandises, il y en a de bons & d'équitables, qui se contentent de faire un petit gain. Ils risquent beaucoup ; ils avancent, ils prêtent, ils attendent ; enfin je connois bien des Négocians qui ont l'ame juste & raisonnable, & à qui notre Nation est trés redevable, d'autres pareillement qui n'ont pour but que de gagner excessivement sur des marchandises de belle apparence, & de peu de raport, comme sur les haches, les chaudiéres, la poudre, les fusils, &c., que nous n'avons pas le talent de connoitre. Cela te fait voir qu'en tous les états des Européans, il y a quelque chose à redire ; il est très constant* que si un Marchand n'a pas le cœur droit, & s'il n'a pas assez de vertu pour résister aux tentations diverses ausquelles le négoce l'expose, il viole à tout moment les Loix de la justice, de l'équité,

---

[1] Pourtant, Adario affirmait péremptoirement plus haut que les Français leur vendaient des « marchandises » de « méchante qualité » dont les anciens Hurons se passaient fort bien.

de la charité, de la sincérité, & de la bonne foy. Ceux-là sont méchans, quand ils nous donnent de mauvaises marchandises, en échange de nos Castors, qui sont des peaux où les aveugles mêmes ne sçauroient se tromper en les maniant. C'est assez, mon cher Frére, je me retire au Village, où je t'attendray demain aprés midi.

DE LA MÉDECINE [1]

LAHONTAN

Je viens, Adario, dans ta Cabane, pour y visiter ton grand-Pére qu'on m'a dit estre à l'extrémité. Il est à craindre que ce bon Vieillard ne soit long-temps incommodé* de la douleur dont il se plaint. Il me semble qu'un homme comme luy de soixante & dix ans pourroit bien s'empêcher d'aller encore à la chasse des Tourterelles. J'ay remarqué depuis long-temps que vos vieilles gens sont toûjours en mouvement, & en action : c'est le moyen d'épuiser bien viste le peu de forces qu'il leur reste. Ecoute, il faut envoyer un des Esclaves chez mon Chirurgien [2], qui entend assez bien la médecine, & je suis asseuré qu'il le soulagera dans le moment ; sa fiévre

[1] Sur la médecine à cette époque, voir Maurice Bariety et Charles Coury, *Histoire de la médecine* ; A. Velter et M.-J. Lamothe, *Les outils du corps* ; François Lebrun, *Se soigner autrefois. Médecins, saints et sorciers aux XVIIᵉ et XVIIIᵉ siècles* ; Jacques Roger, *Les sciences de la vie dans la pensée française du XVIIIᵉ siècle.*

[2] La chirurgie n'est pas, en 1703, une branche de la médecine. Selon le *Dictionnaire* de Furetière (1727), le chirurgien est « celui qui sçait la Chirurgie, & qui en fait les operations ; qui

est si peu de chose qu'il n'y a pas lieu d'apréhender pour
sa vie, à moins qu'elle n'augmente.

ADARIO

Tu sçais bien, mon cher Frére, que je suis l'ennemi
capital* de vos Médecins, depuis que j'ay veu mourir
entre leurs mains dix ou douze personnes, par la tirannie
de leurs remédes. Mon Grand-Pére que tu prens pour un
homme de soixante & dix ans en a 98 ; il s'est marié à 30
ans. Mon Pére en a 52 ; & j'en ay 35 ; il est vray qu'il est
d'un bon témpéramment & qu'on ne luy doneroit pas
cet âge-là en Europe, où les gens finissent de meilleure
heure. Je te feray voir quatorze ou quinze Vieillards, un
de ces jours, qui passent cent années, tu [en as vu un] [1]
qui en a cent vint & quatre, & il en est mort un autre, il
y a six ans, qui en avoit prés de cent quarante [2]. A l'égard
de l'agitation que tu condamnes dans ces vieilles gens, je
puis t'asseurer qu'au contraire s'ils demeuroient couchez
sur leurs nattes, dans la Cabane, & qu'ils ne fissent que
boire, manger & dormir, ils deviendroient lourds, pesans,
& incapables d'agir ; & ce repos continuel empêchant la
transpiration insensible [3], les humeurs*, qui pour lors*

saigne ; qui pance les playes, &c. [...] Le propre de la Chirurgie
est de couper, cauteriser, trepaner, reduire fractures & luxations,
&c. » Sur la médecine amérindienne, voir Virgil J. Vogel, *American Indian Medicine*. Sur la médecine en Nouvelle-France, voir
Renald Lessard, *Se soigner au Canada aux XVIIe et XVIIIe siècles*.

   [1] Mots sautés dans le texte publié.

   [2] La longévité des Sauvages est un cliché fréquent des relations
de voyage de l'époque.

   [3] « La transpiration insensible [...] est très-necessaire pour
purifier la masse du sang de quantité de particules inutiles qui
pourroient l'alterer ». Si elle « est empêchée, il en arrive fort souvent des fievres dangereuses » (Furetière, *Dictionnaire*, 1727).

cesseroient de transpirer, se remêleroient avec leur sang usé ; de là surviendroit que par des effets naturels leurs jambes & leur reins s'afoibliroient & se décherroient* à tel point qu'ils mourroient de phtisie[1]. C'est ce que nous avons observé depuis long-temps, chez toutes les Nations de Canada. Les Jongleurs[2] doivent venir tout à l'heure pour le Jongler* & sçavoir quelle viande ou poisson sa maladie requiert pour sa guerison. Voilà mes Esclaves prêts pour aller à la chasse, ou à la pêche. Si tu veux bien t'entretenir un couple d'heures avec moy, tu verras les singeries de ces Charlatans, que (quoique nous les connoissions* pour tels lorsque nous sommes en santé) nous sommes ravis & consolés de voir[3] quand nous avons quelque maladie dangéreuse.

LAHONTAN

C'est qu'alors, mon cher Adario, nostre esprit est aussi malade que nostre Corps ; il en est de même de nos Médecins : tel les déteste, & les füit, quand il se porte bien, qui, malgré la connoissance de leur Art incertain, ne laisse pas d'en convoquer une douzaine ; & d'autres, qui sans avoir d'autre mal que celuy qu'ils s'imaginent

---

[1] « Maladie du poulmon qui donne une fievre lente, qui consume le corps, l'extenuë & l'amaigrit. Elle fait d'abord cracher le sang en toussant, & dans la suite du pus qui va au fond de l'eau » (Furetière, *Dictionnaire*, 1690).

[2] Les chamans guérisseurs. Dans ses *Memoires*, Lahontan décrit le « jongleur » comme « une espéce de Medecin, ou pour mieux dire de Charlatan, qui s'étant guéri d'une maladie dangereuse, est assez foû pour s'imaginer qu'il est immortel, & qu'il a la vertu de pouvoir guérir toutes sortes de maux en parlant aux bons & aux mauvais Esprits » (*O.C.*, p. 685).

[3] L'original porte « consolés de les voir ».

avoir, détruisent leurs corps par des remédes auxquels
la force des chevaux succomberoit. J'avoüe que parmi
vous autres on ne voit point de ces sortes de foux-là ;
mais, en recompense*, vous ménagez bien peu votre
santé, car vous courez à la chasse depuis le matin jusqu'au
soir tous nus ; & vous dansez trois ou quatre heures
de suite jusqu'à la sueur ; & les jeux de la balle [1] que
vous disputés entre six ou sept cens personnes, pour la
pousser une demi lieue de terrain deçà ou delà, fatiguent
extrémement vos corps ; ils en afoiblissent les parties ; ils
dissipent les esprits [2] ; ils aigrissent la masse du sang &
des humeurs, & troublent la liaison de leurs principes*.
Ainsi, tel homme, parmi vous, qui auroit vêcu plus de
cent ans, est mort à quatre-vints.

ADARIO

Quand même ce ce que tu dis seroit vrai, qu'importe-
t'il à l'homme de vivre si long-temps, puisqu'au dessus de
quatre-vints la vie est une mort ? Tes raisons sont peut-
être justes à l'égard des François, qui généralement paresseux détestent tout exercice violent ; ils sont de la nature
de nos vieillards, qui vivent dans une si molle indolence,
qu'ils ne sortent de leurs Cabanes que lorsque le feu s'y
met. Nos tempéramens & nos Compléxions sont aussi
diférentes des vôtres que la nuit du jour. Et cette grande

[1] La crosse, encore pratiquée aujourd'hui.
[2] « En termes de médecine », ce sont « atomes legers &
volatils, qui sont les parties les plus subtiles des corps, qui leur
donnent le mouvement, & qui sont moyens entre le corps & les
facultez de l'ame, qui luy servent à faire toutes ses operations »
(Furetière).

diférence que je remarque généralement en toutes choses
entre les Européans & les Peuples du Canada, me persua-
deroit quasi que nous ne descendons pas de votre Adam
prétendu [1]. Déjà parmi nous on ne voit quasi jamais
ni bossus, ni boîteux, ni nains, ni sourds, ni muets, ni
aveugles de naissance, encore moins de Borgnes [2] ; &
quand ces derniers viennent au monde c'est un présage
asseuré de malheur à la Nation ; comme nous l'avons
souvent observé. Tout borgne n'eut jamais d'esprit, ni
de droiture de cœur. Au reste, malicieux* paillard, &
paresseux au dernier point, plus poltron que le liévre,
n'allant jamais à la chasse, de crainte de crever son œuil
unique à quelque branche d'arbre. A l'égard des maladies, nous ne voyons jamais d'ydropiques, d'asmatiques,
de paralitiques, de gouteux, ni de veroles, nous n'avons
ni lépre, ni dartres, ni tumeurs, ni rétentions d'urines,
ni pierres, ni gravelles*, au grand étonnement des François, qui sont si sujets à ces maux-là [3]. Les fiévres régnent
parmi nous, sur tout au retour de quelque voyage de

[1] Dans la lettre XXIV des *Nouveaux Voyages,* Lahontan rap-
portait les propos d'un médecin portugais libre penseur qui
« soutenoit que les Peuples des Continens de l'Amerique, de
l'Asie & de l'Afrique étoient issus de trois Peres differens »
(*O.C.,* p. 497).

[2] L'absence de défauts physiques chez les Amérindiens est un
cliché de presque tous les auteurs de relations de voyages de
l'époque : Lescarbot, Lejeune, Champlain, Sagard, Hennepin...
« Borgne » renvoie au ministre Pontchartrain qu'on surnommait
ainsi et que Lahontan vilipende souvent dans son œuvre.

[3] Le lieu commun de l'absence de maladies chez les Amérindiens avant la période de contact avec les Européens est contredit par les recherches récentes : ils souffraient aussi d'anémie,
d'arthrose, du scorbut, de la syphilis et de diverses maladies
respiratoires (pleurésie, catarrhe, tuberculose...). Il est vrai que

guerre, pour avoir couché au serain*, traversé des marais
& des riviéres à guay, jeûné deux, ou trois jours, mangé
froid, &c. Quelquefois les pleurésies nous font mourir,
parcequ'étant échaufez à courir à la guerre, ou à la chasse,
nous beuvons des eaux dont nous ne connoissons point
la qualité ; les coliques nous attaquent aussi de temps en
temps, par la même cause. Nous sommes sujets à la rougeole & à la petite vérole*, soit parce que nous mangeons
tant de poisson, que le sang qu'il produit diſére de celuy
des viandes, boult dans ses vaisseaux avec plus d'activité,
& se déféquant* de ses parties épaisses & grossiéres, il
les pousse vers les pores insensibles de la peau ; ou parce
que le mauvais air, qui est renfermé* dans nos Villages,
n'ayant point de fenêtres à nos Cabanes, il se fait tant
de feux & de fumée, que le peu de proportion que les
parties de cet air renfermé ont avec celles du sang & des
humeurs [1], nous causent ces infirmitez. Voilà les seules
que nous connoissions.

les Européens leurs ont apporté un certain nombre de maladies contagieuses comme la rougeole, la variole, le typhus, la
fièvre jaune… Voir là-dessus Gérard Gagné, « La paléopathologie humaine en Amérique du Nord : un aperçu » ; Robert
Larocque, « Les maladies chez les Iroquoiens préhistoriques » ;
« L'introduction de maladies européennes chez les autochtones
des XVIIᵉ et XVIIIᵉ siècles » ; David S. Jones, « Virgin Soils Revisited » ; Ann F. Ramenofsky, Alicia K. Wilbur et Anne C. Stone,
« Native American Disease History : Past, Present and Future
Directions ».

[1]Selon Furetière, le « mauvais air » « entre dans le corps
par les pores de la peau » et l'« infecte » quand il transpire
(Furetière, *Dictionnaire*, 1727).

Scènes de maladie et de mort.
Planche des Memoires de l'Amerique septentrionale *(1703).*

LAHONTAN

Voilà, mon cher Adario, la premiére fois que tu as raisonné juste, depuis le temps que nous nous entretenons ensemble. Je conviens que vous étes exempts d'une infinité de maux dont nous sommes accablez ; c'est par la raison que tu me dis l'autre jour, que pour se bien porter, il faut que l'esprit se repose. Les Hurons étant bornez à la simple connoissance de la chasse, ne fatiguent pas leur esprit & leur santé à la recherche de mille belles Sçiences, par les veilles, par la perte du sommeil, par les sueurs. Un homme de guerre s'attache à lire & à aprendre l'histoire des guerres du monde, l'art de fortifier, d'attaquer, & défendre des Places ; il y employe tout son temps, encore n'en trouve-t'il pas de reste, durant sa vie, pour se rendre tel qu'il doit être ; l'homme d'Eglise s'employe nuit & jour à l'étude de la Théologie, pour le bien de la Réligion ; il écrit des livres qui instruisent le peuple des affaires du salut, & donnant les heures, les jours, les mois & les années de sa vie à Dieu, il en reçoit des éternitez de recompense aprés sa mort. Les Juges s'apliquent à connoître les Loix ; ils passent les jours & les nuits à l'examen des procez, ils donnent des audiences continuelles à mille Plaideurs, qui les accablent incessamment*, & à peine ont ils le loisir de boire & de manger. Les Médecins étudient la sçience de rendre les hommes immortels ; ils vont & viennent de malade en malade, d'Hôpital en Hôpital, pour examiner la nature & la cause des diférentes maladies ; ils s'atachent à connoître la qualité des drogues*, des herbes, des simples, par mille expériences rares & curieuses. Les Cosmografes & les Astronomes se donnent entiérement au soin de découvrir la figure*, la grandeur, la composition du Ciel & de

la Terre ; les uns connoissent jusqu'à la moindre étoile du
Firmament, leurs cours, leur éloignement, leurs ascen-
sions & leurs déclinaisons ; les autres sçavent faire la
diférence des Climats, & de la position du Globe de la
Terre ; ils connoissent les mers, les lacs, les rivieres, les
Iles, les Golfes, les distances d'un Païs à l'autre, toutes
les Nations du monde leur sont connues, aussi bien que
leurs réligions, leurs loix, leurs langues, leurs mœurs, &
leur gouvernement. Enfin, tous les autres Scavans qui
s'attachent avec trop d'aplication à la connoissance des
Sciences, qu'ils recherchent, rüinent entiérement leur
santé. Car il ne se fait au cerveau d'esprits animaux [1]
qu'autant que le cœur luy fournit de matiére, par cette
subtile portion de sang qui luy est portée par les artéres ;
& le cœur, qui est un muscle, ne peut lancer le sang à
tout le corps que par le moyen des esprits animaux ; or
quand l'ame est tranquille (telle qu'est la tienne) il en
communique à toutes les parties, autant qu'elles en ont
besoin pour faire les actions auxquelles la Nature les a
destinées, au lieu que dans la profonde aplication des
Sçiences, étant agitée d'une foule de pensées, elle dissipe
beaucoup de ces esprits, & dans les longues veilles &
dans la gêne* de l'imagination. Ainsi tout ce que le cerveau en peut former suffit à peine aux parties qui servent

[1] S'appuyant sur Galien, Furetière définit « l'esprit animal »
comme « une certaine exhalaison de sang benin qui se subtilise
dans le cerveau, & se respand dans les nerfs pour leur bailler
sentiment* & mouvement. Il est différent du vital, qui se fait
dans le cœur, & se respand dans les arteres pour les fonctions de
la vie » (*Dictionnaire*, 1690). Quant au sang, la « plus noble des
quatre humeurs », Furetière rappelle que « Harvée [William
Harvey] a descouvert en nostre temps [1628] la cirdulation du
sang par les veines & les artères, par le cœur et par le foye ».

aux desseins de l'ame pour faire les mouvemens préci-
pitez qu'elle leur demande ; & ne coulant que fort peu
de ces esprits dans les nerfs qui les portent aux parties
qui servent à nous faire digérer ce que nous mangeons,
leurs fibres ne peuvent être mus que très foiblement, ce
qui est cause* que les actions se font mal, que la coction*
est imparfaite, que les sérositez*, se séparant du sang &
s'épanchant sur la teste, sur le corps, sur les nerfs, sur
la poitrine, & ailleurs, causent la goute, l'hidropisie, la
paralisie, & les autres maladies, que tu viens de nommer.

ADARIO

A ce conte-là, mon cher Frére, il n'y auroit que
les sçavans qui en seroient attaquez. Sur ce pied-là tu
conviendras qu'il vaudroit mieux estre Huron, puisque
la santé est le plus précieux de tous les biens. Je sçay
pourtant que ces maladies n'épargnent personne, &
qu'elles se jettent aussi bien sur les Ignorans que sur les
autres. Ce n'est pas que je nie ce que tu dis, car je voy
bien que les travaux de l'esprit affoiblissent extrémement
le Corps, & même je m'étonne, cent fois le jour, que
votre compléxion soit assez forte, pour résister aux violentes secousses que le Chagrin* vous donne, lorsque vos
affaires ne vont pas bien. J'ay veu des François qui s'arra-
choient les cheveux, d'autres qui pleuroient & crioient
comme des femmes qu'on brûleroit ; d'autres qui ont
passé deux jours sans boire ni manger, dans une si grande
colére qu'ils rompoient tout ce qu'ils trouvoient sous la
main. Cependant la santé de ces gens-là n'en paroissoit
pas altérée. Il faut qu'ils soïent d'une autre nature que
nous, car il n'y a pas de Huron qui ne crevât le lende-
main, s'il avoit la centiéme partie de ces transports* ; oui

vraîment il faut que vous soyez d'une autre nature que nous, car vos vins, vos eaux de vie, & vos épiceries* nous rendent malades à mourir, au lieu que sans ces drogues vous ne sçauriez presque pas vivre en santé. D'ailleurs, votre sang est salé, & le nostre ne l'est pas. Vous étes barbus, & nous ne le sommes pas. Voicy ce que j'ay encore observé. C'est que jusqu'à l'âge de trente cinq ou quarante ans, vous étes plus forts & plus robustes que nous, car nous ne sçaurions porter des fardeaux si* pesans que vous faites, jusqu'à cet âge-là ; mais ensuite les forces diminuent chez vous, en déclinant à vue d'œuil, au lieu que les nôtres se conservent jusqu'à cinquante cinq ou soixante ans [1]. C'est une vérité dont nos Filles peuvent rendre un fidéle témoignage. Elles disent que si un jeune François les embrasse six fois la nuit, un jeune Huron n'en fait que la moitié ; mais aussi* elles avoüent que les François sont plus vieux en ce commerce* à l'age de trente cinq ans, que nos Hurons à l'âge de cinquante. Cet aveu de nos belles Filles (à qui l'excez de vos jeunes gens plaît beaucoup plus que la moderation des nôtres) m'a conduit à cette réfléxion qui est que cette goute, cette hidropisie, phtisie, paralisie, pierre*, gravele & ces autres maladies, dont nous avons parlé, proviennent, sans doute, non seulement de ces plaisirs immodérez, mais encore du temps & de la maniére dont vous les prenez.

---

[1] Dans ses *Memoires*, Lahontan écrit que les Sauvages « ne sont ni si forts, ni si vigoureux que la plûpart de nos François, en ce qui regarde la force du Corps pour porter de grosses charges, ni celles des bras pour lever un fardeau & le charger sur le dos. Mais en récompense, ils sont infatigables, endurcis au mal, bravant le froid & le chaud sans en être incommodez » (*O.C.*, p. 634).

Car au sortir du repas, & à l'issue d'une corvée de fatigue, vous embrassez vos femmes, autant que vous pouvés, sur des chaises, ou debout, sans considérer le dommage qui en résulte : témoins, ces jeunes gaillards, qui font servir leur table de Lit, au Village de Dossenra. Vous estes encore sujets à deux maladies que nous ne connoissons pas : l'une que les Ilinois appellent *Mal chaud*[1], dont ils sont attaqués, aussi bien que les Peuples du Missisipi[2], laquelle maladie passe chez vous pour le mal des femmes[3] ; & l'autre que vous appellez *Scorbut*[4] & que nous appellons le *mal froid*, par les simptomes & les causes de ces maladies, que nous avons observées depuis que les François sont en Canada. Voilà bien des maladies qui régnent parmi vous autres, & dont vous avez bien de la peine à guerir. Vos Médecins vous tuent, au lieu de vous redonner la santé, parce qu'ils vous donnent des remédes qui, pour leur intérêt, entretiénent long-temps vos maladies, & vous tuent à la fin. Un Médecin seroit toûjours gueux s'il guérissoit ses malades en peu de temps. Ces gens-là n'ont garde d'aprouver nostre maniere

---

[1] Le « mal chaud », ou « chaude pisse » : il s'agit de la blenno-ragie ou gonorhée. Quant à la « grosse vérole », c'est la syphillis, la « petite vérole » étant la variole. Les Français l'appelaient « mal de Naples », et les Italiens, les Espagnols et les Anglais la nommaient « mal français ».

[2] « La maladie Venérienne est tout à fait commune du côté des Ilinois & du Fleuve de Missisipi », lit-on dans les *Memoires* (*O.C.*, p. 683).

[3] Selon Furetière, elle « se contracte ordinairement par le commerce avec une femme debauchée » (*Dictionnaire*, 1727).

[4] Cartier et Champlain racontent comment les premiers hivernants au Canada furent décimés par le scorbut, appelé aussi « mal de terre » et « mal froid ».

de suer [1], ils en connoissent trop bien la conséquence ; & quand on leur en parle, voicy ce qu'ils disent : *Il n'y a que des foux capables d'imiter les foux ; les Sauvages ne sont pas appellez Sauvages pour rien ; leurs remédes ne sont pas moins sauvages qu'eux : s'il est vray qu'ils suent, & se jettent ensuite dans l'eau froide ou dans la neige, sans crever sur le champ, c'est à cause de l'air, du climat, & des alimens de ces Peuples, qui sont diférens des nôtres ; mais cela n'empêche pas que tel Sauvage est mort à 80 ans, qui en auroit vécu 100, s'il n'avoit pas usé de ce remède épouvantable.* Voilà ce que disent vos Médecins, pour empêcher que vos Peuples d'Europe se trouvent en état de se passer de leurs remédes. Or, il est constant* que si de temps en temps vous vouliez suer de cette maniére, vous vous porteriez le mieux du monde, & tout ce que le vin, les épiceries, les excez de femmes, de veilles, & de fatigues pourroient engendrer de mauvaises humeurs dans le sang, sortiroient par les pores de la chair. Alors, adieu la médecine & tous ses poisons. Or, ce que je te dis, mon cher Frére, est plus clair que le jour ; ce raisonement n'est pas pour les ignorans. Car ils ne parleroient que de pleurésies & de rhumatismes à l'issue* de ce remède. C'est une chose étrange qu'on ne veüille pas écouter la réponse que nous faisons à l'objection que

---

[1] « Les Sauvages ne passent jamais huit jours sans suer », lit-on dans les *Memoires* : « ils vont se jetter l'Eté dans la Riviére encore tous humides de sueur, & l'Hiver dans la nége [...]. Cinq ou six Sauvages suent aisément dans un lieu destiné à cet usage, [...] un espéce de four couvert de nattes & de peaux, &c. On y met au centre une écuelle pleine d'eau de vie brûlante, ou de grosses pierres enflammées, ce qui cause une si grande chaleur qu'en moins de rien on y suë prodigieusement » (*O.C.*, p. 688-689).

vos Médecins nous font sur cette maniére de suer. Il est constant, mon cher Frére, que la Nature est une bonne Mére, qui voudroit que nous vécussions éternellement. Cependant nous la tourmentons si violemment qu'elle se trouve quelquefois tellement afoiblie, qu'à peine a-t-elle la force de nous secourir. Nos débauches & nos fatigues engendrent de mauvaises humeurs, qu'elle voudroit pouvoir chasser de nos corps, s'il luy restoit assez de vigueur pour en ouvrir les portes, qui sont les pores de la chair. Il est vray qu'elle en chasse autant qu'elle peut par les urines, par les selles, par la bouche, par le nez, & par la transpiration insensible [1] ; mais la quantité des sérositez est quelquefois si grande, qu'elles se répandent sur toutes les parties du corps, entre cuir* & chair. Alors il s'agit de les faire sortir au plus vîte, de peur que leur trop long séjour ne cause cette goûte, rumatisme, hydropisie, paralisie, & toutes les autres maladies qui peuvent altérer la santé de l'homme. Pour cet effet*, il faut donc ouvrir ces pores par le moyen de la sueur ; mais il faut ensuite les fermer afin que le suc nourissier ne sorte pas en même temps par le même chemin ouvert. Ce qu'on ne sçauroit empêcher à moins qu'on ne se jette dans l'eau froide, comme nous faisons. Il en est de même que si des loups estoient entrez dans vos Bergeries ; alors vous ouvririez vîte les portes, afin que ces méchans animaux en sortissent ; mais ensuite vous ne manqueriez pas de les fermer, afin que vos Moutons ne les suivissent pas. Vos Médecins auroient raison de dire qu'un homme qui

---

[1] « La transpiration insensible [...] est très-necessaire pour purifier la masse du sang de quantité de particules inutiles qui pourroient l'alterer ». Si elle « est empêchée, il en arrive fort souvent des fievres dangereuses » (Furetière, *Dictionnaire*, 1727).

s'échauferoit à la chasse ou à quelque Exercice violent, & se jetteroit ensuite dans l'eau froide, se risqueroit extrémement à perdre la vie. C'est un fait incontestable, car le sang étant agité & boüillant, pour ainsi dire, dans les veines, il ne manqueroit pas de se congeler, de la même maniére que l'eau boüillante se congéle plus facilement que l'eau froide, lorsqu'on l'expose à la gelée, ou qu'on la jette dans une fontaine bien froide. C'est tout ce que je puis penser sur cette affaire. Au reste, nous avons des maladies qui sont également ordinaires aux François. Ce sont la petite vérole, les fiévres, pleurésies, & même nous voyons assez souvent parmi nous une espece de malades que vous appellés *hypocondriaques*. Ces fous s'imaginent qu'un petit Manitou gros comme le poing, & que nous appellons *Aoutaerobi*, en nostre langue, les possède, & qu'il est dans leurs corps, sur tout dans quelque membre qui leur fait tant soit peu de mal. Ceci provient de la foiblesse d'esprit de ces gens-là, car enfin, il y a des ignorans & des fous parmi nous, comme parmi vous autres. Nous voyons tous les jours des Hurons de cinquante ans qui ont moins d'esprit & de discernement que des jeunes filles. Il y en a de supersticieux, comme parmi vous autres. Car ils croyent premiérement que l'esprit des songes est l'Ambassadeur & le Messager dont le grand Esprit se sert pour avertir les hommes de ce qu'ils doivent faire. A l'égard de nos Jongleurs [1], ce sont des Charlatans & des Imposteurs, comme vos Médecins, avec cette différence qu'ils se contentent de faire bonne chére aux dépens des malades, sans les envoyer dans l'autre monde, en reconnoissance de leurs festins & de leurs présens.

[1] Sur le chaman guérisseur, appelé « Jongleur », voir *supra*, p. 110.

LAHONTAN

Ha ! pour le coup, mon intime Adario, je t'honore au delà de tout ce que je pourrois t'exprimer, car tu raisonnes comme il faut. Jamais tu n'as mieux parlé. Tout ce que tu dis des sueurs est effectivement vray. Je le connois par expérience tellement bien, que de ma vie je n'useray d'autre reméde que de celuy-là. Mais je ne sçaurois souffrir pourtant que tu te récries si fort contre la saignée, car il me souvient que tu me dis, il y a quinze jours, cent raisons sur la nécessité de conserver notre sang, puisqu'il est le trésor de la vie. Je ne te contredirai pas tout à fait sur cela, mais je te dirai pourtant que vos remédes contre les pleuresies & les fluxions ne réüississent quelquefois que par hazard, puisque de vint malades il en meurt quinze, au lieu que la saignée ne manque jamais alors de les guérir [1]. J'avoüe qu'en les guérissant par cette voye-là, on abrége leurs jours, & que tel homme qui a été plus ou moins saigné, auroit vêcu plus ou moins d'années qu'il n'a fait. Mais enfin, on ne considére pas toutes ces choses quand on est malade, on ne songe qu'à guérir, à quelque prix que ce soit, & chaqu'un recherche la santé aux dépens de quelques années de vie de plus ou de moins, qu'on perd avec la perte de son sang. Enfin, tout ce que je puis remarquer, c'est que les Peuples de Canada sont d'une meilleure compléxion que ceux de l'Europe, plus infatigables, & plus robustes, accoûtumez

---

[1] Largement pratiquée depuis l'Antiquité, la saignée ne régressera que vers la fin du XVIIIᵉ siècle : voir Laurence Rauline, « Le libertin et l'imposture médicale », dans *Science et littérature à l'âge classique*, p. 107-121 ; Chantal Beauchamp, *Le sang et l'imaginaire médical*.

aux fatigues, aux veilles & aux jeûnes, & plus insensibles au froid & à la chaleur. De sorte qu'étant exempts des passions qui tourmentent nos ames, ils sont en même-temps à couvert des infirmitez dont nous sommes accablez. Vous étes gueux & miserables, mais vous joüissez d'une santé parfaite, au lieu qu'avec nos aises & nos commoditez, il faut que nous soïons, ou par complaisance, ou par occasion, réduits à nous tuer nous-mêmes, par une infinité de débauches, auxquelles vous n'étes jamais exposez.

DU MARIAGE [1]

ADARIO

Mon Frére, je viens te visiter avec ma fille, qui va
se marier, malgré moi, avec un jeune homme qui est
aussi bon guerrier que mauvais Chasseur. Elle le veut,
cela suffit parmi nous, mais il n'en est pas ainsi parmi
vous. Car il faut que les Péres & les Méres consentent au
mariage de leurs enfans [2].

Or il faut que je veüille ce que ma fille veut aujourd-
hui. Car si je prétendois lui donner un autre Mari, elle
me diroit aussitôt : *Pére, à quoy penses tu ? suis-je ton
Esclave ? ne dois-je pas joüir de ma Liberté ? Dois-je me
marier pour toy ? Epouzeray-je un homme qui me déplaît,*

---

[1] Voir Olga B. Cragg, et Rosena Davison, éd., *Sexualité,
mariage et famille au XVIIIᵉ siècle.*

[2] D'après le *Dictionnaire théologico-portatif* (1760, p. 204), les
garçons, s'« ils ont trente ans complets », peuvent se marier sans
le consentement de leurs parents, « mais à condition qu'ils aient
fait faire à leurs peres & Meres trois sommations respectueuses,
sans quoi ils pourroient être déshérités » ; les filles peuvent aussi
se marier sans ce consentement, mais, « avec cette différence »
que leurs mariages « sont toujours sujets à être déclarés non-
valablement contractés ».

*pour te satisfaire ? Comment pourray-je soufrir un époux
qui achete mon corps à mon Pére, & comment pourray-
je estimer un Pére qui vend sa fille à un brûtal* ? Est-ce
qu'il me sera possible d'aimer les enfans d'un homme que
je n'aime pas ? Si je me marie avec luy, pour t'obeïr, &
que je le quitte au bout de quinze jours, suivant le privilége & la liberté naturelles de la Nation, tu diras que*
cela va mal *; cela te déplaira ; tout le monde en rira, &
peut-être, je seray grosse.* Voilà, mon cher Frére, ce que ma
fille auroit sujet de me répondre ; & peut-être, encore
pis, comme il arriva il y a quelques années à un de nos
Vieillards qui prétendoit que sa Fille se mariât avec un
homme qu'elle n'aimoit pas. Car elle luy dit, en ma présence, mille choses plus dures, en luy reprochant qu'un
homme d'esprit ne devoit jamais s'exposer à donner des
conseils aux personnes dont il en pourroit recevoir, ni
exiger de ses enfans des obéïssances qu'il connoît* impos-
sibles. Enfin, elle ajoûta à tout cela qu'il étoit vrai qu'elle
étoit sa fille, mais qu'il devoit se contenter d'avoir eu le
plaisir de la faire, avec une femme qu'il aimoit autant que
cette fille haissoit le Mari que son Pére prétendoit luy
donner. Il faut que tu saches que nous ne faisons jamais
de mariage entre parens, quelque éloigné que puisse être
le degré de parentage. Que nos femmes ne se remarient
plus dès qu'elles ont atteint l'âge de quarante ans, parceque les enfans qu'elles font au dessus de cet âge-là sont
de mauvaise constitution. Cependant, ce n'est pas à dire
qu'elles gardent la continence ; au contraire, elles sont
beaucoup plus passionnées à cet âge qu'à vint ans, ce qui
fait qu'elles écoutent si favorablement les François, &
que même elles se donnent le soin de les rechercher. Tu
sçais bien que nos femmes ne sont pas si fécondes que les

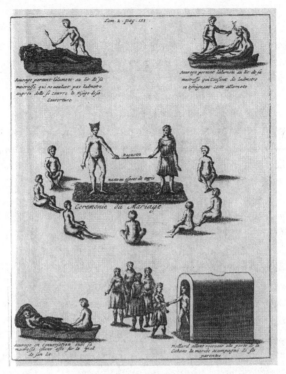

Cérémonie de mariage.
Planche des Memoires de l'Amerique septentrionale *(1703).*

Françoises, quoi-qu'elles se lassent moins qu'elles d'estre embrassées ; cela me surprend, car il arrive en cela tout le contraire de ce qui devroit arriver.

LAHONTAN

C'est par la même raison que tu viens de dire, mon pauvre Adario, qu'elles ne conçoivent pas si facilement

que nos Femmes. Si elles ne prenoient pas si fréquemment les plaisirs de l'amour, ni avec tant d'avidité, elles
donneroient le temps à la matiére convenable à la pro-
duction des enfans, de se rendre telle qu'il faut qu'elle
soit pour engendrer. Il en est de même qu'un Champ,
dans lequel on semeroit sans cesse du bled d'Inde, sans
le laisser jamais en friche, car il arriveroit qu'à la fin il
ne produiroit plus rien (comme l'expérience te l'a, sans
doute, fait voir), au lieu qu'en laissant reposer ce champ,
la terre reprend ses forces, l'air, le serain*, les pluyes, & le
soleil luy redonnent un nouveau suc, qui fait germer le
grain qu'on y seme. Or, écoute un peu, mon Cher, ce que
je te veux dire. Pourquoy est-ce que les femmes sauvages
étant si peu fécondes, ont si peu l'acroissement de leur
Nation en veüe, qu'une fille se fait avorter, lorsque le Pére
de son Enfant vient à mourir ou à estre tué, avant que
sa grossesse soit reconnue[1]. Tu me répondras que c'est
pour conserver sa réputation, parce qu'ensuite elle ne
trouveroit plus de Mari. Mais il me semble que l'intérêt
de la Nation, laquelle devroit se multiplier, n'est guére
en recommandation* dans l'esprit de vos femmes. Il n'en
est pas ainsi des nôtres, car, comme tu me le disois l'autre
jour, nos Coureurs* de bois, & bien d'autres, trouvent
assez souvent de nouveaux enfans dans leurs Maisons,
au retour de leurs Voyages. Cependant ils s'en consolent,
car ce sont des corps pour la Nation, & des ames pour
le ciel. Aprés cela ces femmes sont autant deshonorées
que les vôtres, & quelquefois on les met en prison pour

---

[1] Au témoignage des *Memoires*, les Amérindiennes « boivent
le jus de certaines racines qui les empêchent de concevoir, ou qui
fait perir leur fruit, car s'il arrivoit qu'une fille eût fait un enfant,
elle ne trouveroit jamais à se marier » (*O.C.*, p. 672-673).

toute leur vie, au lieu que les vôtres peuvent avoir ensuite tant de galans qu'elles veulent. C'est une très abominable cruauté de détruire son enfant. C'est ce que le Maître de la vie ne sçauroit jamais leur pardonner. Ce seroit un des principaux abus à réformer parmi vous. Ensuite, il faudroit retrancher la nudité, car enfin le privilége que vos Garçons ont d'aller nuds, cause un terrible ravage dans le cœur de vos filles, car n'étant pas de bronze, il ne se peut faire qu'à l'aspect des piéces, que je n'ozerois nommer, elles n'entrent en rut en certaines occasions, où ces jeunes Coquins font voir que la Nature n'est ni morte ni ingrate envers eux.

Adario

La raison que tu me donnes de la sterilité de nos femmes est merveilleuse*, car je conçoi maintenant que cela se peut. Tu condamnes aussi fort à propos le crime de ces Filles qui se font avorter avec leurs breuvages[1]. Mais ce que tu dis de la nudité ne s'acorde guére avec le bon sens. Je conviens que les Peuples chez qui le tien & le mien sont introduits, ont grande raison de cacher non seulement leurs Parties viriles, mais encore tous les autres membres du corps. Car à quoy serviroit l'or & l'argent des François, s'ils ne les employoient à se parer avec de riches habits ? puisque ce n'est que par le vêtement qu'on fait état* des gens. N'est-ce pas un grand avantage

[1] À nouveau, dès qu'il s'agit de favoriser la procréation (ou de condamner ce qui peut l'entraver), les deux interlocuteurs tombent d'accord. Sur la position de l'Église touchant la contraception, voir Jean-Louis Flandrin, *L'Église et le contrôle des naissances*, Paris, Flammarion, 1970.

pour un François de pouvoir cacher quelque défaut de
nature sous de beaux habits ? Croy-moy, la nudité ne doit
choquer uniquement que les gens qui ont la propriété
des biens. Un laid homme parmi vous autres, un mal
bâti trouve le secret de se rendre beau & bien fait, avec
une belle perruque, & des habits dorez, sous lesquels on
ne peut distinguer les hanches & les fesses artificielles
d'avec les naturelles. Il y auroit encore un grand inconvenient si les Européans alloient nuds : c'est que ceux qui
seroient bien armez trouveroient tant de pratique* &
tant d'argent à gagner, qu'ils ne songeroient à se marier
de leur vie, & qu'ils donneroient occasion à une infinité
de femmes de violer la foy conjugale. Imagine-toy que
ces raisons n'ont aucun lieu* parmi nous, où il faut que
tout serve, sans exception, tant petits que grands ; les
filles qui voient de jeunes gens nuds, jugent à l'œil de
ce qui leur convient. La Nature n'a pas mieux gardé ses
proportions envers les femmes qu'envers les hommes.
Ainsi, chacune peut hardiment juger qu'elle ne sera pas
trompée en ce qu'elle attend d'un Mari. Nos femmes sont
capricieuses, comme les vôtres, ce qui fait que le plus che-
tif Sauvage peut trouver une femme. Car comme tout
paroît à découvert, nos filles choisissent quelquefois
suivant leur inclination, sans avoir égard à certaines proportions : les unes aiment un homme bien fait, quoiqu'il
ait je ne sçay quoy de petit en luy. D'autres aiment un
mal bâti pourveu qu'elles y trouvent je ne sçay quoy de
grand ; & d'autres préférent un homme d'esprit & vigoureux, quoiqu'il ne soit ni bien fait, ni bien pourveu de
ce que je n'ay pas voulu nommer. Voilà, mon Frére, tout
ce que je puis te répondre sur le crime de la nudité, qui,
comme tu sçais, ne doit uniquement estre imputé qu'aux

Garçons, puisque les gens veufs ou mariez cachent soigneusement le devant & le derriére. Au reste, nos Filles sont en recompense* plus modestes que les vôtres, car on ne voit en elles rien de nud que le gras de la jambe, au lieu que les vôtres montrent le sein tellement à découvert que nos jeunes gens ont le nez collé sur le ventre, lorqu'ils trafiquent leurs Castors aux belles Marchandes qui sont dans vos Villes [1]. Ne seroit-ce pas là, mon Frére, un abus à réformer parmi les François ? Car, enfin, ne sçay je pas de bonne part* qu'il n'est guére de Françoise qui puisse résister à la tentation de l'objet de qui leur sein découvert provoque l'émotion. Ce seroit le moyen de préserver leurs Maris du mal chimérique de ces Cornes que nous plantons sur leur front, sans les toucher, ni même les voir, ce qui se fait par un miracle que je ne sçaurois conçevoir. Car, enfin, si je plante un pommier dans un jardin, il ne croît pas sur le sommet d'un rocher ; ainsi vos Cornes invisibles ne doivent prendre racine qu'à l'endroit où leur semence est jettée. D'où il s'ensuit qu'elles devroient sortir du front de vos Femmes, pour représenter les outils du Mari & du Galand. Au reste, cette folie de Cornes est épouvantable, car pourquoy chagriner un Mari de cette injure, à l'ocasion des plaisirs de sa Femme ? Or s'il faut épouser les vices d'une femme en l'épouzant, le mariage des François est un Sacrement qui ne doit pas être fondé sur la droite raison ; ou bien il faut de nécessité retenir son Epouse sous la clef pour éviter ce deshonneur. Il faut que le nombre de ces Maris

[1] Voir la fin de la lettre VIII des *Nouveaux Voyages*, où l'auteur décrit l'émoi créé chez « les jolies Marchandes » de Montréal par la nudité des jeunes hommes sauvages qui y viennent commercer (*O.C.*, p. 318).

soit bien grand, car, enfin, je ne conçoi pas qu'une femme puisse penser à la rigueur de cette chaîne éternelle, sans chercher quelque espéce de soulagement à ses maux, chez quelque bon Ami. Je pardonnerois les François s'ils s'en tenoient à leur mariage sous certaines conditions, c'est-à dire pourvu qu'il en provînt des enfans, & que le mari & la femme eussent toûjours une assez bonne santé pour s'aquiter, comme il faut, du devoir du mariage[1]. Voilà tout le réglement* qu'on pourroit faire chez des Peuples qui ont le Tien & le Mien. Or il s'agit encore d'une chose impertinente*. C'est que parmi vous autres Chrêtiens les hommes se font gloire de débaucher les femmes[2], comme s'il ne devoit pas, selon toute sorte de raisons, estre aussi criminel aux uns qu'aux autres de sucomber à la tentation de l'amour. Vos jeunes Gens font tous leurs éforts pour tenter les Filles & les Femmes. Ils employent toutes sortes de voyes pour y réüssir. Ensuite ils le publient*, ils le disent par tout. Chacun loue le Cavalier*, & méprise la Dame, au lieu de pardonner la Dame, & de châtier le Cavalier. Comment prétendez vous que vos Femmes vous soient fidéles, si vous ne l'étes pas à elles ? Si les Maris ont des Maîtresses, pourquoy leurs Epouses n'auront-elles pas des Amans ? Et si ces Maris préférent les jeux & le vin à la compagnie de leurs femmes, pourquoy ne chercheront elles pas de la consolation avec quelque Ami ? Voulez-vous que vos Femmes

[1] Adario reprend la doctrine traditionnelle de l'Église catholique, selon laquelle la première fin du mariage est la procréation des enfants.

[2] Une dénonciation semblable du « libertinage » des Français se trouvera en 1721 dans les *Lettres persanes* de Montesquieu : tout d'abord, par le sérieux Usbek (lettre XLVIII), une seconde fois, ironiquement, par la plume amusée de Rica (lettre LV).

soient sages, soyez ce que vous appellez *Sauvages*, c'est à dire, soyez Hurons ; aimés les comme vous mêmes, & ne les vendés pas. Car je connois certains Maris parmi vous qui consentent aussi lâchement au libertinage de leurs Epouses que des Méres à la prostitution de leurs Filles. Ces gens-là ne le font que parce que la nécessité les y oblige. Sur ce pied-là c'est un grand bonheur pour les Hurons de n'être pas réduits à faire les bassesses que la misére inspire aux gens qui ne sont pas accoutumés d'être miserables. Nous ne sommes jamais ni riches, ni pauvres ; & c'est en cela que notre bonheur est au dessus de toutes vos richesses. Car nous ne sommes pas obligez de vendre nos Femmes & nos Filles, pour vivre aux dépens de leurs travaux amoureux. Vous dites qu'elles sont sottes. Il est vray, nous en convenons, car elles ne sçavent pas écrire des billets à leurs Amis, comme les vôtres ; & quand cela seroit, l'esprit des Hurones n'est pas assez pénétrant pour choisir à la phisionomie des Vieilles assez fidéles pour porter ces létres galantes sous un silence éternel. Ha ! maudite Ecriture ! pernicieuse invention des Européans qui tremblent à la veüe des propres chiméres qu'ils se représentent eux mêmes par l'arrangement de vint & trois petites figures, plus propres à troubler le repos des hommes qu'à l'entretenir. Les Hurons sont aussi des sots, s'il vous en faut croire, parce qu'ils n'ont point d'égard à la perte du pucelage des filles qu'ils epousent, & qu'ils prénent en mariage des Femmes que leurs Camarades ont abandonées. Mais, mon Frére, di-moy, je te prie, les François en sont-ils plus sages pour s'imaginer qu'une fille est pucelle, parce qu'elle crie, & qu'elle jure de l'estre ? Or, supposons qu'elle soit telle qu'il la croit, la conqueste en est-elle meilleure ? Non vraîment ; au contraire, le

Mari est obligé de luy aprendre un exercice qu'elle met ensuite en pratique avec d'autres gens, lorsqu'il n'est pas en état de le continuer journellement avec elle. Pour ce qui est des Femmes que nous épousons aprez la sépa-ration de leurs Maris, n'est-ce pas la même chose que ce que vous appellez se marier avec des Veuves ? Néan-moins avec cette diférence que ces Femmes ont tout lieu d'estre persuadées que nous les aimons, au lieu que la plûpart de vos Veuves ont tout sujet de croire que vous épousez moins leurs corps que leurs richesses. Combien de désordres n'arrive-t'il pas dans les Familles par des mariages comme ceux-là ? Cependant, on n'y rémédie pas, parce que le mal est incurable, dès que le lien conju-gal doit durer autant que la vie. Voici encore une autre peine parmi vous autres, qui me paroît tout à fait cruelle. Votre mariage est indissoluble, cependant une fille & un Garçon qui s'aiment reciproquement ne peuvent pas se marier ensemble sans le consentement de leurs Parens [1]. Il faudra qu'ils se marient l'un & l'autre au gré de leurs Péres, & contre leurs desirs, quelque répu-gnance qu'ils ayent, avec des personnes qu'ils haïssent mortellement. L'inégalité d'âge, de bien & de condi-tion causent tous ces désordres. Ces considérations l'em-portent sur l'amour mutuel des deux Parties, qui sont d'acord entr'elles. Quelle cruauté & quelle tirannie d'un Pére envers ses Enfans ? Voit-on cela parmi les Hurons ? Ne sont-ils pas aussi nobles, aussi riches les uns que les autres ? Les Femmes n'ont-elles pas la même liberté que les Hommes, & les Enfans ne joüissent-ils pas des mêmes priviléges que leurs Péres ? Un jeune Huron n'épousera-t'il pas une des esclaves de sa Mére, sans qu'on soit en

[1] Sur ce consentement des parents français, voir *supra*, p. 161.

droit de l'en empêcher ? Cette esclave n'est-elle pas faite comme une femme libre, & dès qu'elle est belle, qu'elle plait, ne doit-elle pas être préférable à la fille du grand Chef de la Nation, qui sera laide ? N'est ce pas encore une injustice pour les Peuples qui détestent la communauté des biens que les Nobles donnent à leur premier fils presque tout leur bien [1], & que les fréres & les sœurs de celuy-ci soient obligez de se contenter de très peu de chose, pendant que cet Aîné ne sera peut-être pas légitime, & que tous les autres le seront ? Qu'en arrive-t'il si ce n'est qu'on jette les Filles dans des Couvents, prisons perpétuelles, par une barbarie qui ne s'acorde guére avec cette Charité Chrétienne que les Jésuites nous prêchent ? Si ce sont des Garçons, ils se trouvent réduits à se faire Prêtres, ou Moines, pour vivre du beau mêtier de prier Dieu malgré eux, de prêcher ce qu'ils ne font pas, & de persuader* aux autres ce qu'ils ne croyent pas eux-mêmes. S'il s'en trouve qui prénent le parti de la guerre, c'est plûtôt pour piller la Nation que pour la défendre de ses Ennemis. Les François ne combatent point pour l'interêt de la Nation, comme nous faisons, ce n'est que pour leur propre intérêt & dans la vue d'aquérir des Emplois*, qu'ils combatent. L'amour de la Patrie & de leurs Compatriotes y ont moins de part que l'ambition, les richesses, & la vanité. Enfin, mon cher Frére, je conclus ce discours en t'assûrant que l'amour propre des Chrêtiens est une folie que les Hurons condamneront sans cesse. Or cette folie qui régne en tout parmi vous autres François,

[1] C'est le droit d'aînesse par lequel « le plus âgé des mâles emporte de la succession de son pere ou de sa mere, une portion plus considérable que celle de chacun de ses freres ou sœurs en particulier » (*Encyclopédie*, article « Ainesse », 1751).

ne se remarque pas moins dans vos amours & dans vos
mariages, lesquels sont aussi bizarres que les gens qui
donnent si sottement dans ce paneau.

LAHONTAN

Ecoute, Adario, je me souviens de t'avoir dit qu'il
ne faloit pas juger des actions des honêtes gens par
celles des Coquins. J'avoüe que tu as raison de blâmer
certaines actions que nous blâmons aussi. Je conviens
que la propriété de biens est la source d'une infinité de
passions* dont vous estes exempts. Mais, si tu regardes
toutes choses du bon côté, & sur tout nos amours
& nos mariages, le bel ordre qui est établi dans nos
Familles, & l'éducation de nos Enfans, tu trouveras une
conduite merveilleuse dans toutes nos Constitutions.
Cette Liberté, que les Hurons nous prêchent, cause un
désordre épouvantable. Les Enfans sont aussi grands
maîtres que leurs Péres, & les Femmes qui doivent estre
naturellement sujettes* à leurs Maris, ont autant de
pouvoir qu'eux. Les Filles se moquent de leurs Méres,
lorsqu'il s'agit de prêter l'oreille à leurs Amans. En un
mot, toute cette liberté se réduit à vivre dans une
débauche perpétuelle, & donne à la Nature tout ce
qu'elle demande, à l'imitation des Bêtes. Les Filles des
Hurons font consister leur sagesse dans le secret, & dans
l'invention de cacher leurs débauches. *Courir la luméte* [1]
parmi vous autres, est ce qui s'appelle chez nous *chercher
avanture.* Tous vos jeunes Gens courent cette luméte
tant que la nuit dure. Les portes des Chambres de vos

---

[1] « *C'est entrer, pendant la nuit, dans la Chambre de sa Maîtresse, avec une espéce de chandelle.* » [NdA]

Filles sont ouvertes à tous venans ; & s'il se présente un jeune Homme qu'elle n'aime pas, elle se couvre la teste de sa couverture. C'est à dire qu'elle n'en est point tentée. S'il en vient un second, peut-estre elle luy permétra de s'asseoir sur le pied de son lit, pour parler avec elle, sans passer outre. C'est à dire qu'elle veut ménager ce drôle-là pour avoir plusieurs cordes à son arc ; en vient-il un troisiéme qu'elle veut duper, avec une plus feinte sagesse, elle luy permétra de se coucher auprés d'elle sur les couvertures du lit. Celuy-ci est-il parti, le quatriéme arrivant trouve le lit & les bras de la fille ouverts à son plaisir, pour deux ou trois heures, & quoi qu'il n'employe ce temps-là à rien moins qu'en paroles, on le croit cependant à la bonne foy*. Voilà, mon cher Adario, le putanisme* de tes Hurones couvert d'un manteau d'honnête conversation, & d'autant plus que quelque indiscrétion que puissent avoir les Amans envers leurs Maîtresses (ce qui n'arrive guéres), bien loin de les croire, on les traite de jaloux, qui est une injure infame parmi vous autres. Aprez tout ce que je viens de dire, il ne faut pas s'étonner si les Americaines* ne veulent point entendre parler d'amour pendant le jour, sous prétexte que la nuit est faite pour cela. Voilà ce qu'on appelle en France *cacher adroitement son jeu*. S'il y a de la débauche parmi nos Filles, au moins il y a cette diférence que la régle n'est pas générale, comme parmi les vôtres, & que d'ailleurs elles ne vont pas si brutalement* au fait. L'amour des Européanes est charmant, elles sont constantes & fidéles jusqu'à la mort ; lorsqu'elles ont la foiblesse d'accorder à leurs Amans la derniére faveur, c'est plûtôt en vertu de leur mérite intérieur qu'extérieur, & toûjours moins par le desir de se contenter elles-mêmes que de donner des preuves sensibles d'amour à leurs Amans. Ceux-ci sont galans, cherchant à plaire à leurs Maîtresses par des maniéres tout à fait jolies, comme par le respect, par les assiduitez, par la complaisance. Ils sont patiens, zelés, & toûjours prêts à sacrifier leur vie & leurs biens pour elles ; ils soupirent long-temps avant que de rien entreprendre, car ils veulent mériter la derniére faveur par des longs services. On les voit à genoux aux pieds de leurs Maîtresses mendier le privilége de leur baiser la main. Et comme le Chien suit son Maître en veillant, lorsqu'il dort, aussi* chez nous un véritable Amant ne quitte point sa Maîtresse & il ne ferme les yeux que pour songer à elle, pendant le sommeil. S'il s'en trouve quelqu'un assez fougueux pour embrasser sa Maîtresse brusquement à la premiere occasion, sans avoir égard à sa foiblesse, on l'appelle *Sauvage* parmi nous, c'est à dire homme sans quartier, qui commence par où les autres finissent.

ADARIO

Hô hô, mon cher Frére, les François ont-ils bien l'esprit d'appeller ces gens là *Sauvages* ? Ma foy, je ne croyois pas que ce mot là signifiât parmi vous un homme sage & conclusif*. Je suis ravi d'aprendre cette nouvelle, ne doutant pas qu'un jour vous n'apelliez *Sauvages* tous les François qui seront assez sages pour suivre exactement* les véritables régles de la justice & de la raison. Je ne m'étonne plus de ce que les rusées Françoises aiment tant les Sauvages ; elles n'ont pas tout le tort, car, à mon avis, le temps est trop cher pour le perdre, & la jeunesse trop courte pour ne pas profiter des avantages qu'elle nous donne. Si vos Filles sont constantes* à changer sans cesse d'Amans, cela peut avoir quelque raport* à l'humeur des nôtres. Mais, lors qu'elles se laissent fidèlement* caresser par trois ou quatre en même temps, cela est tres diférent du génie* des Hurones. Que les Amans François passent leur vie à faire les folies que tu viens de me dire, pour vaincre leurs Maîtresses, c'est à dire qu'ils employent leur temps & leurs biens à l'achat d'un petit plaisir précédé de mille peines & de mille soucis, je ne les en blâmerai pas, puisque j'ay fait la folie de me risquer sur d'impertinens* Vaisseaux à traverser les Mers rudes qui séparent la France de ce Continent, pour avoir le plaisir de voir le Païs des François. Ce qui m'oblige à me taire. Mais les gens raisonables diront que ces sortes d'Amans sont aussi fous que moy, avec cette diférence que leur amour passe aveuglément d'une Maîtresse à l'autre, les exposant à soufrir les mêmes tourmens, au lieu que je ne passerai plus de ma vie de l'Amérique en France.

Fin des Dialogues

Lahontan-Gueudeville

Conversations de l'auteur de ces Voyages avec Adario, Sauvage distingué

où l'on voit une Description exacte des Coutûmes, des Inclinations & des Mœurs de ces Peuples

1705

PRÉFACE

Ces Voyages [1] *ont été bien reçus du Public, & la premiere Edition s'en est debitée fort promptement. On veut bien croire que le goût du siecle pour ces sortes de Relations a contribué beaucoup à cet heureux succès ; mais on ne croit pas qu'il faille l'attribuer tout entier à cette raison. Le Livre a sa bonté ; il amuse agréablement, & pour peu qu'on ait de penchant à faire ou à entretenir connoissance avec les hommes du nouveau Monde, on n'a pu lire ces Lettres sans plaisir. Elles fournissent certains détails où les autres Voyageurs ne sont point entrez, & l'Auteur y parle avec une franchise qui doit sembler bonne aux amateurs de la Verité. Ce ne sont point ici les recits d'un Jesuite ou de quelque autre Missionnaire, qui, pour donner une haute idée de ses travaux apostoliques, ne parle que de conversions, que de miracles, & ne font connaître les Sauvages que par rapport à la Foi Chrétienne & à la Catholicité. C'est un Gentilhomme* curieux & de bon sens, qui a tout vu avec discernement, & qui a tout écrit avec un grand air de sincerité*. Jeune & plein de feu il aspiroit ardemment après les découvertes ; les fatigues & le peril ne le rebutoient*

[1] *Voyages du Baron de Lahontan dans l'Amerique septentrionale*, t. I.

point, & il n'a pas tenu à lui qu'il n'ait poussé ses courses
beaucoup plus loin. Pendant ces voyages il tenoit regître* de
tout ce qui est à la portée d'un Cavalier* d'esprit, & qui a
fait d'assez bonnes études : aussi ses Narrations & ses pein-
tures sont-elles sensées, & il trouve dans son chemin peu de
matieres dont il ne raisonne passablement. S'il divertit par
les faits, il instruit par les choses, & si ses avantures desen-
nuient, ses reflexions occupent utilement. Nous aimons à
savoir ce que produit & ce que fait la Nature au delà d'un
vaste espace qui sépare un Païs d'avec le nôtre ; nous aimons
à connoître le tour d'esprit, la Religion, les Loix, les Mœurs,
les usages d'un nombre d'hommes à qui nous ne croions
point du tout ressembler, & que le grand éloignement nous
permet à peine de regarder comme des Individus de notre
espèce. Monsieur le Baron de La Hontan nous instruit sur
tout cela, ou du moins il en dit assez pour ne pas mettre en
défaut* un Lecteur qui sait borner sa curiosité. Quant à la
bonne foi de l'Auteur, il n'y a point de raison valable pour
la soupçonner. Suivant son témoignage on ne publie que ce
qu'il écrit à un vieux Parent, qui lui faisoit du bien chaque
année ; or il n'est pas vraisemblable qu'il ait voulu tromper
son bienfaiteur, & qu'il lui ait mandé* des faussetez par
reconnoissance. Je sai que tous les Voyageurs sont sujets à
caution, & que s'ils ne sont point encore parvenus au privilége des Poëtes & des Peintres, il ne s'en faut guere ; mais il
faut excepter la Noblesse : est-il croyable qu'un Baron voulût en imposer ? On ne disconviendra pas néanmoins qu'il
n'y ait dans ces Lettres plusieurs fautes contre la vraisemblance*, & l'on ne doute point que tout Lecteur judicieux
ne s'en soit aperçu ; mais comme ces Lettres ont apparemment été mises au net sur des brouillons déjà vieux, il n'est
pas étonnant que notre Auteur se soit trompé, & l'on doit

charitablement nommer défaut de memoire ce qui paroît un manque de sincérité*. Comme il est très mécontent de la France, il seroit aussi à craindre qu'il n'entrât un peu de chagrin* dans tout ce qu'il dit de desavantageux au Ministere & au Gouvernement ; mais d'un autre côté on seroit temeraire d'accuser ce bon Gentilhomme [1] *de calomnie, & de le croire capable de se venger aux dépens de la Verité. Il vaut donc mieux l'en croire sur sa parole, ou du moins suspendre son jugement jusqu'à ce qu'on ait tiré les piéces originales du cabinet du vieux Parent ; je ne croi pas que ce soit de si tôt.*

On espere que cette seconde Edition ne plaira pas moins que la precedente, Quelques personnes d'esprit ayant représenté* que l'autre Edition péchoit dans le stile, qu'on y trouvoit des phrases basses*, des expressions vulgaires, des railleries froides, & de l'embarras dans la narration, l'on a tâché de remedier à tout cela. On a presque refondu toutes les Lettres, & l'on croit que le stile en paroîtra plus pur, plus net, plus degagé, & avec un peu plus de finesse dans l'enjoument. On a conservé le sens de l'Auteur, mais on a donné un nouveau tour à la meilleure partie de son Ouvrage : comme il étoit rempli de transposition* qui gâtoient absolument le bon ordre du recit, & qui, par conséquent, devoient blesser le discernement du Lecteur, on a eu soin de les ôter, & de donner à chaque chose l'étenduë, & la liaison naturelle qu'elle doit avoir dans un narré* ; ainsi on n'aura plus le dégoût* de trouver dans un endroit ce qui devoit naturellement avoir précedé non seulement de quelques lignes, mais même de quelque page. On ne s'est point fait

---

[1] L'insistance sur la noblesse de Lahontan marque tout le texte de la réédition, avec des apostrophes comme « Baron » et « Seigneur Baron ».

non plus un scrupule de la vraisemblance par tout où l'on
a jugé qu'elle manquoit, & l'on a cru ne s'écarter en cela
du recit de l'Ecrivain que pour mieux se conformer à ses
intentions. Enfin, ce sont ici proprement les Voyages du
Baron de La Hontan habillez de neuf, & on ne leur a
donné cette nouvelle parure que dans la vûë de les rendre
plus dignes du Public.

    Il faut encore avertir que cette Edition est augmentée
des Dialogues de l'Auteur avec un Sauvage. On aurait
pu les donner ici tels qu'ils ont déjà paru ; mais comme
d'habiles gens les ont trouvez pauvres, & remplis d'un
long & ennuieux galimatias, on en a tiré le meilleur, &
on l'a ajusté au nouveau style des Voyages, en observant
d'entrer toûjours dans la pensée & dans le sentiment* des
Interlocuteurs. Au reste, on a jugé qu'il n'étoit pas à propos
de charger cette Edition des Voyages de Portugal et de
Danemarc, qu'on a vu imprimez avec les Dialogues. Le
Baron de La Hontan n'est pas assez necessaire pour fatiguer
les hommes de ce qui le concerne personnellement dans ces
deux Relations, & quant à ce qu'elles contiennent de plus,
il n'y a rien de mieux connu. Qui ne sait ce que l'Auteur
dit de ces deux Royaumes, de leurs Capitales, de leurs
ports, de leur Commerce, &c. ? Il est donc juste d'avoir
plus d'égard pour le Public, & c'est le menager trop peu,
c'est lui manquer de respect que de proposer à sa curiosité
une Lecture, ou qui ne lui est d'aucune importance, ou qui
ne lui apprend rien de nouveau.

I^RE CONVERSATION
SUR LA RELIGION

LAHONTAN

Oh ! c'est donc vous [1], mon cher Adario, soyez le très bien venu. J'ai une vraie joie de pouvoir vous entretenir ; la Matiere comme vous savez ne peut être plus importante puisque nous sommes convenus de parler de Religion, & que je dois vous expliquer les grands Mystéres de la mienne.

ADARIO

Il ne tient qu'à toi de parler, Mon Cher Frere, je t'écouterai avec plaisir, & tu m'obligeras de m'instruire à fonds des choses dont les Jesuïtes nous fatiguent les oreilles depuis si long-temps, mais à condition que nous

[1] D'entrée de jeu l'interlocuteur français vouvoie Adario, qui le tutoie. Dès sa deuxième intervention, le civilisé passera au *tu*, tout en utilisant à l'occasion par la suite un *vous* surprenant (*infra*, p. 203 et 213-214).

parlerons avec une entière franchise. Avant que de commencer, di-moi, je te prie, si tu es aussi persuadé que les Jesuïtes prétendent l'être ? Car en ce cas-là il est inutile d'entrer en matiere. Ces gens-là nous debitent tant de Fables, tant de Romans, et des Sottises si grossieres, que je leur crois trop d'esprit pour en être convaincus ; c'est toute la grace que je puis leur faire.

LAHONTAN

Je ne repondrai point du sentiment des Jesuites, mais je crois que mes Raisons s'accorderont fort bien avec les leurs. Il faut supposer d'abord que le Paradis n'est que pour ceux qui professent la Religion Chrétienne. Le Grand Esprit n'a permis la découverte de l'Amerique que pour en sauver les Peuples par la Lumiere de l'Evangile. Oui, il faut que tu saches que le bon plaisir de Dieu a été qu'on prêchât les Veritez de la Religion Chrétienne à ta Nation pour lui procurer l'entrée du Ciel, qui doit être le sejour éternel de toutes les bonnes Ames. C'est un grand malheur pour toi que tu refuses de profiter pour ton salut des belles Qualitez dont Dieu a bien voulu te partager. La Vie n'est qu'un soufle ; tu peux mourir à tous momens, & le Temps est infiniment précieux. Cesse donc de t'imaginer que le Christianisme soit si rigoureux, hâte-toi de l'embrasser, & déplore les Années que tu as passé dans l'Aveuglement, sans connoître ni le vrai Dieu ni le Culte qui lui appartient.

ADARIO

Sans connoître le vrai Dieu ! Penses-tu donc bien à ce que tu dis ? Je crois que tu rêves*. Après avoir demeuré si long-temps parmi nous, es-tu assez simple pour nous croire sans Religion ? Ignores-tu que nous reconnoissons le Créateur de l'Univers sous le tître de Grand Esprit ou de Maître de la vie, qui est en tout, & que rien ne borne. Nous croyons de plus que notre Ame ne meurt point, & que le Grand Esprit nous a donné le pouvoir de raisonner, & de connoître le Bien aussi éloigné du Mal que le Ciel l'est de la Terre, afin d'observer les Regles de la Justice & de la Sagesse. Ce Grand Maître de la Vie veut que notre Ame soit paisible & tranquille ; il abhorre le trouble & l'inquietude de l'Esprit parce que c'est ce qui rend les Hommes méchans. Nous sommes persuadez que la Vie n'est qu'un Songe & que la Mort est le moment du Reveil, après lequel l'Ame voit distinctement la Nature & les Qualitez de toutes choses. Notre Ame est d'une étendue si bornée qu'elle ne peut pas s'élever d'un pouce* au dessus de la Terre, si bien que nous ne devons point la tourmenter ni la gâter par de vains efforts pour approfondir des choses qui sont aussi peu vraisemblables* qu'elles sont effectivement invisibles. Voilà, mon cher Ami, le principal de notre Créance*, & nous y ajustons exactement* nos Mœurs. Nous ne doutons point qu'après la Mort il n'y ait un Pays des Ames ; mais nous ne conviendrons jamais avec vous qu'après cette Vie il y ait deux differentes Demeures, l'une bonne & l'autre mauvaise, car nous ne savons pas si pour cela le Grand Esprit met assez de difference entre ce que nous apellons le Bien & le Mal. Parce que votre Culte est different du nôtre, s'ensuit-il que nous n'ayons point de Religion ? Tu sais que j'ai été en France, à la Nouvelle York & à Quebec où je me suis instruit des Usages & des Opinions des Anglois & des François. Vos Jesuïtes prétendent que de six ou sept cens sortes de Religions qu'il y a peut-être dans le Monde une seule est la bonne & veritable, savoir la leur, hors de laquelle personne ne peut éviter je ne sai quelles Flames qui brûleront les Ames éternellement. Ils avancent hardiment cette reverie*, & quand nous leur demandons des Preuves, ils nous accablent de mots qui ne prouvent rien.

LAHONTAN

Nos Jesuïtes ont grand'raison, Adario, de soûtenir qu'il y a de mechantes Ames ; quand il n'y auroit que la tienne, elle pourroit leur servir de Preuve. En vain demandes-tu à nos gens de te convaincre par Raison. Pour être persuadé des Veritez de la Religion Chrétienne, il faut soumettre entierement son Esprit à tout ce qu'elle enseigne. Tout ce que tu as allegué en faveur de ta Cause n'est qu'une pure extravagance. Tu te figures cette demeure des Ames comme un Pays de Chasse semblable à celui-ci, & c'est une Chimere. Nos Saintes Ecritures nous donnent une idée toute differente de l'autre Monde ; elles nous aprennent qu'il y a un Paradis situé au delà des Etoiles les plus élevées, lieu où le Grand Esprit fait sa principale Residence, environné de sa Gloire & des Ames de tous les bons Chrétiens. Ces mêmes Ecritures nous obligent à craindre un Enfer que nous croyons placé au Centre de la Terre ; c'est-là que les Ames, tant de ceux qui ont rejetté la Verité de l'Evangile que celles des mauvais Chrétiens, brûleront pendant toute l'Eternité sans jamais être consumées. C'est surquoi tu dois faire une serieuse reflexion.

ADARIO

Si bien donc que pour être éclairé par ces saintes
Ecritures que toi & tes Jesuites vous nous citez sans cesse,
il faut debuter par cette Foi aveugle dont ces bons Peres
nous étourdissent à tout moment. Mais di-moi, je te
prie, avoir une pleine Foi, & être tout à fait persuadé,
n'est-ce pas précisement la même chose ? Tu ne me feras
jamais concevoir qu'on puisse croire quelque chose sans
l'avoir vu de ses propres yeux, ou sans qu'elle nous soit
prouvée par des Veritez claires & solides qui nous sont
déja connues ? Comment donc veux-tu que j'aye cette
Foi, puisque tu ne saurois ni me montrer à l'œil, ni
me prouver clairement la moindre chose de ce que tu
m'avances ? Croi-moi, mon cher Ami, ne t'enfonce point
dans ces ténébres, renonce à tes Saintes Ecritures, ce n'est
qu'un amas de Mensonges & de Visions ; ne m'objecte
plus ces sortes de Chimeres, ou rompons la Conversation, car il faut que tu te souviennes, une bonne fois pour
toutes, que nous n'admettons rien sans Preuve. Sur quel
Fondement solide apuyes-tu cette opinion des bonnes
Ames qui demeurent avec le Grand Esprit au delà des
Etoiles, & des mauvaises qui sont tourmentées au Centre
de la Terre ? Supposé que Dieu ait fait un Homme pour
le rendre éternellement malheureux, on ne peut discul-
per ce même Dieu de Tyrannie & de Cruauté. Je te vois
venir là-dessus avec tes saintes Ecritures. Hé bien je te
les passe ; mais il faut que tu tombes d'accord que si les
Ames des Mechans sont tourmentées éternellement au
Centre de la Terre, elle doit donc durer toûjours ; or
tes Jesuites nous enseignent positivement le contraire. Si
selon eux la Terre doit être consumée, votre Enfer ne subsistera plus. D'ailleurs, cette Ame étant selon toi un pur

Esprit, & en effet mille fois plus legere que la fumée, comment peux-tu t'imaginer que contre sa propre Nature elle tende au Centre de la Terre ? Sa legereté ne doit-elle pas plûtôt l'emporter vers le Soleil ? Vous pourriez avec beaucoup plus de vraisemblance établir votre Enfer dans cette Etoile, vu qu'elle est incomparablement plus chaude que la Terre.

LAHONTAN

Veux-tu m'en croire, mon cher Adario ? c'est ton extrême Aveuglement qui fait tout ton malheur ; ton insensibilité est la vraie cause qui te fait rejetter la Foi de nos Ecritures. Si tu voulois faire un bon effort pour secouer les préjugez de ta naissance, tu gouterois d'abord nos saintes Veritez. Jette les yeux sur nos Propheties : il est certain qu'elles ont été écrites avant les Evenemens qu'elles prédisent. D'ailleurs cette Ecriture que tu rejettes est confirmée par le Temoignage même des Auteurs Payens, & par des Monumens incontestables de l'Antiquité la plus reculée. Compte sur ce que je te dis. Si tu voulois réflechir serieusement sur la maniere dont la Religion Chrétienne a été établie dans le Monde & sur les grands effets qu'elle a produit parmi les Hommes ; si tu voulois appercevoir ces Caracteres de Verité, de Sincerité* & de Divinité qui brillent dans nos Ecritures ; enfin, si tu te donnois la peine d'entrer dans le détail* de notre Culte, tu serois contraint d'avouer que ses Dogmes, ses Préceptes, ses Promesses, ses Menaces n'ont rien que de raisonnable, que de juste, que de conforme aux Lumieres & aux Sentimens* de la Nature, en un mot qui ne convienne au Bon-Sens & à la Conscience.

ADARIO

Voilà justement le Galimatias ordinaire de vos
Jesuites. Ils prétendent que le Grand Esprit ait ordonné
irrevocablement tout ce qui s'est passé depuis cinq ou
six mille ans. Ils nous content comment le Ciel & la
Terre ont été créez, comment l'Homme fut pêtri de
la boue, & la Femme tirée d'une côte de l'Homme,
comme si l'Ouvrier ne pouvoit pas former ce couple de
la même étoffe. Ils jargonnent encore que cet Homme
nouvellement bâti fut mis dans un Jardin fruitier, où à
la sollicitation d'un Serpent il mordit à une Pomme, ce
qui mit le Grand Esprit dans une telle colere qu'il fit
pendre son propre fils pour racheter le Genre humain.
Si je te soûtiens qu'ils ne nous débitent en tout cela
que des Imaginations & des Fables, tu ne manqueras
pas de m'alleguer ton Ecriture. Examinons donc un peu
l'Autorité de cette même Ecriture, qui fait le Fondement
& la force de toutes tes Preuves. Je te prens d'abord par
ton propre aveu ; tu conviens que cette Ecriture a eu
un commencement, que la date de son invention n'est
pas plus ancienne que de trois ou quatre mille ans, &
que même elle n'est imprimée que depuis environ trois
Siécles. Or quand on considere les differents évenemens
qui peuvent arriver dans le cours de plusieurs Ages, il
faut être d'une credulité bien ridicule pour acquiescer à
toutes les fadaises contenues dans ce grand Livre auquel
vous voulez nous faire sacrifier notre Raison. Servons-
nous d'une comparaison : les Livres que vos Jesuites
font sur les affaires de notre Pays, sont-ils autre chose
qu'un amas de Fictions, de Faussetez & de Mensonges ?
Si donc nous trouvons si peu de verité dans ce qui s'imprime sous nos yeux, comment me persuaderas-tu que

cette Ecriture qui nous raconte des faits si extraordinaires & si anciens, qui a coulé à travers un si grand
nombre de Siécles par plusieurs Langues inconnues, ait
été sincère* dans son Origine, ou que du moins elle n'ait
pas été corrompue par l'Ignorance ou par la malice* des
Copistes & des Traducteurs. Je pourrois t'apporter ici
quantité d'autres Raisons non moins solides que celle-là
pour te convaincre que je ne dois ajoûter foi qu'à des
choses visibles & probables*.

LAHONTAN

Mon pauvre Adario, je déplore ton Aveuglement.
J'ai beau t'exposer l'évidence & la certitude de la Religion chrétienne, bien loin de te rendre à mes Raisons, tu
m'opposes des Chimeres & des grosses sottises. Ta comparaison touchant les Ecrits des Jesuites ne vaut rien :
ces bons Peres ont pu être trompez par ceux qui leur
ont fourni des Memoires. Tu as certainement bonne
grace de mettre en parallele des minuties* comme sont
les Descriptions de Canada, avec un Livre qui traitant
de la grandeur de Dieu & du salut des Hommes est de
la derniere importance, & auquel Livre cent differens
Auteurs ont travaillé sans se contredire.

ADARIO

Sans se contredire ! serieusement y penses-tu ? Ce
Livre que tu appelles saint, n'est-ce pas une source inépuisable de Contradictions ? Ce même Evangile que tes
Jesuites ont sans cesse à la bouche, n'est-il pas une occasion éternelle de Discorde entre les Anglois & les Fran-

çois ? & cependant vous nous assûrez d'un air de certitude qu'il n'y a pas une seule phrase dans ce Livre
qui ne soit émanée de la bouche du Grand Esprit. Je
te demande : si le Grand Esprit a eu dessein de se faire
entendre, pourquoi parler si confusement ? pourquoi
tout ce qu'il dit est-il rempli de doutes & d'ambiguitez ?
De deux choses l'une. Si Dieu a conversé sur la Terre
avec les Hommes, il a dû leur parler si clairement qu'il
fut même intelligible aux Enfans, auquel cas il s'ensuit
manifestement qu'il ne resteroit plus rien de tout ce qu'il
a dit. Si au contraire ce que vous appellez son Evangile
est veritablement de lui, il faut donc conclurre que Dieu
n'a parlé sur la Terre que pour y exciter* des Troubles
& des Divisions, ce qui est incompatible avec sa Bonté.
Que je consulte un Anglois, il m'assure que vous & lui
faites profession du même Evangile, & cependant il y
a une difference entre vos deux Religions comme du
jour à la nuit. L'Anglois dit : *Ma Religion est constamment* la meilleure. Cela est faux*, repond le Jesuite, *tout
autre Culte que le mien est digne de l'Enfer*. Puisque la
Terre est toute bigarrée de Religions, à qui faudra-t'il
s'adresser pour connoitre sûrement la veritable ? Dans
un nombre infini d'hommes qui aspirent au salut par des
Routes toutes opposées, quelle capacité peut suffire pour
en découvrir le bon & unique Chemin ? Fai fond sur ce
que je te dis, mon Ami : le Grand Esprit est sage, toutes
ses Œuvres sont parfaites, c'est lui qui nous a formez, et
lui seul sait ce que nous deviendrons. C'est donc à nous
de vivre en repos sans nous inquieter de ce qui nous est
impénétrable. Il t'a fait naître en France afin que tes yeux
& ta Raison te fussent inutiles ; il m'a fait naitre Huron
pour ne rien croire que ce que je vois & que ce que je
comprens.

Lahontan

Pauvre Aveugle ! c'est faute d'écouter assez ta Raison que tu refuses d'être Chrétien. N'oppose rien à la clarté de cette Raison, tu apercevras aussi-tôt que notre Evangile est uniforme & qu'il ne renferme aucune contradiction. Les Anglois & les François adorent le même Jesus Christ, & leur Culte seroit tout à fait le même si ce n'est qu'ils interpretent differemment certains endroits de notre Evangile. Voici le principal sujet de leurs Disputes. Le fils de Dieu ayant declaré avant sa mort qu'un morceau de Pain étoit son Corps, les François prennent la chose à la lettre alleguant pour Raison que Dieu ne sauroit mentir. Le même Fils de Dieu ordonna à ses Sectateurs* de manger souvent en memoire de lui ce même Pain devenu son Corps. En vertu de cette Ordonnance les François célébrent tous les jours une Ceremonie qu'ils nomment la Messe, dans laquelle ils croyent changer le Pain au Corps du Fils de Dieu, & le mangent, persuadez que la plus petite particule de ce Pain consacré est le Corps tout entier de Jesus-Christ. Au contraire les Anglois prétendent que le Fils de Dieu, faisant son sejour dans le Ciel, ne peut pas avoir une présence corporelle sur la Terre ; & ils emploient les Paroles mêmes de l'Ordonnance de Jesus-Christ pour prouver qu'il n'est dans le pain que par Figure* & par Ressemblance. Voilà la grande Barriere qui nous separe ; quant au reste peut-être pourroit-on s'accommoder.

Adario

Il est donc au moins certain que ce Fils du Grand Esprit s'est expliqué d'une maniere embarrassée & sujette

à contradiction, puisque les Anglois & les François dis-
putent avec tant de chaleur pour trouver le sens veritable
de ses paroles, jusques-là* qu'on peut croire que cette
contestation* est la source de la Haine implacable & de
la grande Animosité que l'on voit entre les deux Nations.
Mais ce n'est pas sur quoi je veux insister. Veux-tu que je
te dise, mon Frere ? Les Anglois & les François sont également foux de croire sur l'Autorité d'une Ecriture toute
remplie d'ambiguitez, que le Grand Esprit ait pu devenir
Homme, d'une Ecriture, dis-je, où l'on trouve des grossie-
retez qui ne s'accordent absolument point avec un Etre
si parfait. Les Jesuites nous assurent que le Fils du Grand
Esprit a déclaré qu'il vouloit sincerement sauver tous les
Hommes. Qui ne croiroit après cela que pas un Homme
ne sera damné ? Votre même Fils de Dieu a pourtant dit :
Plusieurs sont appellez, mais peu sont choisis. Contradiction manifeste. Dieu, disent les bons Peres, veut bien
sauver les Hommes mais à condition que les Hommes
voudront eux-mêmes être sauvez. Mais Dieu a parlé positivement. Pourquoi donc ajoûter une condition ? Je me
trompe fort si je ne vais pas vous dire le nœud de l'affaire. Les Jesuites, pour se rendre necessaires, prétendent
savoir mieux que les autres le secret du Toutpuissant. Je
te pose un Cas. Le Grand Capitaine Général de France
ordonne en Maître à tous ses Esclaves de Canada de venir
en France pour y faire fortune ; ces Esclaves répondent :
Nous n'en ferons rien. Ce Grand Capitaine Général de
la France, quelque irresistible que soit sa Volonté, n'a pu
déterminer cela sans notre consentement ; n'est-il pas
vrai, notre Ami, qu'on traiteroit leur Réponse de ridicule
& qu'on les forceroit de faire le Voyage de France. Je vous
défie de me répondre là-dessus. Enfin les Jesuites me pro-
posent tant d'absurditez, tant de contrarietez* tirées de

vos Ecritures, que j'admire* comment ils sont assez ridicules pour appeller ce Livre-là, un Livre sacré. Prenons
cette Ecriture par le Fondement ; elle pose d'abord que
l'Homme & la Femme, ne faisant que sortir des mains
du Grand Esprit, mangent contre son ordre du plus beau
fruit du Jardin, & en sont également punis. Je n'examine
point quelle a été cette punition, il est toûjours vrai que
Dieu, ayant très bien su que ces pauvres gens ne man-
queroient pas de succomber à la Tentation, ils étoient en
droit de lui reprocher qu'il ne les avoit formez que pour
les rendre malheureux. Passons du premier Homme à
sa Posterité, que les Jesuites prétendent avoir été enve-
lopée dans son Châtiment. Est-ce donc que les Enfans
sont responsables de la gourmandise du Pere & de la
Mere ? Si quelqu'un de nous avoit tué son Capitaine,
seroit-il juste d'étendre la Punition sur toute la Famille
du Meurtrier ? Faudroit-il pour cela exterminer Pere,
Mere ? Freres, Enfans, Cousins, Oncles, toute la Gene-
ration ? Repondrez-vous que le Grand Esprit, en créant
l'Homme, ignoroit ce que cet Ouvrage seroit après la
Création ? Ce seroit une absurdité grossiere. Mais je
veux bien te passer que tout le Genre Humain ait été
complice du Crime (quoiqu'au fonds il n'y ait rien de
plus injuste ni de plus ridicule), comment accorder cette
Punition avec le Témoignage de votre Ecriture qui dit
que le Grand Esprit est souverainement Bon, & que sa
Tendresse pour l'Homme surpasse infiniment tous les
autres Attributs ? L'idée qu'on se forme de sa Puissance
est si vaste que quand on concevroit tous les Hommes
passez, présens & à venir réunis dans une seule Personne,
ce ne seroit encore qu'un Atome en comparaison de son
Pouvoir. Puis donc qu'il est encore incomparablement

meilleur qu'il n'est Puissant, est-il concevable qu'il n'ait pas daigné faire grace à ce Criminel & à ses Descendans ? Cela ne lui auroit coûté qu'un mot. De plus, cet Etre est Grand, Infini, Incomprehensible, & cependant vous le croyez un Homme qui a mené ici bas une vie miserable, & qui a fini par une mort infame, le tout pour une chetive Créature cent millions de millions de fois plus au dessous de lui qu'une Mouche ne l'est du Soleil & des Etoiles. De bonne foi cela peut-il entrer dans le Bon-sens ? En quoi donc sa Toutepuissance lui seroit-elle utile ? Où seroit ici la moindre trace de sa Grandeur ? Autant que je puis le comprendre, mettre Dieu dans la Bassesse*, c'est avoir une fausse Idée de la Nature du Souverain Etre ; & cela ne peut venir en nous que d'un fonds d'orgueil & de présomption*.

LAHONTAN

Tu n'y es pas, mon cher Adario. C'est par la Grandeur de Dieu même que tu dois mesurer l'énormité du Crime, & autant le Grand Esprit est parfait, autant la Désobeïssance du premier Homme doit te paroître afreuse. Un Exemple t'éclaircira* la chose. Que je maltraite sans raison un de mes soldats, ma faute est legere ; mais si je fais un affront au roi, la Majesté de la Personne offensée aggrave mon Crime & le rend impardonnable. Ainsi Adam s'étant revolté contre le Grand Esprit, le Roi des Rois & l'Auteur de l'Univers, & tous les Hommes étant refermez dans Adam, comme dans leur Pere & leur Chef, la Justice Divine ne pouvoit être apaisée par une moindre satisfaction que par la Mort d'un Homme-Dieu. Le Grand Esprit, dis-tu, n'avoit qu'à prononcer le

mot pour nous absoudre, c'est dequoi je ne puis absolument disconvenir ; mais pour des Raisons qui sont au
dessus de ta portée & de la mienne, son bon plaisir a
été de faire crucifier son Fils entre deux Voleurs, pour
marquer plus sensiblement aux Hommes & l'énormité
de leur Offense & la grandeur infinie de son Amour. Il
n'étoit pas impossible au Grand Esprit, je te l'avoüe, de
pardonner au premier Homme immediatement après
sa chute, car sa Misericorde est grande, sa Clemence n'a
point de bornes, & c'est sur sa seule Bonté que nous fon-
dons toutes nos Esperances pour le Salut éternel. Mais le
Grand Esprit devoit pourvoir au maintien de son Autorité ; il y alloit de sa Gloire d'imprimer aux Hommes un
profond Respect pour ses Ordres ; & s'il avoit pardonné
la premiere Offense, peut-être auroit-on eu l'insolence
de mépriser ses Commandemens.

ADARIO

Que tu me dis là des Pauvretez, mon cher Baron.
Plus j'examine cette Incarnation prétenduë, moins j'y
trouve de vraisemblance. Quoi ! tu veux me persuader
que cet Incomprehensible Auteur de l'Univers ait pu
s'abaisser à une Prison de neuf Mois dans le Ventre d'une
Femme, qu'il ait mené sur la Terre la Vie du monde la
plus pauvre & la plus miserable, qu'il se soit associé avec
des Pécheurs tels qu'étoient ceux qui ont écrit votre Evangile, qu'il ait été battu, foüeté, crucifié comme un scelerat.
Non, cela ne peut entrer dans la tête d'un Homme d'esprit. Les mêmes Ecrivains qui nous disent que ce Dieu
Incarné n'étoit venu sur la Terre que pour mourir nous
assurent qu'il a tremblé à la vûë de la Mort. Je trouve là

une double contradiction. Premierement la crainte de là Mort n'étant fondée que sur l'Incertitude de ce que nous deviendrons, le Fils de Dieu ne pouvoit pas raisonnablement être attaqué de cette frayeur, puis qu'il étoit sûr de retourner au Ciel d'où il étoit descendu. Tant s'en faut, le malheureux genre de Vie qu'il avoit choisi devoit lui causer une impatience de remonter à son Pere. Ne vois-tu pas tous les jours nos Sauvages qui se tuent sans façon pour rejoindre leurs Femmes, ou leurs Maris, quoi qu'ils soient bien moins assûrez que ton Jesus-Christ, du sort qui les attend après cette Vie. Que peux-tu me répondre à cela ? En second lieu, vos Ecritures affirment que le Fils a le même Pouvoir que le Pere ; pourquoi donc prioit-il son Pere de lui sauver la Vie ? Que n'usoit-il de sa propre Puissance pour éviter la Mort ? & de plus lors qu'il prioit son Pere, il se prioit soi même. Je t'avouë, mon Ami, que je ne comprens rien à tout ce Galimatias-là.

LAHONTAN

Tu ne rencontrois* pas trop mal, Adario, quand tu me disois il n'y a qu'un moment, que ton Ame est si bornée qu'elle ne peut pas s'élever d'un pouce au dessus de la Terre : tu ne le prouves que trop par ta maniere de raisonner. Je ne m'étonne plus si les Jesuites se plaignent de trouver chez vous autres un horrible endurcissement, lorsqu'ils font tous leurs efforts pour vous faire comprendre nos saints Mysteres. Il est vrai que je ne dois m'en prendre qu'à ma sottise. J'ai tort de me commettre* avec un Sauvage, incapable de distinguer un Sophisme d'avec un Raisonnement juste, ni une Conséquence mal tirée d'avec une bonne Conclusion. Voici un exemple

que je te donne. Quand tu disois tout à l'heure que cette
Proposition se contredit : *Le Grand Esprit veut sauver
tous les Hommes, & cependant un petit nombre d'Hommes
obtiendra le Salut.* Tu t'abuses* grossierement, il n'y a
rien là qui ne quadre. Dieu veut bien mettre tous les
Hommes dans son Paradis, mais dependamment de leur
Volonté & à condition qu'ils croiront à sa Parole, &
qu'ils observeront ses Commandemens. Mais comme
peu d'Hommes sont capables de se soûmettre à ces deux
clauses, de là vient que la Multitude est condamnée à
ces Flammes qui doivent brûler éternellement les Incredules & les Impies. Pren garde que tu ne sois du nombre.
J'en serois extrémement fâché pour l'amour de toi, car
je ne laisse pas d'aimer ton bon Naturel. Ce seroit pour
lors que notre Evangile te paroîtroit dans toute son évidence : tu n'y trouverois plus ni chimeres ni contradiction ; tu ne demanderois pas alors de ces Preuves grossieres & conformes à ta foible Imagination ; tu serois
alors pénétré d'un funeste Repentir d'avoir traité nos
Saints Evangelistes d'Ignorans & de pitoyables Conteurs
de Fadaises. Mais helas ! il seroit trop tard. Penses y bien,
au moins, mon cher, il y va du plus grand de tous les
Interêts. Pour moi, je te déclare que si tu ne te rends
aux Preuves incontestables que je t'ai alleguées, je t'abandonne à ton Aveuglement, & de ma vie je ne te parle de
Religion.

ADARIO

Tout beau, notre Ami, tout beau, souviens-toi que
nous sommes convenus de raisonner sans emportement.
Pour moi, je ne t'empêche point de croire ton Evangile, je te demande seulement la grace de ne pas trouver

mauvais que je ne croye rien de tout ce que tu me dis. Il est très naturel aux Chrétiens de croire leurs Saintes Ecritures, parce qu'ayant été élevez dès l'Enfance dans cette Foi, le Préjugé a pris un tel Empire sur leur Esprit, qu'ils ne sont plus capables d'écouter la voix de la Raison. Quant à nous autres Sauvages qui nous attachons uniquement aux Lumieres du Bon-sens, il nous est naturel d'examiner tout. Et je t'assure qu'il n'y a pas un seul de nos Hurons qui ne puisse opposer cinquante Raisonnemens solides à toutes les Fables que vos Jesuites nous débitent depuis tant d'années touchant ce prétendu Fils du Grand Esprit. Et pour ne parler que de moi, je te déclare que je suis très fortement persuadé que si le Grand Esprit étoit descendu sur la Terre, il n'auroit pas manqué de se manifester à tous les Hommes ; tout le Genre humain auroit senti les bons effets de sa Présence ; il auroit partout éclairé les Aveugles, redressé les Boiteux, guéri les Malades, ressuscité les Morts. Enfin il auroit donné chez toutes les Nations des Témoignages indubitables de sa Mission. Il se seroit expliqué clairement, & il auroit proposé sans la moindre Equivoque tout ce qu'il ordonne tant pour la Créance que pour les Mœurs. S'il avoit tenu cette conduite-là, tout le Genre humain seroit de sa Religion, & cette uniformité repandue sur la Terre auroit été une preuve constante* & durable de la verité d'un Culte reçu en même tems dans tous les endroits du Monde. Mais au lieu de ce Consentement général il y a peut-être sur la Terre plus de six cens Religions, & vous autres Messieurs les François avez l'arrogance de soutenir que la vôtre seule est la bonne & la veritable. Veux-tu que je te parle net ? Après avoir fait mille fois reflexion sur toutes ces Enigmes que vos Jesuites appellent des

Mysteres, je ne puis m'empêcher d'en conclurre qu'il faut être né au delà du grand Lac, c'est à dire Anglois ou François, pour se repaître de Chimeres si ridicules. Quand ils nous disent, par exemple, que Dieu, qui ne peut être représenté sous aucune forme, a produit un Fils sous la Figure humaine, il me vient d'abord dans l'esprit de leur répondre qu'une Femme peut donc accoucher d'un Castor ; or cela est directement contraire à la Nature, puisqu'elle a disposé chaque espéce à ne produire que son semblable. De plus, si avant la venue de ce Fils de Dieu tous les Hommes étoient les Enfans du Diable, comment a-t-il pu se revêtir d'une Nature que lui-même détestoit ? Que ne choisissoit-il une Espéce innocente ? Que ne paroissoit-il en Pigeon [1], comme vous dites qu'a fait son Frere, la derniere de ces trois Personnes, que vous affirmez contre toute sorte de bon sens, & par un Galimatias formellement contradictoire, n'être qu'un même Esprit.

LAHONTAN

Que ton Système est sauvage, Adario ! Où vas-tu chercher toutes ces Reveries, qui ne font rien à la question ? Je te le repete encore un coup, je perds mon tems & ma peine à t'instruire, & tu es d'une Intelligence trop épaisse pour comprendre rien aux grandes Veritez que je voudrois t'enseigner. Je laisse donc aux Jesuites la bonne œuvre de ta Conversion. Cependant tu veux bien que je t'avertisse d'une chose certaine, & qui n'est nullement au dessus de ta portée, c'est qu'il ne suffit pas de croire

---

[1] Après son baptême par l'apôtre Jean, l'Esprit Saint se posa sur le Christ sous la forme d'une colombe.

l'Evangile pour obtenir le Paradis. Il faut encore joindre la Pratique à la Croyance, & observer inviolablement tous les Préceptes contenus dans la Loi, n'adorer que le Grand Esprit, s'abstenir de tout travail manuel les jours consacrez à son service, honorer son Pere & sa Mere, n'avoir aucun penchant pour se divertir avec le Sexe*, & n'avoir de Commerce* charnel qu'avec une seule & légitime Femme, ne point contribuer ni directement ni indirectement à ôter la vie à personne, ne point médire, ne point mentir, ne point convoiter la Femme ni le Bien d'autrui, aller à la Messe toutes les fois que les Jesuites l'ordonnent, jeûner ou faire Abstinence aux jours destinez*, pour mortifier la Chair. Car quand tu serois autant persuadé que nous le sommes de l'autorité des Saintes Ecritures, si tu violes un seul de ces Commandemens que tu viens d'entendre, c'en est fait de ton Ame, & tu iras brûler après cette vie dans les Feux éternels, que toi & tant d'autres Incredules traitez à present de Chimere.

ADARIO

J'approuve fort tout ce que tu viens de me dire, & il y a long-temps que je t'attendois sur ce point-là. Cet endroit n'est pas celui par où je desapprouverois ton Evangile. Je veux bien vous passer tous vos Préceptes, & je ne m'arrêterai point à te les disputer. Ne diroit-on pas que vous agissez de mauvaise foi ? Vous voulez nous persuader que la croyance de l'Evangile ne sert de rien, à moins qu'on n'observe exactement ce qu'il ordonne : & cependant on ne connoit* rien de ce même Evangile dans votre conduite & dans vos Mœurs. Quand on compare ce que vous dites avec ce que vous faites ce n'est

qu'une pure contradiction. Vous affectez de trembler
au seul Nom du Grand Esprit, & quand on examine
à fond cette veneration, il semble que vous forgiez des
termes tout exprès pour nous abuser. Par exemple, dans
le Commerce que vos François font avec nous, ne jurent-
ils pas faussement par le Nom de Dieu qu'ils vendent
la Marchandise à moindre prix qu'ils ne l'ont achetée ?
Mais quand il s'agit de témoigner au Grand Esprit leur
Reconnoissance par les Effets, il sont fort soigneux de
garder la Denrée* & ils ne s'avisent jamais de lui sacrifier
le meilleur morceau du marché comme ils nous voyent
faire tous les jours. Quant à l'observation des Jours consacrez aux Exercices de Dévotion, vous avez assûrement
bonne grace de nous en parler. Si vous distinguez ces
Fêtes, c'est pour faire plus de mal : non seulement vous
faites ces jours-là le Trafic* ordinaire, mais encore vous
jouez, vous vous querellez, vous beuvez ; enfin il semble
que le temps destiné à honorer le Grand Esprit vous inspire la licence de commettre toute sorte d'excès. Venons
au Respect & à la Tendresse qu'on doit aux Parens ; ne
violez-vous pas d'une maniere indigne ce beau Précepte
de la Nature ? Au lieu que nous consultons nos Peres
& nos Anciens comme nos Oracles, vous méprisez les
Conseils de ceux qui vous ont donné le Jour, vous vous
séparez d'eux, vous les abandonnez aux malheurs de la
Vieillesse, vous les sucez jusqu'au sang sans jamais être
sensibles à leur misere, & s'ils sont en possession de
quelque bien que vous ne puissiez leur ravir vous faites
des Vœux pour leur Fin, & vous attendez leur Mort
avec impatience. Vous me parlez du Celibat : ôtez moi
vos Jesuites, encore ne voudrois-je pas répondre d'eux,
se trouvera-t'il un seul Homme parmi vous à qui l'on

puisse donner l'Eloge de Chasteté ? Ne voyons-nous pas
tous les jours que vos jeunes Gens tâchent de corrompre
nos Femmes & nos Filles par des bienfaits ? Ne courez-
vous pas toutes les Nuits de Cabane en Cabane pour
débaucher nos Filles ? Je m'en rapporterois à ta propre
Conscience, & je te défie de disconvenir de tout ce que
tes Soldats font là-dessus. Vous me parlez du Meurtre ?
Osez-vous bien toucher ce point-là ? N'est-il pas vrai que
pour la moindre bagatelle vous mettez l'Epée à la main,
& que vous étes toûjours prêts à vous entr'égorger[1] ?
Il me souvient qu'étant à Paris je ne me levois jamais
que je n'entendisse parler de Meurtre, & l'on m'assuroit
même que je ne pourrois aller jusques à la Rochelle sans
danger. Quant au Mensonge & à la Médisance, voilà
justement votre vilain endroit*. Vous autres François
pouvez-vous vous empêcher de vous déchirer les uns les
autres, vous ne sauriez être quatre ensemble sans détruire
la réputation des absens, & je crois que vous vous pas-
seriez plutôt de boire & de manger que du plaisir de la
Médisance. Si je revelois ici ce que j'ai ouï* dire à vos
gens contre le Viceroi, l'Intendant, les Jesuites, & mille
autres dont vous[2] n'étes pas excepté, vous tomberiez
d'accord que vous autres François possedez mieux que
toutes les autres Nations, l'Art de la Médisance. Et pour
ne me pas arrêter plus longtems sur les Mensonges dont
ils noircissent leurs prochains, pas un seul de vos Marchands ne troqueroit une peau de Castor sans dire mille
faussetez. S'agira-t-il des Femmes ? vous étes assûrement

[1] Sur le duel et le port de l'épée, voir *Dialogues* de 1703, *supra*,
p. 114.

[2] L'intrusion de ce *vous* utilisé par Adario vient sans doute
d'une distraction de l'auteur, comme plus loin, p. 213-214.

de jolis Messieurs quand vous nous défendez l'usage du
Sexe. Hé ! ne vous voions-nous pas tous les jours, sur
tout quand vous avez bu, vous vanter de vos bonnes
Fortunes, fausses ou veritables, & triompher ensemble
de la simplicité des Femmes & des Filles qui vous ont
accordé la derniere faveur. N'allons pas plus loin, combien nous faites-vous de petits Bâtards [1] avec les Femmes
de nos Coureurs* de Bois pendant l'absence de leurs
Maris ? Il ne faut point, dites-vous, ravir le bien d'autrui,
pourquoi donc vos Coureurs de Bois sont-ils Voleurs de
profession, gens qui ne vivent que de Brigandage, quoiqu'on les prenne souvent sur le fait, & qu'on les punisse
selon leur merite ? Rien n'est plus commun parmi vous
que le vol, l'on ne marche dans vos Villes pendant la
nuit qu'en tremblant, & vous n'oseriez même laisser vos
Portes ouvertes.

Qu'est-ce que votre Messe ? Un certain badinage
que l'on vous propose en Langue inconnue, & où votre
peuple ne comprend rien ; vous y allez par routine, & le
plus souvent pour toute autre chose que pour prier. Je
sai que votre prétendu Sacrifice est à Quebec une occasion bien favorable aux Amans* pour se voir & pour se
parler. N'est-il pas fort édifiant de voir vos Dames parées
comme des Princesses, venir dans le Temple qui est un
lieu d'Humiliation, s'agenouiller sur un carreau par un
principe de mollesse & de vanité, tirer d'un superbe sac
un Livre magnifique qu'elles tiennent pour la forme
& pour cacher les œuillades qu'elles envoyent à leurs
Galans*. Enfin, que faites-vous à l'Eglise la plûpart de

---

[1] L'enfant « bâtard » n'existait évidemment pas dans les sociétés amérindiennes de l'époque.

vous autres François ? Vous causez, vous riez, vous prenez du tabac, & s'il vous arrive quelquefois de chanter,
c'est plûtôt par divertissement que par Dévotion. Pour
compatir à vos Abstinences, vous êtes assûrement de
rudes Jeûneurs ! helas ! que vous êtes à plaindre ! fati-
guez de viande, vous vous délassez par tout ce qu'il y a
de plus délicat en Poisson, vous outrez* alors la bonne
chere, & vous appellez cela gravement *mortifier les sens*,
& *dompter la concupiscence*. Conclusion, notre Ami, vos
François n'ont la Foi que sur la langue, l'on ne trouve rien
dans leur conduite de ce Vrai, de ce Solide, de ce Grand,
qu'ils prônent sans cesse : l'Ignorance & la Presomption*
sont leur veritable caractere.

LAHONTAN

Ne vois-tu pas, Adario, que tu raisonnes du particulier au général ? C'est là philosopher en Huron. Suivant
ta fausse & ridicule Idée, le Paradis seroit fermé pour
tous nos François. Mais tu t'abuses lourdement, car il
faut que tu saches que la France est de tous les Etats celui
qui envoie de plus nombreuses Colonies au païs des
Cieux ; & je t'en fais Juge par ce grand nombre d'Images
& de Statues, qu'on orne, qu'on encense, qu'on éclaire,
qu'on invoque dans nos Eglises. Je t'accorde que tous
ceux qui font profession de croire ne pratiquent pas la
Morale de notre saint Evangile, mais cela vient de ce que
leur Foi n'est pas assez forte. Ainsi tout le reproche que
tu nous fais de contradiction, ne doit tomber que sur
ces derniers. Mais, diras-tu, puisque ces gens-là sont très
persuadez que le Grand Esprit a donné tous ces commandemens, pourquoi refusent-ils de s'y conformer ? Tu

dois faire reflexion que l'Homme est un animal foible
& corrompu, emporté par la violence de ses Passions,
panchant tout à fait vers les choses terrestres, & attaché
à son interêt temporel, ce qui fait que sa mauvaise pente
l'entraîne souvent malgré l'impression* de la Verité, &
qu'il a besoin d'un secours extraordinaire pour resister à
la Tentation.

ADARIO

A ce que je vois, mon cher Baron, ta Philosophie
Françoise ne vaut pas mieux que mon Huronage. Garde,
je te prie, garde pour ta propre nation tout ce travers
d'esprit & de cœur que tu attribues au Genre humain.
Graces au Grand Esprit qui ne nous a donné que la
Lumiere naturelle, nous n'éteignons point ce flambeau,
nous suivons exactement les Préceptes de la Raison, &
tu connois assez nos manieres pour être convaincu que
l'interêt temporel ne nous fait jamais renoncer à l'Equité.
Mais, mon Frere, ce n'est pas là où j'en veux venir. Je me
suis souvent entretenu avec vos François sur leurs dére-
glements ; ils m'ont avoué qu'ils n'observoient pas les
Préceptes, mais ils disoient en même temps pour excuse
qu'on violentoit chez eux la nature, & qu'ils ne pouvoient
pas observer des commandemens si rigoureux. Sur cela
je leur demandai s'ils n'étoient pas véritablement persuadez que l'inobservance des Préceptes leur causeroit la
damnation éternelle ; & voici ce qu'ils me repondirent :
*Que Dieu est si bon qu'il sauvera tous ceux qui se confient
en sa misericorde ; que l'Evangile est une Alliance de Grace
par laquelle Dieu compatit aux foiblesses de l'Homme, lui
pardonnant toutes les offenses que la force de la tentation*

& la foiblesse de la nature humaine lui font commettre ;
que dans ce Monde-ci tout Homme est sujet à pécher, &
qu'il n'y a de Perfection que dans le Roiaume des Cieux.
Cette Morale ne me choqueroit pas tant que celle de vos
Jesuites, qui nous damnent pour une Peccadille. Mais
je ne m'étonne pas que vous ne puissiez observer votre
Loi. L'intérêt personel fait toute votre Divinité, attachez
jusques à l'acharnement au Mien & au Tien. Pouvez vous
nous regarder sans rougir, nous autres Sauvages que vous
traitez de Brutaux* & qui cependant ne voudrions pas
nous procurer aucun bien aux dépens des autres ?

LAHONTAN

O tu as raison, mon cher Ami, je suis édifié de votre
manière de vivre plus que je ne puis l'exprimer : il regne
parmi vous une Innocence inconnue au reste des nations,
& c'est à cause de cela même que je souhaite votre conversion avec tant d'empressement. Il ne vous manque pour
le Paradis que de croire à l'Evangile. Otez-moi votre libertinage sur l'article des Femmes, vous pratiquez tous nos
Préceptes ; mais vos Garçons & vos Filles ne se font point
un scrupule de se divertir ensemble, les Hommes & les
Femmes ne se joignent que pour la commodité, & le
Mariage ne tient parmi vous qu'autant que les conjoints
sont d'accord. C'est pourtant un oracle prononcé par
la Bouche du Grand Esprit, qu'il n'y a que l'adultere
ou la mort[1] qui puissent rompre le nœud de ce divin
sacrement.

[1] En bonne théologie, seule la mort, et non pas l'adultère, peut
rompre un mariage *consommé* .

ADARIO

Remettons à une autre fois ce Monstre d'obstacle
que tu te forges dans ton imagination contre notre salut.
Mais en attendant tu veux bien que je te dise qu'il nous
revient un grand avantage de cette liberté que nous per-
mettons entre nos Garçons & nos Filles. Premierement
un jeune Guerrier ne veut point s'établir avant qu'il ait
fait plusieurs Campagnes contre les Iroquois, afin d'exterminer les ennemis de la nation, & d'avoir un nombre
d'Esclaves qui lui soient utiles pour la Chasse, pour
la Pêche & pour tous les autres exercices qui servent
à rendre la vie agreable, & qui sont necessaires pour
faire subsister une Famille commodément. D'ailleurs ces
jeunes gens ne veulent pas affoiblir par le devoir conju-
gal des forces qu'ils peuvent employer plus utilement
au service de la Patrie : joignez à cela que s'il leur arrive
d'être tuez ou faits prisonniers, ils ne laissent ni Femmes
ni enfans miserables par leur mort ou par leur captivité. Mais parce que la continence perpetuelle repugne
entierement à la nature, surtout lorsqu'elle est dans sa
plus grande vigueur, il est ridicule de trouver mauvais
que les Garçons & les Filles s'approchent de tems en
tems, chacun selon ses besoins. Si nous retranchions
cette liberté, à quels desordres n'exposerions-nous pas
notre Jeunesse ? J'en juge par l'experience de quelques-
uns, qui, croiant devenir plus forts & plus robustes par
une longue abstinence de l'usage du sexe, se sont attirez
de dangereuses maladies [1] ; outre que nos Filles, ne pouvant pas se contenter autrement, seroient contraintes,

---

[1]Lahontan écrivait plutôt, en 1703, que les jeunes Hurons
« seroient extrémement incommodés » par la continence (*supra,*

pour satisfaire aux necessitez de la nature, de se souiller avec les Esclaves[1].

LAHONTAN

Tu as beau, mon cher Ami, démontrer les avantages de cette Pratique, le Grand Esprit ne se paye pas de ces sortes de raisons. Il ordonne positivement ou de se marier ou de s'abstenir de l'autre sexe. Et son commandement est si rigoureux là-dessus que non seulement toute jouïssance & toute possession, mais même le moindre desir amoureux, dès qu'il est volontaire, est défendu sous peine du feu éternel. Tu prétens que la continence est impossible. Malheureux ! oses-tu bien démentir le Grand Esprit, qui ordonne à plusieurs personnes un celibat perpetuel, & qui pourtant n'ordonne rien que de possible & que d'aisé. Nous sommes maîtres de nos cœurs, & il nous est libre de domter nos Passions. Dieu n'exige que le consentement & la bonne volonté ; tous ceux qui croyent en lui sont obligez d'observer ses Préceptes & de resister aux tentations avec le secours de sa grace qu'il ne leur refuse jamais. Par exemple quand un Jesuite voit une jolie Fille, penses-tu que le bon Pere soit insensible, que son cœur ne soit point chatouillé, qu'il ne sente point enfin cette agréable émotion que la vûë d'un bel objet produit naturellement ? Desabuse*-toi de cela, croi moi, mon pauvre Adario, ces saints Personnages

p. 86). Selon les médecins grecs Hippocrate et Galien, la continence sexuelle peut provoquer des convulsions semblables à l'hystérie.

[1] En 1703, Lahontan écrivait : « nos Filles auroient la bassesse de se donner à nos Esclaves » (*supra*, p. 86).

sont pêtris du Limon commun ; ils ne sont ni de bois
ni de fer non plus que les autres. Mais sais-tu ce qu'ils
font pour triompher de la nature ? Ils implorent l'assistance du Grand Esprit qui ne manque point d'amortir
en eux les Flammes de la concupiscence & par un nouveau genre de victoire de mettre ces braves Athletes en
état d'aller toûjours la Lance baissée contre les tentations
de la chair. C'est à cette abstinence que nos Jesuites &
nos Prêtres s'engagent lorsqu'ils prennent l'habit noir.
Ils déclarent une Guerre irreconciliable à Satan, s'obli-
geant de repousser toutes ses sollicitations & de gagner
le Ciel par violence : d'où vient que ceux qui se défient*
de leurs propres forces, & qui craignent de succomber
aux attaques de ce Malin Esprit, se retirent du Monde &
s'ensevelissent tout vivans dans l'obscurité d'un Cloitre.

ADARIO

Tu me fais plaisir de toucher cet article, & je ne
voudrois pas pour dix peaux de Castor qu'il me fût
défendu de parler là-dessus. Je trouve que vos Prêtres
& vos Moines ne peuvent se lier par cet engagement que
vous appellez *Vœu de Chasteté*, sans commettre un crime
contre la Nature, car je te demande pourquoi Dieu a créé
les Hommes & les Femmes à peu près en nombre égal ?
N'est-ce pas pour travailler ensemble au grand Œuvre
de la Propagation de l'Espece ? Tout multiplie ici bas, la
Fécondité est l'Ame de la Nature, & fait sa conservation.
Les Quadrupedes, les Oiseaux, les Insectes, jusqu'aux
Arbres mêmes & aux Plantes, tout renaît & se renouvelle.
Chaque Espece nous fait sur cela une Leçon constante
& invariable ; les Hommes qui ne la suivent pas sont

inutiles sur la Terre, indignes de la nourriture qu'elle
leur fournit pour le commun*, & laquelle ils ont néanmoins l'ingratitude de n'employer que pour leur propre
entretien. D'ailleurs cette bizarre Promese les jette dans
un autre précipice, c'est que quand la Nature est la plus
forte chez eux, ils violent sans façon leur Serment, &
se moquent ainsi du Contract qu'ils ont passé avec le
Grand Esprit. Combien de desordres ne resultent point
de cette violation ? Si vos Prêtres péchent avec une Fille,
ils lui ravissent un honneur qu'ils ne sauroient lui rendre,
ils cueillent cette Fleur que vous jugez si precieuse, que
vous estimez un si friand morceau, & dont vous étes si
jaloux & si avides dans vos Mariages. Je ne te dis rien de
ces moyens abominables dont ils se servent pour empêcher la génération. S'ils tombent dans un Adultere, les
voila responsables de l'infidelité de la Femme, de la honte
que vous en faites au Mari, du Vol que l'Enfant supposé*
fait à son Pere, à ses Freres ou à ses Sœurs putatives. Mais
de quelle maniére s'y prennent-ils pour assouvir leur brutalité* ? L'Hypocrisie, la Profanation, le Sacrilege ne leur
coutent rien. Ils corrompent en particulier celles qu'ils
ont instruit en public, & après avoir menacé des Foudres
du Ciel les impudiques & les voluptueux, ils se radou-
cissent avec la Femelle, & lui font comprendre que toute
cette austere Morale n'est qu'un vain Fantôme, dont on
se sert pour épouvanter les simples. Je parle juste, Baron,
& je te défie de m'en dedire*. Etant en France n'ai-je pas
vu vos Moines avec les Dames ne pas enfouïr le talent
amoureux au fond du Capuchon ? Prône tant que tu
voudras ta pretendue vertu de Chasteté, je soutiens qu'il
n'est pas au pouvoir de vos gens sur tout dans un certain
âge de s'abstenir des Femmes, & encore moins de desirs

charnels dont vous faites un crime damnable. Quant à cette Resistance & à ces généreux efforts que tu allegues, cela m'est fort suspect, aussi bien que la suite des occasions par la retraite dans un Couvent. Si ce lieu est un Asyle assuré contre la Tentation, pourquoi permettezvous aux Moines de confesser le Sexe ? Appellez-vous cela éviter le peril ? n'est-ce pas plûtôt le chercher ? A quel Homme de bon sens persuaderez-vous jamais que votre Confession ne soit pas un voile mysterieux, une couverture devote qui cache la Débauche & l'Iniquité ? Le brave Champion pour la cause du Célibat qu'un gros Moine bien dodu, vigoureux, rubicond, qui ne refuse rien à sa chere & precieuse nature, qui se nourrit du meilleur vin, de viandes succulentes & assaisonnées d'épiceries*, veritables allumettes de la Concupiscence ! Pour moi, quand je reflechis sur cette Morale, je t'avouë que je ne serois nullement surpris quand on m'assûreroit qu'aucun de vos Ecclesiastiques n'entrera dans le Paradis du Grand Esprit. Quand tu me dis que ces sortes de gens se retirent du Monde pour se battre en retraite contre les aiguillons de la Chair, c'est se jouer de la Verité, car tu sais mieux que moi qu'il n'y a point d'hommes plus lascifs, plus lubriques, plus addonnez au Vice que vos gens noirs & encapuchonnez. Des François judicieux m'ont avoué de bonne foi que la plûpart de ceux qui embrassent cette bizarre vie ne le font que par mollesse, & pour se faire un rempart assûré contre la misere, & contre les devoirs de la Societé civile, contre les fatigues & le danger de la Guerre.

Il n'y auroit que deux moyens pour rendre vos Prêtres propres à leur Ministere : un Mariage legitime, ou ne les installer qu'après soixante ans, auquel cas ils auroient pu remplir toutes leurs fonctions, & sur tout commercer* avec l'autre Sexe, sans scandale & sans peril ; alors ils ne seroient plus en état de seduire les Femmes & les Filles sous le masque du Zele ; & d'ailleurs inutiles par leur grand âge à l'exercice militaire, leur separation du Monde seroit moins prejudiciable à la République.

LAHONTAN

Cela est pitoyable. Ne vous ai-je pas déja dit qu'il ne faut jamais se prendre au général du défaut des Particuliers ? Je conviens avec vous que plusieurs ne se font Prêtres ou Moines que pour subsister plus grassement, & que ces gens-là oubliant les devoirs de leur Profession ne pensent qu'aux Chapons du Benefice. Non, les Ecclesiastiques ne sont exempts d'aucun Déreglement, la Licence ne regne pas moins parmi cette Milice Spirituelle que dans nos Armées, la difference ne consiste qu'à mieux sauver le dehors ; l'on voit des Prêtres & des Moines dissolus en paroles & en actions, sensuels, yvrognes, addonnez à l'une & l'autre Venus [1], blasphemateurs ; d'une langue acerée pour la Medisance ; d'une Avarice sordide ; d'une Vengeance implacable, & d'un Orgueil qui ne desenfle jamais ; d'une Ignorance crasse, & enfin sans autre Mérite que celui de leur Habit. Je ne ferai pas même difficulté de t'avouer qu'un bon Ecclesiastique est un Oiseau bien rare. Mais cela ne donne aucun atteinte aux intentions de l'Eglise, qui ne voudroit que des Ministres irreprochables, & qui les éprouve par toute sorte de moyens avant que de les recevoir. Il est vrai que les précautions que l'on prend pour exclurre du

[1] L'amour sacré et l'amour profane.

Sanctuaire les Vicieux & les Scelerats se trouvent souvent inutiles. C'est un grand malheur, car rien n'est plus contagieux que le mauvais exemple des Ecclesiastiques ; la verité de la Parole de Dieu s'affoiblit dans leur bouche ; nos incomprehensibles Mystéres deviennent suspects ; les Sacrements sont profanez, & le Peuple secouant le joug de la Religion s'abandonne à une Licence effrenée. Mais ce Mal, quelque grand qu'il soit, n'est pas sans Remede ; dans un tel cas notre Foi nous sert de Bouclier, & nous savons fort bien distinguer entre la Doctrine qu'on nous prêche, & le Predicateur qui ne la pratique pas. Appuyez sur le Fondement invariable de la Revelation du Grand Esprit, la Vie scandaleuse des Ecclesiastiques n'ébranle point notre Croyance ; nous ne concluons rien de leurs mauvaises Mœurs contre l'Infaillibilité de nos Saintes Ecritures. Et si tu étois aussi accoûtumé que nous le sommes aux Débauches & aux Deréglemens des Prêtres & des Moines, tu ne t'en ferois pas le moindre scrupule contre la Certitude de l'Evangile. Enfin, pour finir ce Chapitre, sache une bonne fois que les Evêques, établis par la Grace de Dieu & du Pape, sont obligez de ne promouvoir au service du Culte, que des sujets qui en soient dignes, & de châtier rigoureusement ceux qui ne répondent point par une bonne conduite à la Sainteté de leur Vocation.

ADARIO

Tu bats la Campagne, mon cher Baron, & tu ne viens jamais au fait ; fertile en Digressions, les écarts ne te coutent rien : c'est grand'pitié que je te trouve toûjours à côté de la question. Faut-il qu'un Sauvage soit ton

Maître, pour t'apprendre à raisonner juste ? mais je veux bien aller à la bouline* & à la traverse* avec toi. Venons à ton Pape. Un Anglois m'en faisoit l'autre jour un plaisant Portrait. Il me disait, en se moquant de votre sotte Credulité, que votre Pape, quoiqu'un simple homme comme les autres, disposoit en Maître absolu du sort des Ames dans l'autre Monde ; qu'il livroit ses Ennemis à la Fureur éternelle du Grand Diable ; qu'en vertu de son Passeport il délivroit d'un moindre Enfer [1], dont tu ne m'as point parlé ; & qu'ayant les Clefs du Paradis, il y faisoit entrer ceux qu'il honore de ses bonnes graces. Suivant cette ridicule Fable, quel Homme que ce Pape ! pas un Mortel n'approche de son importance ; rien ne seroit plus affreux que sa Haine, & l'on ne pourroit trop faire pour meriter son Amitié. Cependant mon Anglois m'assûra que cette Autorité Papale est une Chimere en Angleterre, & qu'on la tourne en ce païs-là impunément en raillerie*. Je te prie de me developer ce mystere.

LAHONTAN

Tu me jettes là sur une ample & embarrassante matiere ; il me faudroit plus de quinze jours pour t'instruire là-dessus. Consulte nos Jesuites, ils t'éclairciront ce point & te donneront une nuée de Raisons dont tu pourras choisir les meilleures. En attendant je me contenterai de te dire que l'Anglois tout en riant n'a pas laissé de dire une partie de la verité. Il est certain que les Anglois se sont afranchis de la domination du Pape ; ils ont reconnu que les menaces & les Foudres de ce saint Homme n'étoient qu'un vain Epouvantail, &

[1] Le purgatoire.

ils ont trouvé le moyen d'aller droit en Paradis sans son
Passeport, par cette Foi vive dont nous parlions tantôt,
& en se confiant sur la mort & sur les merites de Jesus-
Christ. Ainsi, comme vous voyez, l'on se sauve parmi
les Anglois sans la Doctrine des bonnes œuvres. Quant
à nous autres François, nous sommes terribles sur ce
Chapitre-là. Nous sommes hors de salut sans les bonnes
œuvres & cependant de mille François à peine s'en trouve
t'il un qui les pratique. Ainsi le François & l'Anglois ont
tous deux la foi puisqu'ils aquiescent tous deux à l'autorité des Ecritures, du moins quant aux points fondamen-
taux ; mais le François, quand il enfraint la loi, quand il
n'observe pas les commandemens, contribue à sa perte, il
est lui même l'artisan de sa damnation, & c'est en quoi la
condition du François est beaucoup plus triste que celle
de l'Anglois. Celui-ci jouït encore d'un autre avantage ;
c'est que dans le voyage de l'autre Monde il ira au bon
gîte tout d'une traite ; point de pause, point de station,
point de cette cruelle auberge que nous nommons *Purgatoire*. Car les Anglois ne sont ni si dociles ni si credules
que nous autres bonnes dupes de François. Je ne m'explique pas bien. L'Anglois ne sauroit se mettre en tête
qu'un Etre souverainement bon puisse tourmenter pendant des milliers d'années une créature qui n'est point
son ennemie, & qu'il regarde comme le prix du sang de
son fils. Est-ce donc qu'on aime les gens pour leur faire
souffrir des douleurs enragées* ? Procurer le bonheur à
force de gêne*, de torture & de tourmens, quelle espéce
de bienveillance, quelle sorte de genérosité ! *Enfin*, dit
l'Anglois, *j'aime mieux ceder ma part du Paradis que
d'y entrer par une si terrible porte.* Mais le François raisonne mieux. *On ne peut trop*, dit-il, *acheter les plaisirs du*

Ciel ; posons cent millions d'années de brulure, que seroit-ce pour une joie qu'on ne peut concevoir, & qui ne finira jamais ? Tu peux remarquer par là que les François & les Anglois sont directement opposez en ce qui concerne le Pape. Les Anglois aiment mieux nier le Purgatoire que de s'adresser au saint Pontife pour être afranchis de cet afreux tribut ; ils font bien. Le Pape, ayant de grandes prétensions sur les Anglois qui passent chez lui pour des rebelles & pour les usurpateurs des deniers sacrez, n'auroit garde de leur accorder des passeports pour éviter le péage & le bureau du Purgatoire ; tant s'en faut il leur donneroit plûtôt des Bulles & des Lettres patentes pour l'Enfer. Mais nous autres François qui croyons le Pape un peu moins puissant que Dieu, & qui d'ailleurs commettons beaucoup de péchez, nous negocions une quitance de peine, un acquit de satisfaction au comptoir du saint homme, & tel débauché dont la sentence porteroit cent mille ans de brûlement & de rotissure sera franc* en vertu de la dispense papale, & entrera de plein saut dans le païs de l'extase & du ravissement. Mais adresse-toi aux Jesuites ; ils te diront là dessus des merveilles ; il n'y a pas de gens au monde qui entendent mieux le profond mystere de la toute-puissance du Pape, & le secret utile des fourneaux souterrains.

ADARIO

C'est un abyme pour moi que cette opposition entre votre croyance & celle des Anglois ; plus j'y fais reflexion, moins je la comprens. Quelle idée nous donnez-vous en cela du Grand Esprit ? Ne lui feriez vous pas beaucoup plus d'honneur en disant qu'il a donné aux hommes tous

les secours necessaires au vrai culte & à leur salut ? Non
seulement il se trouve des contradictions formelles entre
vos differentes Religions, mais aussi une même communion est quelquefois toute bigarrée par la diversité
des sentimens* & des usages. Vos Moines, par exemple,
sont-ils uniformes ? Chaque Institut a des pratiques qui
lui sont particulieres, & ces faineantes & paresseuses
cohortes ne forment pas un assemblage moins bizarre
par leurs opinions que par leurs habits. Veux-tu que
je te parle franchement ? Cette nombreuse varieté de
croyances dont la terre est couverte me feroit soupçonner que peu de gens sont de bonne foi dans la Religion
qu'ils professent exterieurement. Je m'imagine que les
personnes de bon sens prennent à ce prodigieux mon-
ceau de controverses ce qui les accommode, & se font
ainsi une Religion à leur guise. Est-il croyable que le
Grand Esprit, lui qui est la justice & la bonté même,
perde une infinité d'innocens, & qu'abandonnant tout
le reste du genre humain aux Flammes éternelles il n'accorde son Paradis qu'à un fort petit nombre de vos gens ?
Croi-moi, mon pauvre Baron, il fait bien obscur dans
l'autre Monde ; une nuit épaisse nous en derobe la vûe ;
les sombres & noirs habitans de ce païs-là ne se sont
point encore avisez de commercer* avec nous ; il est très
malaisé de savoir ce qui s'y passe. Pour moi, voici ma
persuasion, c'est que nous autre Hurons nous sommes
les ouvrages & les créatures du Grand Esprit, qu'il nous
a faits bons & sans malice, au lieu que vous êtes des scelerats amenez en ce païs-ci par la Providence afin de vous
corriger sur nos exemples, & d'imiter la droiture & la
simplicité de nos mœurs. Vante-toi donc, tant que tu
voudras, mon Ami, de tes connaissances, de tes lumieres,

de ta foi, fusses-tu le plus éclairé des hommes tu n'entreras jamais dans le bon païs des Ames si tu ne vis en Huron. L'éloignement du vice, l'humanité envers tes semblables, le repos d'esprit causé par un sincere & généreux desinteressement, sont trois points que le Grand Esprit exige de tous les hommes. Nous observons exactement & sans la moindre repugnance ces grands devoirs dans nos hameaux. Mais pour vous autres Européens vous ne connoissez cette aimable innocence que de nom ; il n'y a point de crime qui vous effraye ; votre principale attention c'est de vous supplanter & de vous détruire les uns les autres ; vous étes en proie à vos desirs déreglez, & la fureur d'accumuler ou de s'agrandir vous tient dans une agitation toûjours violente, & prive votre cœur du précieux & inestimable trésor de la tranquillité ; enfin la crainte du Grand Esprit ne vous empêche point de donner dans toutes sortes d'excès, & je croi que vous ne penseriez jamais à lui si vous n'affectiez d'en parler aux Hurons. Mais il est temps de finir. Adieu, mon cher Frere, je vais repasser dans ma Cabane tout ce que nous avons dit, & je serai demain bien ferré pour estocader contre le Jesuite.

IIE CONVERSATION
SUR LES LOIX

LAHONTAN

Et bien Adario, tu as ouï* le Jesuite, comment t'es-tu tiré d'affaire ? Ce Docteur t'aura, sans doute, ouvert les yeux, il aura dissipé, je m'imagine, la fausse lueur de toutes tes objections. Car un Jesuite est tout un autre homme qu'un Cavalier* pour enseigner nos saints Mystéres. En fait de Religion nous autres gens de guerre ne sommes pas fort propres à défendre le terrain ; il n'est pas trop difficile de nous desarmer là-dessus, & quoi qu'il n'y ait rien de plus important que de bien connoître le salut, nous le supposons volontiers, nous nous en raportons sans peine aux Lumieres ou à la bonne foi de nos Phari-siens, & il n'y a si petit amusement qui ne nous occupe plus que la grande affaire de l'intérêt éternel. Mais pour un Jesuite ? Oh ! c'est un excellent Apôtre : il catechise avec une admirable subtilité ; proposez à un Jesuite les scrupules les plus apparens, il interprete si finement à sa maniere qu'il vous guerit. Enfin je suppose un incredule

qui soit le plus vif & le plus profond de tous les raison-
neurs, je soutiens qu'un Jesuite terrassera ce Lion, & que
le rendant un Agneau doux & docile, il l'attachera sans
resistance à la chaine de la Foi.

Adario

Il faut assûrément, Baron, que je sois un mauvais
raisonneur, car je t'assure que ton Jesuite ne m'a point
du tout ébranlé ; tout ce qu'il a dit m'a paru un vrai Galimatias, je n'y ai pas aperçu une goutte de bon sens, &
entre nous, je croi que le bon Pere admiroit lui-même la
facilité qu'il a de parler long-temps sans se comprendre.
D'ailleurs, cet importun discoureur rebat sans cesse la
même chose ; te souvient-il que je lui ai reproché devant
toi qu'il rebutoit par ses redites & par ses repetitions ?
Ce qu'il y a de plaisant, c'est que par la raison qu'il ne
possede pas assez notre Langue, il veut que j'explique
aux autres des choses que je n'entens point ; il me presse
de fourrer dans la tête de nos Hurons son inconcevable
jargon. Mais il a beau faire, il ne m'obligera jamais à
débrouiller un Cahos où lui-même ne distingue rien nettement. Qu'il inonde tout notre Village de cette eau du
Batême dont il ne sauroit me donner une définition tant
soit peu vraisemblable*, qu'il Christianise notre Habita-
tion, j'y consens, pourvu qu'il ne m'emploie point à des
sottises, & qu'il me laisse jouïr de ma Raison. Finissons
sur la matiere du Culte & causons un peu des Loix. Ce
terme de Loi nous est tout à fait étranger ; mais je m'arrête à ce qu'il signifie, & je croi n'être pas fort éloigné de
le comprendre ; j'ai trouvé ton explication bonne & les
exemples dont tu l'as confirmée m'ont frappé. Quand tu

cites les Loix n'entens-tu pas cette impression* naturelle gravée dans nos Ames, qui nous prescrit ou qui nous défend une chose suivant que cette chose est conforme ou opposée à la justice & à la droite Raison ? Tu ne m'as point, ce me semble, proposé les Loix sous une autre idée, si bien qu'obeïr aux Loix, c'est suivre la plus pure Lumiere de l'Esprit, c'est proprement acquiescer au Bon-sens & à la Raison. Or, de deux choses l'une, ou votre Raison est d'une autre espéce que la nôtre, ou sûrement vous ne pratiquez point ce que la Raison vous ordonne.

LAHONTAN

Où vas tu, mon Ami ? tu rafines à toute outrance, & tu t'évapores dans tes distinctions. Ignores-tu à ton âge que les François pensent comme les Hurons, & que la Raison, cet attribut essentiel de notre Espéce, est de tout Pays, de toute Nation, qu'elle est la même par tout ? Tu nous reproches donc de ne pas observer les Loix ? D'ac-cord, si chacun les suivoit, il n'y auroit plus de punition à faire, tous les tribunaux déviendroient inutiles, & ces Juges que tu as vus à Quebec & à Paris ne pouvant plus profiter de l'injustice des hommes, seroient contraints d'avoir recours à d'autres moiens pour s'enrichir. Mais comme la sûreté publique n'est fondée que sur le main-tien des Loix, c'est une necessité absoluë de punir les infracteurs* ; autrement la malice & la violence l'empor-teroient par tout ; nos biens, notre honneur, nos vies seroient à la merci du plus adroit ou du plus fort, & rien ne seroit plus déplorable que notre condition.

ADARIO

Pourroit-elle être plus déplorabale ? N'étes-vous pas déja plongez dans le plus grand des malheurs ? Je ne conçoi point de situation plus violente que celle de faire ce qu'on ne veut pas, & d'agir toûjours malgré soi ; c'est pourtant votre état à vous autres Européens, qui n'oseriez suivre vos inclinations, & qui n'évitez le mal que par la crainte de subir la rigueur des Loix. Vous étes indignes de porter le nom d'homme. J'honorerois bien plûtôt de ce titre nos Castors qui font voir, dans leur conduite toute uniforme, du genie*, de la prévoiance, de l'industrie* & de l'adresse, & qui d'ailleurs ne se dérangent en rien dont on puisse leur faire un crime. Mais à qui convient proprement ce beau nom d'homme ? N'est-pas à celui chez qui le Bon-Sens domine, & qui se porte naturellement au bien par un principe de raison ? C'est précisément sur cela que roulent notre genre de vie & toute notre Morale. Uniquement & inviolablement attachez à l'inestimable maxime de ne rien introduire parmi nous qui puisse alterer cet aimable & solide repos d'esprit, & cette union fraternelle, qui forment ici bas notre souverain bonheur, nous ne voulons ni or ni argent, & autant vous adorez ces dangereux metaux, autant les avons-nous en horreur. Tant que nous aurons soin de nous conserver à l'abri de ce rempart, l'Interêt, ce perturbateur éternel des hommes, ne pénétrera point dans nos Cabanes, il ne rompra point les liens du sang & de l'amitié, il ne troublera point nos innocens & tranquilles plaisirs, il ne nous privera point d'un doux & paisible sommeil ; nous vivrons sans Loix, sans procès, sans Juges, & nous conserverons en cela le précieux heritage que nos Péres

nous ont laissé depuis la Fondation du Monde. Tu vois,
au reste, que je n'avois pas tort de dire que les Loix ne
signifient rien moins parmi vous que le Droit & l'Equité,
puisque les Grans & les Riches en secouent aisément le
joug, & qu'il n'y a que les pauvres & les malheureux qui
ne puissent s'en dispenser. Mais examinons plus ample-
ment en quoi consistent ce juste, ce raisonnable que
vous vous vantez d'observer & que vous nommez vos
Loix. Les Gouverneurs de Canada soutiennent depuis
cinquante ans que nous sommes sous la domination de
leur Grand Capitaine. Nous ne reconnoissons point de
Superieur ni de Maître, repondons-nous ; nous vivons
sans subordination & dans une égalité parfaite, un même
esprit, un même cœur nous anime, nous sommes tous
libres, & nous n'apartenons qu'au Grand Esprit, incomparablement plus nobles en cela que votre Nation qui
n'est qu'un assemblage d'esclaves sous la volonté absoluë
d'un seul homme. Cette prétention des François est aussi
ridicule qu'elle est injuste ; à quel titre, de quel droit, par
quelle convention nous a-t-il aquis ? Sommes nous allez
le chercher ? Nous sommes-nous vendus à lui ? Avons-
nous stipulé que nous lui obeïrions & qu'il nous prote-
geroit ? Les François au contraire ont traversé les Mers
pour venir nous trouver ; tout le pays qu'ils ont usurpé
apartient de temps immemorial aux Algonkins ; ainsi
nous pourrions avec beaucoup de raison nous attribuer
un droit d'empire & de commandement sur les François ;
mais la prudence nous retient, nous voulons être plus
sages qu'eux ; qu'ils se repaissent des fruits chimeriques
de leur violence, nous le tolerons par amour* propre, &
pour éviter les querelles & les differens.

Confesse donc, mon cher Ami, confesse que la Raison de France est une extravagante Raison. Sur ce pied*-là je te conseille, en frere, de te joindre à nous & de te faire Huron. Que tu es à plaindre au prix* de moi ! Je suis maître de ma personne & j'en puis disposer à mon gré ; je ne dépens point d'un tyran, qui tout en me volant mon bien, tout en me rendant miserable, exige encore de moi de profonds respects, & veut que je tremble devant sa grandeur ; je suis d'une Nation qui n'a point d'autre Souverain que le Bon-Sens, & chez laquelle le Bon-plaisir est également distribué à tous les particuliers ; point de premier ni de dernier parmi nous. Les Hurons s'appellent freres, & le sont encore plus ; je souhaiterois trouver des termes pour te faire sentir mon bonheur, pense bien à ce que je vais te dire ; je n'aime les hommes que par la Raison ; j'ai le dernier mépris pour leur folie & pour leur travers ; je veux du bien à tous mes semblables, je n'en crains aucun, personne n'a droit de me contredire, je ne suis l'inferieur & le sujet que du Grand Esprit. Compare maintenant ta condition avec la mienne, & montre-moi, si tu le peux, que je raisonne mal. N'est-il pas vrai que ton grand Capitaine, ou ceux qui agissent sous son autorité peuvent te causer mille chagrins*, & même te faire perir, fusses-tu tout à fait innocent ? D'ailleurs, de combien de perils n'es-tu pas environné ? Tu ne marches que sur des précipices ; la trahison, la calomnie, le vol, l'assassinat, sont des maux dont il ne t'est pas possible de te garantir, & souvent ceux en qui tu as le plus de confiance, & que tu crois tes meilleurs amis machinent ta perte. Sont-ce là des faussetez ? L'experience journaliere confirme la verité de ce que je dis, & tu n'oserois m'en démentir. Vien donc, mon cher Frere, vien participer à notre bonheur.

Mais non, un François ne veut point entendre parler de
devenir homme ; il est trop endurci à la pesanteur de
sa chaine, & il préfere un lâche & vil esclavage à notre
incomparable Liberté. Servez, rampez, à la bonne heure,
enfans degradez de votre dignité, honte & deshonneur
de la Nature qui ne vous a faits que pour jouïr de vous-
mêmes, vous qui faites consister tout votre bonheur à
dépendre d'un Tyran. Oh que le François est une char-
mante figure d'homme ! Écoutez-le ! personne, à l'entendre, n'a plus d'horreur que lui pour l'esclavage ; qui
dit François dit le plus intrepide de tous les bretteurs
pour la gloire de la Nature humaine. Mais ne passez pas
de la fanfaronnade du François à sa conduite, vous y
trouveriez une étrange contradiction, vous verriez alors
que le François est le plus esclave de tous les animaux, &
que s'il parle de Liberté comme un Dieu, sûrement il en
jouït moins qu'une bête.

LAHONTAN

En verité, bon Homme, je ne te reconnois point
dans tout ce que tu dis là ? Est-ce toi qui as fait le voyage
de France & de la Nouvelle Angleterre ? Est-ce toi chez
qui j'ai trouvé tant de fois ce Bon-Sens épuré de préjugez,
cette Raison toute nuë qui fait tant de plaisir à tous
les gens de la bonne tournure ? Est-ce toi, enfin, que je
croiois tout à fait *Dehuronnisé* ? De quoi t'ont servi tes
Voyages ? où est le fruit de tout ce que tu as vu parmi
nous ? Qu'entens-tu par ces Loix, par cette dépendance,
par cet esclavage que tu ne cesses de me prôner ? Pour
moi je croi que tu ne fais mieux que tu ne dis. C'est bien à
un Huron vraiment à nous prêcher le bonheur de la vie !

Fy, fy, n'avez-vous pas de honte, Adario ? Vous prétendez que votre Philosophie est meilleure que la nôtre ? Et à quoi, je vous prie, se termine toute votre Morale ? A boire, manger, dormir, fumer, chasser & pêcher, à faire un demi million de lieues* pour gober quatre ou cinq Iroquois. Parlez-moi de notre Nation qui employe tout son esprit à se procurer le plaisir & la molesse. Vous m'alleguez nos Loix ? Eh ! ces Loix ne sont que pour les pauvres ou pour les sots ; on les évite par un peu d'adresse ; on s'en dispense par beaucoup de fortune ; les Grands ne les craignent presque point, & le Souverain qui en est ordinairement le plus grand infracteur ne les maintient que pour se maintenir soi-même. Ajoûte à tout cela que la Probité rend libre, & qu'un honnête-homme est affranchi des Loix.

ADARIO

Je t'arrête ici, Baron ; souffre que je te le dise avec toute la candeur Huronnoise : tu ne fais ce que tu dis. Tu te piques de droiture ; je ne voudrois pourtant pas te cautionner, car tu as la mine, nonobstant toute ta sincerité aparente, de ne pas mieux valoir que les autres ; mais je te suppose irreprochable ; mais si quelcun de tes ennemis s'avisoit de susciter contre toi deux faux témoins bien ferrez*, tes Loix te sauveroient-elles ? N'en reconnoitrois-tu pas alors l'inconvenient ? Ne donnerois-tu pas tous les Legislateurs au D. [1] ? Interrogez nos coureurs ; ils vous soutiendront avoir vu sacrifier à ces rigoureuses Loix vingt personnes dont l'innocence a été reconnue après

[1] Au diable.

leur injuste & cruelle mort. Il t'est permis [1] de t'inscrire en faux contre leur témoignage ; mais tu ne saurois nier ce que je vais te dire, & ce que j'ai vu ; c'est qu'en France on livre quelquefois les innocens à des tortures afreuses pour leur arracher de la bouche par la violence de la douleur l'aveu d'un crime qu'ils n'ont point commis. La Nature se souléve là contre, cette inhumanité fait horreur ; di, di après cela que tes François sont des hommes. Les femmes même ne sont pas exemtes de cet horrible supplice que vous appellez *Question.* Oh que ne souffre point ce tendre sexe dans ces tourmens, soit par la dure pression, soit par la barbare extension des nerfs. Au reste, ces malheureux disent oui à tout ce qu'on leur demande, & presque toûjours ils prononcent eux-mêmes l'arrêt de leur condamnation. Ne font-ils pas bien ? Ils s'accusent à faux, direz-vous, ils se calomnient, ils se noircissent & se font perir par un mensonge atroce ; d'accord, mais aussi se délivrent-ils de cinquante morts par celle qu'ils se procurent, & je trouve qu'en cela ils ont grande raison. Car supposons qu'ils aient assez de courage pour ne pouvoir être tirez de la negative par toute la violence des tourmens, cette Question leur laisse de pitoyables restes, & se sentant toute leur vie des violentes secousses que leurs membres ont reçu dans cette épreuve, ils ne vivent plus, ils languissent & meurent à tous moments. Croi-moi, mon cher Baron, croi moi, ces Diables noirs & cornus, dont tes Jesuites qui nous prennent pour des enfans, veulent nous faire peur & lesquels ils nous disent être occupez à rôtir, à bouillir, à griller les ames, ces Diables, dis-je, ne sont point en Enfer ; non non, ils vous suivent, ils vous accompagnent par tout, & vos Loix, votre police,

---

[1] L'originale porte : « À toi permis... ».

vos plaisirs, votre Societé leur fournissent une matiére inépuisable d'exercer leur diablerie & de tourmenter les hommes.

Lahontan

Ni toi, ni tes Coureurs n'entendez rien à notre maniere de punir le crime ; je vais t'expliquer ce que c'est. Deux faux témoins déposent contre un innocent, que fait-on ? Ils sont interrogez plusieurs fois séparément. Le Juge employe toute son adresse pour voir s'ils ne se coupent point, & si leurs réponses sont uniformes. Si l'on a le bonheur de découvrir le complot, c'en est fait de leur vie, ils subissent le dernier supplice. Mais si l'on ne peut percer l'iniquité du mystere, si ces témoins s'accordent dans toutes leurs dépositions, si confrontez à l'Accusé celui-ci, n'alleguant point de raison valable pour les recuser, est obligé de s'en rapporter à leur conscience ; enfin, si ces témoins jurent & affirment par la verité du Grand Esprit qu'ils ont vu commettre la mauvaise action dont il s'agit, alors l'Injustice triomphe, l'Innocence est opprimée, & le prétendu coupable est condamné à la mort. Quant à la torture, on y applique l'Accusé lorsqu'il n'y a contre lui qu'une demi-preuve, c'est-à-dire un seul témoin, ou lorsque l'importance & l'énormité du cas requierent qu'on l'aprofondisse ; mais tu dois savoir après tout que nos Juges ne procedent pas à la légere, & qu'ils apportent tous leurs soins à bien discerner le coupable d'avec l'innocent.

ADARIO

Que m'as-tu apris par ton explication ? Ce que tu
me dis là & rien, c'est toute la même chose. Je veux qu'on
interroge séparement les faux témoins, mais ces miserables assassins, avant que de se produire, ne sont-ils pas
convenus de tout ? Tourne, comme tu voudras, cette
détestable Question, qui fait la meilleure machine de
vos Juges, il est toûjours constant* que par ce moyen un
Scelerat pour se vanger ou pour se divertir, peut exposer le plus honnête homme du monde à des tourmens
afreux. Quand même on tourmenteroit l'Accusé sur une
déposition veritable, penses-tu que le témoin ne me causeroit pas de l'horreur ? Quoi ! un François peut sauver
la vie à son semblable, à son frere, à un autre François, &
il n'en fait rien. Quels monstres de gens étes-vous donc
vous autres ? oseriez-vous dire que vous apartenez à notre
Espéce ? connoissez-vous seulement l'humanité ? Mais à
propos de vos Juges, je te prie de m'éclaircir* sur un point.
Est-il vrai qu'il y a des Juges d'une ignorance si crasse & si
grossiere qu'un certain oiseau [1], fameux par son ramage
& par ses oreilles, meriteroit autant qu'eux de porter la
robbe & le bonnet ? Passe pour l'ignorance, mais est-il
vrai que l'amitié, que l'interêt, que l'amourette, se glissent
dans la venerable Magistrature, & que souvent ce sont
ces faux poids qui reglent la balance de la Justice ? Tu
ne vas pas manquer de nier le fait & de me soutenir que
tes Juges sont incorruptibles ; mais je ne t'en croirai pas
sur ta parole. Je sai de science certaine que Dame Justice,

[1] Le corbeau dans la fable « Le corbeau et le renard » de La
Fontaine. Cette allusion ne se trouvait pas dans l'édition 1703.

bien loin d'être intraitable, est de fort bonne composition. Le pauvre Plaideur a-t-il mis son droit dans un jour
incontestable ? a-t-il prouvé clair comme la lumiere du
soleil, qu'on lui retient injustement son bien ? Sa Partie
n'a qu'à faire agir ce Grand, cet Ami, cette Maîtresse,
cette belle Solliciteuse, sa Partie n'a qu'à faire briller l'or
ou les présens, Messieurs les Juges s'humanisent, ils se
laissent desarmer, ils cedent au pouvoir de ces charmes
& de ces attraits. C'est par les mêmes moiens qu'on se
garantit du glaive de la Justice, & que le crime demeure
impuni. Vivent donc, vivent les Hurons, qui sans Loix,
sans Tribunaux, sans prison, sans torture, marchent sûrement à la lueur de la pure Raison, & jouïssent par là
d'une heureuse tranquillité dont vous autres François ne
connoissez pas l'inestimable prix. N'ayant point d'autre
Maître ni d'autre Guide que la sage & provide* Nature,
qui a imprimé ses Loix bien avant dans nos cœurs, un
même esprit nous anime, une même volonté nous meut,
& rien ne trouble la douceur de notre union. Affran-
chis du venin & des traits de la discorde, les procès, les
chicanes, les querelles ne défigurent point notre Societé.
Chacun possede sans être envié, parce que chacun possède autant pour les besoins des autres que pour les siens,
& le bonheur du particulier fait infailliblement le bonheur commun. Que votre condition me paroit déplorable ! Vous tirez toute votre sûreté* de vos Loix, & ces
Loix pouvant être administrées par des stupides, par des
ignorans, par des scelerats, où est le principe fixe de votre
repos & de votre conservation ? Avoüe la dette, mon
pauvre Baron, tu ne saurois t'en défendre ; n'est-il pas
vrai que ce qu'on nomme parmi vous Justice n'est d'ordinaire qu'un trafic honteux, qu'un infame brigandage,

qu'une abominable invention pour ruïner les familles,
& pour oprimer l'innocent ? Vous n'en disconvenez pas
vous autres François. Je me souviens d'avoir ouï* dire
à quelques rieurs de vos gens que Dame Justice étoit
la plus riche héritiere du Roiaume, & que Monsieur le
Juge aiant gobé l'huitre renvoioit les Plaideurs, chacun
une écaille à la main [1]. Je me fis expliquer la chose, & la
raillerie* me parut fort bonne.

LAHONTAN

N'entendras-tu jamais raison, mon Ami ? Tu crois
bonnement tout ce qu'on te dit, & tu ne fais pas reflexion
qu'on te raportera vingt faussetez contre une verité.
Quoi ! accuser nos Juges d'agir par passion ou par interêt,
& de se laisser corrompre ! c'est une noire médisance,
c'est une calomnie atroce. Non, non, ce n'est pas sous
la robbe d'un Juge que la friponnerie va se cacher ; elle
y seroit bien venuë, vraiment. Peut-être trouverois-tu
quatre scelerats dans toute notre Nation chicaneuse,
un à chaque coin du Roiaume, est-ce trop ? Enfin, c'est
un Castor blanc [2] qu'un mauvais Juge en France. Veux-
tu que je te fasse ici une peinture naïve de nos Magistrats ? mais garde toi bien au moins de prendre la chose
à contreverité. Nos Magistrats sont des hommes parfaitement devoüez au maintien de la sûreté publique,
apliquez uniquement à conserver l'ordre, & à le faire
fleurir, ils se negligent pour les autres, & ne vivent que
pour le bien commun. Toujours occupez de la présence

---

[1] Référence à la fable « L'huître et les plaideurs » de La Fontaine, qui ne se trouvait pas dans les *Dialogues* de Lahontan.
[2] Le castor albinos.

du Grand Esprit, qui doit leur demander compte un jour de leur administration, & qui d'ailleurs jugera les Monarques & les Bergers par le même principe ; cette présence est un rempart à l'abri duquel ces Messieurs se tiennent fermes & inébranlables dans la pratique de leurs devoirs. Leur cœur est une glace que l'amour, avec tous ses feux, ne sauroit fondre ; en vain la Beauté dresse toutes ses batteries contre ce cœur, fût-ce une Venus, elle abandonne la place. Ils ne sont pas plus sensibles au brillant de l'or ni à l'éclat de la Grandeur ; prendre un Juge par l'endroit* de la fortune ou de l'élévation* ? son integrité se revolte, le zéle qu'il a pour la Justice lui inspire alors tous les sentimens d'une Vierge avec qui l'on voudroit trafiquer un bijou qu'elle estime plus que sa vie. La tentation l'irrite, & il ne pardonne jamais au tentateur. Pour donner le dernier trait à la représentation de nos Juges, tu dois te les imaginer dans l'exercice de leurs charges & de leurs emplois*, comme des rochers au milieu des flots, comme des colosses au milieu des vents, comme des hommes rares, & d'une vertu que tous les attraits & tous les appas du Monde ne sauroient enta-mer. Personne ne connoit mieux que moi le merite ange-lique de la Magistrature Françoise. Les Juges de Paris m'ont fait la grace de me décharger du pesant fardeau de mon patrimoine ; & par la perte de trois ou quatre procès, ils ne m'ont laissé que mon épée pour vivre ; mais penses-tu qu'à cause de cela je les taxe d'injustice ? tu t'abuserois* bien fort. Il est vrai que mes Parties dont la cause ne valoit rien se prévalurent beaucoup de leur bourse & de leurs puissans amis ; mais avec tout cela mes Juges m'assurerent que, suivant leurs obligations, ils n'avoient fait qu'interpreter les Loix, que ces mêmes

Loix étoient contre moi, & que c'étoient proprement elles qui m'avoient condamné ; or les Loix ne pouvant être injustes, je dois savoir bon gré à mes Juges de m'avoir reduit à la besace*, & je ne puis me plaindre que de moi-même qui ai mal expliqué la Loi.

ADARIO

Tu me dis là de grands riens, mon cher Frere, & il faut que tu me prennes pour une grosse dupe si tu te figures que je me rende à ton galimatias. Tu ne saurois te battre contre moi à forces égales, car la Raison n'est pas assez de ton côté ; pour suppléer à ce défaut, tu ruses & tu voudrois m'aveugler de poussiere, mais je suis en garde contre ta finesse*, & je saurai me garantir. Premie-rement, je ne conviendrai jamais avec toi qu'on m'ait mal informé sur l'article de vos Juges ; j'ai appris leur dépravation par le raport uniforme de tant d'honnêtes gens que je ne puis raisonnablement en douter. Pourquoi veux-tu que je te croye au préjudice de tous ces témoins, qui n'ont aucun sujet de m'en imposer là-dessus ? Mais quand je t'accorderois qu'on ne m'a point rapporté juste, n'ai-je pas eu plus d'une fois occasion de m'instruire sur cette matiére par le témoignage même de mes propres yeux ? Pren garde à ce que je vais te dire, &, si tu le peux, tire-toi de ce pas-là. J'ai vu sur le chemin de Paris à Ver-sailles un Paysan prêt à être foüeté publiquement par la main du bourreau, pour avoir attrapé quelque peu de gibier. Allant de la Rochelle à Paris je rencontrai un homme condamné aux Galeres, pour avoir été trouvé portant un sac de sel. Ces deux infortunez subirent le châtiment ; mais en quoi consistoit leur crime ? L'un

avoit tué quelque bête, l'autre avoit pris secrétement un
peu d'eau de mer condensée ; tous deux cherchoient à
faire subsister leur pauvre famille, beau sujet de punition ! pendant qu'on se prosterne devant ceux qui volent
impunément les peuples, & qui, pour fournir* à leur
horrible superflu, épuisent la Nation ; pendant qu'on
adore certaines Idoles, qui, pour contenter une passion
déreglée font couler des torrens de sang, & dépeuplent
le Genre humain ; enfin, pendant qu'on fait la cour à
des gens que l'on sait n'être sortis de la boüe, & ne s'être
élevez au dessus du commun que par la fourberie & la
mauvaise foi. Vante, après cela, vante la justice & l'équité
de tes Loix ; ose soutenir que tes Legislateurs & tes
Juges craignent le Grand Esprit, & que dans leurs regle-
ments ils n'ont égard qu'à la Probité. A vous entendre,
il semble que nous autres Hurons soions des machines
à figure humaine, sans Ame & sans Raison ; mais que
vos François examinent bien nos mœurs, & ils seront
forcez d'avoüer que nous suivons aussi exactement* les
regles immuables de la Justice & de l'Equité que vous
negligez, que vous transgressez ces mêmes régles. Un
Huron ne craint de la part de sa femme ni des cornes sur
le front ni des bâtards [1] dans sa famille ; sans connoître
ni dettes, ni credit, ni pauvreté, nous échangeons sur le
champ, ou nous donnons sans retour. Nous ne ressen-
tons point les tristes effets du mien & du tien ; si ce Lion
furieux, qui cause tant de ravage dans le reste du Monde,
se trouve parmi nous, il a les dents tout-à-fait limées ;
si ce Serpent qui infecte de son venin presque tous les
hommes, n'est pas absolument banni de nos Cabanes,

---

[1] Cette imagerie grivoise, souvent présente chez Gueudeville,
n'existait évidemment pas chez les Amérindiens.

il y entre au moins sans pointe & sans aiguillon ; nous n'aimons ce qui nous appartient qu'autant que nos freres peuvent s'en passer, & le riche ne posséde plus rien en propre dès qu'il s'agit de subvenir à la necessité du pauvre. Comme nous sommes unis d'une parfaite égalité, la Raison ne veut pas que le bienfaiteur exige aucune reconnoissance, mais comme nous faisons profession d'être hommes, la même Raison veut que celui à qui l'on fait du bien ne soit point ingrat. Le desir insatiable d'amasser ne nous ronge point, nous joüissons du fruit de notre travail, & nous en faisons joüir ceux dont la peine a été moins heureuse que la nôtre. D'ailleurs l'envie ne trouvant par où s'insinuer nous sommes exempts de divisions, de querelles, de meurtres ; nous ne sentons point les morsures funestes de la Discorde ; la maladie & la guerre sont les deux seules portes par où la mort entre chez nous. Enfin, Baron, traite tant qu'il te plaira, de folle & d'extravagante notre République impolicée, je te soutiens qu'elle est, cette République apparemment sauvage, l'asile que la droite Raison bannie de la plûpart des Nations a choisi pour s'établir, & que c'est ici où vos pretendus Sages devroient venir entendre la voix de la Nature qu'ils écoutent & qu'ils consultent si peu.

LAHONTAN

Doucement, Adario, tu te laisses trop emporter à ton imagination ; tu ne fais que voltiger de superficie* en superficie, & ton peu de pénétration ne te permet pas de rien aprofondir. Ecoute-moi sans préoccupation*, & tu connoîtras bien vîte la justice de nos Loix. Quand les premiers François se sont unis ensemble, ils ont cru que le moyen le plus efficace pour conserver le repos, & pour augmenter le bonheur d'une Societé, c'étoit de déferer, sous de certaines restrictions que nous appellons Loix fondamentales, le souverain pouvoir à un seul homme, & de le rendre Maître absolu de toutes choses. C'est celui-là que nous nommons notre Prince, notre Monarque, notre Roi[1]. Avant qu'on lui mette la Couronne sur la tête, on l'oblige à faire serment sur ce qu'il y a de plus sacré dans la Religion, qu'il observera exactement les Constitutions primitives & originales de la Monarchie. Tant qu'il tient parole, tout va le mieux du Monde soit pour le général, soit pour le particulier. On execute fidélement les Traitez, & par là l'on entretient une bonne intelligence avec les Voisins ; jamais de guerre que pour demander ce qui appartient incontestablement ou que pour se défendre contre la violence & l'oppression ; les sujets ne sont point accablez de subsides*, & les peuples ne fournissent que ce qui est précisément nécessaire aux besoins de l'Etat. Chacun est sûr de travailler pour soi, & sur ce motif le Commerce fleurit & les Arts se perfectionnent, le Vice est puni, le Merite recompensé ; le Droit, l'Ordre, la Raison triomphent, le tort & le travers sont condamnez par tout. Mais qu'arrive-t-il, mon Ami ? c'est que ces Princes, religieux observateurs de leurs obligations & de leurs engagemens, sont extrémement rares. Un Monarque sur son Thrône ne veut

[1]Cette digression sur l'origine de la monarchie en France, tout comme la critique de la page suivante sur l'arbitraire monarchique, ne se trouvait pas dans les *Dialogues* de 1703. À partir d'ici, le texte s'éloigne considérablement de l'édition originale, puisque Adario suggérera bientôt de « déthrôner » le monarque devenu « Tyran ».

rien voir qui ne soit au dessous de soi ; ces Loix auxquelles on a prétendu l'astraindre & le soumettre lui
paroissent comme des liens incommodes qui le serrent,
& qui l'empêchent de se mouvoir comme il lui plaît. Ce
Roi ne veut point d'exception dans son indépendance,
& il secoüe tout ce qui pourroit borner tant soit peu
son autorité. Ce n'est plus alors le salut de la Nation qui
est la Loi suprême, c'est la Volonté du Monarque. De ce
désordre capital naissent tous les autres défauts qui défigurent la face du Gouvernement. Le Prince n'aiant plus
d'autre regle que son Vouloir, c'est une suite* necessaire
que tout dépende de ses caprices & de ses passions. Il
ordonne des choses injustes & criantes ; une partie de
ses sujets execute les ordres aux dépens de l'autre partie,
& les premiers deviennent en cela les instrumens & les
supôts de la Tyrannie. Si ce Prince est déréglé dans ses
mœurs, son Exemple autorise* le crime, & ses excès ne
passent plus que pour des gentillesses. Veux-tu que je te
dise tout en peu de mots, Adario ? Quand le Monarque
regne par les Loix, rien de mieux ; quand le Monarque
s'érige lui-même en Loi, rien de pis.

ADARIO

Je te comprens, mon cher Baron, & plût à Dieu que
tu m'eusses toûjours répondu aussi solidement ! Mais
di-moi, je te prie. Lors qu'on a le malheur de tomber
entre les mains d'un de ces Oppresseurs dont tu parles,
pourquoi ne pas déthrôner le Tyran ? pourquoi ne pas se
donner un meilleur Maître ? Que tout un grand Peuple
gemisse pour le plaisir d'un seul homme, je ne pense pas
qu'il se puisse rien concevoir de plus bizarre, ni de plus
contraire à la droite Raison.

LAHONTAN

Aussi* se trouve-t-il dans notre Europe une Nation
assez brave & assez courageuse pour ne pas souffrir que
le Souverain transgresse les Loix, & pour s'opposer à
son usurpation [1]. Mais ce qui fait que ces dépositaires
de la Liberté, que ces véritables hommes trouvent si peu
d'imitateurs, c'est qu'un Tyran a de grandes ressources
contre le déthrônement. Il fait accroire à ses sujets que le
Grand Esprit l'ayant établi sur eux, ils doivent lui obéïr [2],
fût-il le plus execrable de tous les Monstres, on ne cesse
de rabattre cette belle Morale ; les uns la prônent de
bonne foi, les autres par crainte, par interêt, ou pour
avoir le plaisir de défendre une mauvaise cause. Mais le
peuple est toûjours la dupe de ces Docteurs, & donnant
avec sa credulité ordinaire dans ce barbare dogme, il
respecte la main qui le frappe, & il baise les fers dont le
tyran le tient enchaîné.

ADARIO

Oh pour ce coup-là je te tiens, Baron. Tu ne saurois
me nier, sans renoncer à toute pudeur*, que vos François
deshonorent le Grand Esprit par les idées qu'ils s'en
forment. Car quand ils croient qu'il ordonne sous peine
des feux éternels à toute une nombreuse Nation d'obeïr à

[1] Gueudeville fait allusion à Charles Ier d'Angleterre, exécuté
à Whitehall en 1649.
[2] Les théoriciens de la monarchie absolue de droit divin,
comme Bossuet, par exemple, affirmaient que tout pouvoir politique vient de Dieu (*Non est potestas nisi a Deo*, selon la formula-
tion de Paul, Rom., 13, 1).

un mechant Roi, n'est-ce pas dire que le Grand Esprit est méchant lui-même & qu'il prend plaisir à faire souffrir des innocens ? Mais revenons à la justice de vos Loix [1]. Tu te souviens de ces deux pauvres Diables qui se refugierent l'autre année à Quebec de peur d'être brulez vifs ; di-moi, je te prie, de quel crime étoient-ils coupables ? On les accusoit de magie, & quelle bête est-ce que cette magie ? Apparemment rien autre chose qu'une cervelle derangée, & si un homme qui est magicien de bonne foi doit être livré au bourreau, il faut le mettre entre les mains d'un Medecin. Tu sais que nous avons aussi nos Sorciers ou nos Jongleurs ? Ils se vantent de guerir les malades par des prestiges*, & par des enchantemens. Mais nous ne sommes pas assez stupides pour être leurs dupes ; nous les regardons comme des fourbes, ou comme des fous ; leurs visions & la bizarrerie de leur conduite nous divertissent, & quant au reste, nous les laissons vivre en repos.

LAHONTAN

Ta comparaison ne vaut rien du tout, Adario. Nos Jongleurs sont bien d'autres gens que les vôtres. Il faut que tu saches qu'en France, & en plusieurs autres Païs de l'Europe, un Sorcier est plus à craindre qu'une armée. C'est un homme qui, en vertu d'un certain contract qu'il a passé avec l'Esprit noir, peut faire tout le mal dont il s'avise. Il donne la rage d'amour aux personnes les plus indifferentes & les plus froides ; il glace les amans

---

[1] Avec ce retour à la « justice » des lois françaises, se termine la digression critique sur la méchanceté possible du roi et du « Grand Esprit », qui ne se trouvait pas dans l'édition 1703.

les plus emportez, & le jeune époux qui se croit au
comble de son bonheur le jour de son mariage, tombe
la nuit, par le malefice de l'Enchanteur, dans la paralysie
& dans l'insensibilité. Ce scelerat empêche la maturité
des grossesses ; il jette les plus sains dans une langueur
mortelle ; il fait périr les semences dans le sein de la
terre, & le bêtail dans les pâturages ou dans les étables.
Quelquefois il se contente de repandre la terreur dans
tout son Canton*. Ayant le secret d'apparoître sous telle
figure* que bon lui semble, il en choisit qui causent
d'horribles transes à ceux qui le rencontrent, & qui leur
fait dresser les cheveux. Tantôt c'est un spectre de la
hauteur d'un Chêne, tantôt c'est un quadrupede énorme,
& tantôt un oiseau des plus afreux. Ses plaintes, ses cris,
ses hurlemens, le bruit des chaines qu'il tire après soi
redoublent l'épouvente & l'horreur. Enfin, le Diable qui
est son ami de débauche & avec lequel il se plonge la
nuit dans les plus sales ordures, lui communique toute la
sceleratesse de son pouvoir. A ton avis ce Sorcier n'est-il
pas bien & dûment brûlé ?

ADARIO

Tu me fais assurément bien de l'honneur, Baron,
quand tu me debites toutes ces fadaises. T'ai-je donc
donné sujet d'avoir si mauvaise opinion de mon discernement ? Je te conseille d'entreprendre aussi de me persuader qu'Esope est un veritable & fidéle Historien, &
que les bêtes ont dit & fait toutes les choses que ce judicieux Singe nous rapporte. Si tu as prétendu railler* avec
toute ta sorcellerie, je te le pardonne ; & il ne tient qu'à
moi, pour te payer en même monnoye, de te forger ici

des mensonges aussi ridiculement inventez. Mais si tu parles serieux & en homme qui croit ce qu'il dit, en verité, mon pauvre Frere, tu me fais grande compassion, & je déplore ton aveuglement. Je suppose qu'il y ait un mechant Esprit, je veux que cette bête à cornes, à queue & à pieds fourchus que vous nommez *Diable*, soit dans l'Etre des choses, & que ce ne soit pas plûtôt un Fantôme inventé pour faire peur aux simples, quel besoin y a-t-il de lui donner ces Ministres, & ces supôts qu'on qualifie *Sorciers* ? Dès que le Démon auroit influence & pouvoir sur les productions de la Nature, il agiroit de tous côtez par sa vertu invisible, & sans emprunter le secours humain il ne tiendroit qu'à lui de causer sur la Terre des maux infinis. D'ailleurs, si ce vilain Diable communique sa malice surnaturelle aux mechans, comment le Monde ne fourmille-t-il pas de Sorciers ? Car tu sais, Baron mon Ami, que le nombre des bons est bien petit ; je gagerois, si cela se pouvoit, qu'il y a mille scelerats contre un homme de bien. Outre cela, j'ai ouï dire que presque tous vos Sorciers étoient des gardeux de bêtes, des ignorans & des gueux. Comment le Diable, leur Seigneur & Maître, & auquel ils se sont donnez corps & ame, ne leur fait-il point un peu de part de ses lumieres, comment ne fait-il point leur fortune ? Ses bons serviteurs, ses meilleurs amis vivent en ce monde-ci dans la crasse la plus sordide, dans la misere la plus afreuse, & pour toute recompense de lui avoir été fidéles, ils bruleront éternellement dans l'autre vie ? Ne faut-il pas être bien ennemi de soi-même pour se choisir un tel Maître ? Mais enfin, je ne trouve rien de plus scandaleux que cette opinion de Magie & de sortilege. Quelle idée me donnes-tu en cela du Grand Esprit ? Tu veux me persuader qu'il laisse faire le Diable : en ce cas-là Dieu est

donc le complice de tous les crimes & de toutes les hor-
reurs du Grimoire [1], car enfin, consentir à un desordre
que l'on pourroit empêcher très aisément, si ce n'est pas
en être l'auteur, à ton avis cela vaut-il mieux ? Je te fais
une comparaison, Frere, & je te défie d'y répondre. J'ai à
la chaine dans ma Cabane un chien enragé : cet animal
est d'une force monstrueuse, d'une agilité surprenante,
sa peau est impénétrable, & il n'y a point d'homme assez
hardi pour oser lui porter un coup. Si je lâche ce chien
dans le Village, n'est-il pas vrai qu'il y étranglera autant
d'hommes & de bêtes qu'il en tombera sous sa patte ?
Mais n'est-il pas constant* aussi que je serai la vraie cause
de cette horrible desolation* ? Va maintenant au Diable,
Seigneur Baron ; puis qu'il fait tant de ravage sur la Terre,
pourquoi le grand & bon Esprit lui permet-il d'y venir ?
que ne lui défend-il de sortir de son Enfer ? En verité si
Dieu veut bien que le Diable se fourre partout, Dieu veut
bien aussi que cet Esprit pervers fomente* la sceleratesse
parmi les hommes, & qu'il contribue à leur damnation ;
or je te demande si Dieu peut tolerer ce mal sans en être
responsable ? Pour raisonner conformément à la nature
& à la perfection du Grand Esprit, il vaudroit bien mieux
dire qu'il a renfermé pour jamais tous les mauvais Anges,
& qu'il a fixé leur condition à demeurer avec les Damnez
& à les tourmenter ; on ajoûteroit que le Grand Esprit,
au contraire, inspire aux hommes la vertu, les detourne
du vice, & les aide dans le grand œuvre du salut. Quant
aux Ames que tu prétens revenir de ton prétendu Purgatoire, autre sottise. Elles viennent, dis-tu, solliciter le
secours des prieres, des offrandes & des vœux ; mais les
vivans que ces pauvres Ames prennent pour mediateurs

[1] Le livre de magie utilisé par les sorciers.

valent-ils mieux qu'elles ? n'ont-ils pas assez à faire d'ap-
paiser Dieu pour eux-mêmes ? & d'ailleurs dès que le
Grand Esprit trouve bon que ces souffrants quittent le
Purgatoire, & viennent sur la Terre implorer l'assistance
de leurs amis, il ne lui en couteroit pas davantage d'abre-
ger leur peine, & de les enlever de plein vol dans son
Paradis. Garde donc pour toi ta Diablerie & tes Apari-
tions ; c'est un bien que je ne t'envie point, je t'en céde
ma part très volontiers. Si tu me debites ces sornettes
pour te divertir, tu es fort mal adressé, va t'en dogmatiser* la plus chetive femmeléte de notre Village, encore
suis-je bien sûr qu'elle te regardera d'abord aux yeux, &
qu'elle te prendra pour une cervelle demontée ; mais si
tu parles serieusement & si tu crois ce que tu dis, assurément, mon Gentilhomme*, tu n'as guere d'obligation à
la Nature, elle t'a bien mal partagé de raison. Il me vient
encore une pensée touchant les Negromanciens. D'où
vient que la Sorcellerie est inconnue à nos Peuples du
Canada ? Ces bonnes gens n'y entendent point finesse ;
quoi que depourvus de ces vives & divines lumieres dont
vous vous piquez vous autres, & qui certainement ne
vous rendent pas meilleurs, ils marchent à la lueur du
Bon-sens, & ils vont rondement en besogne. Il semble
donc que le Diable feroit bien ses affaires avec eux, car
ne se défiant point de lui, rien ne l'empêcheroit de leur
en faire accroire ; cependant nos Canadiens* n'ont aucun
commerce* avec Satan. D'où je conclus, ou que vous êtes
des cerveaux creux qui vous repaissez de chimeres, ou
que vous sympathisez assez avec le Diable pour entretenir correspondance avec lui, au lieu que, ou nous ne
croyons rien qui ne soit solide & conforme à la saine Raison, ou le mechant Esprit ne s'accommode point de nos

mœurs, & il nous trouve trop de droiture & de probité pour commercer* avec notre Nation.

C'en est assez, & même beaucoup trop sur une matiere si ridicule ; oblige moi de ne me point repliquer là-dessus ; tu ne pourrois m'alleguer que de nouvelles extravagances ; retournons à vos Loix par un chemin plus clair, & où l'on puisse comprendre ce que l'on dit. Pourquoi souffrent-elles, ces Loix, qu'on trafique de l'honneur de l'autre sexe ? Ne sont-ce pas des temples fort vénerables que ces Maisons publiques où la Prêtresse de Venus vous donne pour votre argent le choix entre les Victimes qui se sont consacrées à cette lubrique Divinité ? Pourquoi permettre sans aucune autre raison que celle d'une sotte vanité de porter une épée qui sert si souvent à tuer ceux qui n'en ont point ? La juste guerre exceptée, ne faudroit-il pas éloigner tout à fait cet instrument de colere & de fureur ? Comment laisse-t-on aux vendeurs de Vin & de liqueurs fortes de donner à des gens yvres tout autant à boire qu'ils en demandent ? N'éprouve-t-on pas tous les jours que la bouteille, comme vous parlez vous autres, produit d'étranges effets ? Combien de querelles & de meurtres à Quebec par la boisson ? & nos bonnes gens même ne s'égorgent-ils pas quand ils en ont trop pris ? Le Cabaretier n'est point coupable, diras-tu : il fait son mêtier ; mais c'est au Buveur à se connoître & à lever le piquet* lors qu'il se sent près à passer les bornes. Cette réponse ne vaut rien, car cet homme que tu supposes avoir déja beaucoup de vin dans la tête, & qui d'ailleurs a du penchant à la débauche, est-il en état de se servir de sa Raison ? Point du tout, & dans ces moments-là le Philosophe le plus phlegmatique* est emporté par la vapeur du jeu

& par l'attrait du plaisir. Pourquoi vos Magistrats ne veillent-ils point à moderer le jeu & à prévenir ses excès ? Quelle source de malheurs que le jeu ! Le Pere y ruïne sa famille ; le fils y endette son Pere ; la Femme, après avoir perdu son argent, ses bijoux & ses nipes, y engage le front de son Mari ; du jeu naissent la misere, la division, le meurtre & tant d'autres suites pernicieuses. Ce sont là, mon Frere, des abus dangereux & crians que vos Loix devroient retrancher. Au lieu de cela, vous commettez tous ces desordres impunément, & à l'abri des Loix. Une telle reformation* n'est point necessaire parmi nos Hurons. Ils ne connoissent point tous ces travers ni tous ces deréglements. Le Bon-sens est leur Code, & l'Equité leur Digeste* ; ne faire tort ni à soi-même, ni aux autres, faire tout le bien raisonnablement possible à sa propre personne & à ses semblables, voilà notre Jurisprudence, ce sont toutes nos Loix.

LAHONTAN

Mon Dieu ! que tu bats la campagne, Adario, que tu t'échaufes, & que tu emploies de paroles pour rien ! Je n'ai qu'un mot à te répondre, & tu n'as guere de cette Raison que tu prônes tant si tu ne t'en paies pas. Nos Loix font digue au débordement, & à l'inondation du vice autant que cela se peut ; mais parce que la plûpart de nos Villes sont trop étendues pour que le Magistrat puisse avoir l'œuil sur la conduite de chaque particulier, on fait des défenses générales, on les observe avec toute l'exactitude* possible, & du reste on tolere ce qu'on ne peut empêcher.

ADARIO

Je voudrois que tu disses vrai. J'aime d'inclination
les bons François, & je ne puis mieux leur marquer
ma bonne volonté qu'en leur souhaitant une vie libre
& tranquille, telle qu'est la nôtre. Mais comment vos
Loix pourroient-elles vous procurer ce sûr et agréable
repos ? N'ai-je pas vu qu'elles sont le plus violées par ceux
qui sont obligez de les administrer ou de les soutenir ?
Qu'est-ce que c'est chez vous que ces lieux si redoutables
établis pour punir le crime, pour autoriser* le droit, pour
exercer la justice ? Ces Tribunaux ne sont-ils pas trop
souvent des coupe-gorge, des endroits de vol, de brigandage & de violence ? Un Plaideur, venu peut-être de cent
lieues pour demander son bien, se consume en frais, pendant que les Supots de ce Repaire que vous nommez
Barreau s'enrichissent des depouilles de ce malheureux,
& si après qu'on l'a épuisé par des longueurs, des ruses
& des chicanes, il gagne sa cause, à peine lui reste-t-il
assez pour paier les Dépens* ; il ne profite que du parche-
min. Tu sais mieux que moi ce que l'argent, la faveur &
l'amour peuvent sur le cœur d'un Juge, tu sais combien
ces puissantes machines jettent de veuves, d'orphelins,
d'innocens, dans la misere & dans l'oppression. Allons
du Palais à la Cour : se peut-il rien de plus inique &
de plus barbare que les Loix qui émanent du Conseil
de votre Maître ? Il dispose du bien de ses sujets ni plus
ni moins que nous disposons quand il nous plaît de ce
qui apartient à nos Esclaves. Le particulier ne jouït de
quoi que ce soit dont il ne paye le tribut : on le taxe
même pour sa tête & pour les élemens, & lors qu'il s'imagine qu'on ne sauroit plus rien lui demander, il est tout

étonné de voir qu'on le pille & qu'on le repille plus que jamais. Encore passe si le Prince, je ne dirai pas, voloit ; j'adoucirai le mot, si le Prince prenoit le bien de ses sujets d'une maniere équitable, je veux dire si chacun contribuoit selon ses forces ; mais helas ! il s'en faut bien. Les plus pauvres sont les plus chargez à proportion, & tel miserable artisan qui n'a pour tout capital que l'usage de ses bras donne presque tout son gain, pendant que Monsieur le gros & gras Financier se fait grand honneur & grand plaisir de ce qu'il derobe au Public. Voilà les excellens fruits que vous retirez de vos Loix. Comparez maintenant votre condition avec la nôtre. La Raison est notre unique & Souverain Juge. Elle nous ordonne de nous rendre heureux les uns les autres & de concourir au bonheur commun par une égalité de biens, nous lui obeïssons exactement ; elle nous commande encore de travailler pour l'abondance & pour la sûreté du Village, c'est ce que nous faisons de bon cœur ; qu'arrive-t'il ? Bannissant par là de chez nous le Mien & le Tien, ces deux grands Perturbateurs du Monde, nous menons une vie exempte d'ambition & de dispute, & conséquemment nous goutons une solide & inalterable felicité. En voilà bien assez pour aujourd'hui ; aussi bien mon François, qu'est ce que je dis ? aussi bien mon Esclave me vient querir*. Le reste à demain. Adieu.

IIIE CONVERSATION
DE L'INTERÊT PROPRE

LAHONTAN

Quoi ! si matin ? Oh bon homme ! tu n'as pas l'ame contente, & tu en veux decoudre encore, je le vois bien. Mais croi-moi, Adario, plus de controverse ; tenons-nous-en chacun à nos sentimens*, & vivons bons amis. Pour moi je t'abandonne à ton aveuglement. C'est avec chagrin, néanmoins, car je t'estime beaucoup : tu as de l'esprit, de l'experience & de la valeur ; je me serois fait un grand plaisir de t'arracher à tous tes préjugez sauvages, & comme ta Nation, qui te venere, a pour toi toute la déference possible, comme tu es l'oracle des Hurons, j'aurois cru les convertir tous en te convertissant. Mais encore un coup j'y renonce ; il n'y a pas moien de te faire entendre raison. Tu éludes la force de mes preuves, tu conclus du particulier au général ; enfin tu prens toûjours à gauche, & pour ne te rien deguiser, après avoir bien batu la campagne tu reviens à ta prévention.

IIIE CONVERSATION

ADARIO

Tu te contredis grossierement sur mon chapitre, Baron, & dès là j'ai sujet de te croire le discernement faux. Selon toi j'ai de l'esprit, & cependant je ne puis distinguer le vrai d'avec le faux ; je raisonne comme un entêté, comme un fat ; ajuste cela si tu le peux. Que j'aie du genie* ou que je n'en aie point, il est toujours vrai que tu me fais injustice. Afin que tu le saches, quand je dispute* contre toi je ne suis ni François ni Huron ; je mets tout préjugé à part & je tâche de ne me servir que de mon Bon-sens. Sur ce pied*-là je suis autant en droit de me plaindre de ton entêtement que tu es en droit de crier contre mon opiniâtreté. Cela est plaisant : parce que les Jesuites sont Jesuites, & que les François sont François, ils sont infaillibles ; & parce que nous sommes Sauvages & Hurons, il faut necessairement que nous aions tort. Hé ! par quel endroit, s'il vous plaît, votre sens* est-il meilleur que le nôtre ? Tant s'en faut. Nous devons raisonner beaucoup plus juste que vous, car nos vues sont plus simples, & nous n'obscurcissons point la lumiere naturelle par tant de préjugez & par l'impression d'un si prodigieux nombre d'objets. Ne t'imagine donc pas, mon Frere, m'étourdir de ton galimatias. Non, vous ne connoissez point le vrai bonheur, vous autres Européens ; vous donnez tout à l'imagination, & presque rien à cette belle partie de nous-mêmes qui nous fait raisonner ; enfin vous ne meritez pas le beau nom d'Homme. Par exemple je te soutiens qu'une Nation parmi laquelle l'Interêt propre domine, & dont l'argent est l'ame, le lien & le nerf, je te soutiens, dis-je, qu'une telle Nation doit être necessairement défigurée par toutes sortes de

crimes & d'excès. Il est inutile d'en venir à l'induction* :
la chose est claire comme un & un font deux ; toi-même
tu n'en doutes pas. Mais je consens que tu soutiennes
la gageure. Prouve-moi donc, s'il est possible, que vous
êtes aussi innocens, aussi tranquilles, aussi heureux avec
votre argent que nous qui détestons ce pernicieux metal,
& qui le craignons comme la peste.

LAHONTAN

Je t'accorderai, si tu veux, que le Tien & le Mien
sont une occasion de grands desordres parmi nous ; mais
l'institution n'en est pas moins bonne & la conservation
n'en est pas moins necessaire. Il n'y a rien de si bon sur
la Terre qu'il ne puisse degénerer en abus ou tourner en
mal. Ne conviens-tu pas, Adario, que les mains & les bras
ornent l'homme, & que ces instrumens lui sont tout à
fait necessaires ? Cependant il est certain que si la Nature
avoit fait les hommes sans bras, les hommes ne se tueroient point comme ils font, en cela plus furieux que les
bêtes les plus feroces. Il en va de même de notre argent &
de notre proprieté : s'il en resulte de grands maux, il en
revient aussi de grands avantages. Et, sans nous donner
la peine de descendre dans un détail* d'où nous ne sor-
tirions jamais, n'est-ce pas à l'argent que nous devons la
force & le lustre de nos Societez ? Le Prince met sur pié
de nombreuses armées ; il étend ses frontieres, & il se fait
la terreur de ses ennemis ; les autres Nations n'oseroient
l'attaquer, & se tiennent trop heureuses qu'il les laisse
en repos. Quel est le ressort de cette puissance ? c'est
l'argent. Ce metal n'influe pas moins au dedans de la
Nation pour l'ordre, & pour la beauté. Nos Rois ont des

thrésors & des richesses immenses, il est vrai ; mais sans
cela seroient-ils en état d'apuier les Loix, d'empêcher
les revoltes, de punir le vice, de recompenser la vertu,
de soutenir l'éclat de leur dignité ? Si vous retranchez
la diversité d'intérêt, le théatre des Grands, des Nobles
& des Riches tombe ; leur luxe, leur faste, leur fracas
s'evanouït, ils seront confondus dans la foule, & ils n'auront plus rien qui les distingue de leurs Compatriotes.
Mais combien aussi la Societé perdroit-elle à ce changement ? Nous ne verrions plus ces Hôtels superbes, ces
Palais magnifiques, ces riches ameublemens ; nos villes
ne retentiroient plus du bruit des Carosses ; tant d'autres
belles choses que je ne te dis point ! Quand nous ne
perdrions que le plaisir de voir un Fat que la naissance
ou la fortune semblent n'avoir mis en place que pour
étaler ses defauts de corps & d'esprit & que pour montrer la bassesse d'ame des flateurs qui lui font la Cour,
nous perdrions l'un des plus divertissans spectacles de la
Scene.

ADARIO

Tu prétens donc que la force & l'ordre d'une Nation
soient fondez sur le Tien & le Mien ? Abus, mon Ami,
abus. Je supose, ce qui probablement n'arrivera pas si-
tôt, qu'on abolisse la Roiauté en France, & que chaque
Ville devenant Souveraine établisse une communauté
de biens entre ses habitans ; en quoi votre France seroit-
elle moins puissante ? Ces Villes n'auroient qu'à s'unir
toutes contre l'Ennemi commun ; elles fourniroient plus
ou moins de troupes, à proportion qu'elles seroient plus
ou moins peuplées ; enfin ces Villes feroient ce que font

nos Villages lorsqu'il s'agit de faire la guerre aux Iroquois. Quant au bon ordre, ne vois-tu pas, mon cher
Frere, qu'il seroit beaucoup mieux observé dans le cas de
ma suposition*, car chaque Chef de famille aiant abondamment son necessaire en jouïroit paisiblement sans
troubler personne, & si quelcun s'émancipoit* à faire le
moindre tort à son Compatriote, tous les autres s'éle-
veroient contre lui pour le maintien du bonheur commun ? Pour ce qui est de ce lustre & de cette beauté
qui frapent les yeux, tu me la donnes belle, Baron. Di
plûtôt que c'est une laideur, une ombre, une affreuse
diformité. Je te fais encore une comparaison. L'on te
présente deux femmes : l'une a le visage parfaitement
regulier, la gorge & les mains belles, mais tout le reste
du corps est affreux ; l'autre n'est pas une ce ces Beau-
tez éclatantes, mais elle n'a rien qui choque, tant elle
est bien proportionnée ; on diroit que la Nature en formant cet ouvrage s'est étudiée à n'y pas laisser glisser le
moindre defaut. A ton avis, Seigneur Baron, de laquelle
de ces deux Princesses t'accommoderois-tu le mieux ?
Tu ne balancerois pas d'un moment pour la derniere,
& comme tu ne manques ni de bon goût ni d'apetit, il
me semble te la voir prendre avidement par la main. Tu
vois, je m'assure, où j'en veux venir. Ces deux femmes, ce
sont deux Nations ou deux Societez. La premiere de ces
femmes est la figure du Corps civil où regnent le Tien &
le Mien. Ce Corps est beau & agréable à voir par sa partie superieure : la Cour & le Château de ce Monarque,
la Maison & les Equipages de ce Grand, les Festins &
la dépense de ce Riche, voila les endroits brillans de la
Societé. Mais lors que nonobstant un grand nombre
d'Hôpitaux, on ne laisse pas de voir vos Carfours assie-
gez de pauvres & de mendians ; lors que dans un tems

de famine [1] on trouve les morts dans les grands chemins & dans les rues, pendant que Monsieur le Riche n'en rabatroit pas d'un denier pour sa molesse & pour ses plaisirs ; lors qu'on voit le villageois, l'artisan, le menu peuple privé des douceurs de la vie, & souffrir la faim & la nudité pour fournir aux desirs insatiables d'un seul homme, qu'en dis-tu, mon Ami, vos Societez ne font-elles pas horreur par cette dégoutante & afreuse moitié ? Oppose maintenant à ce Corps civil une Nation qui ait bani pour jamais de chez elle toute difference en matiere de richesses & d'honneur, toute subordination en fait d'autorité. Ces hommes concourent avec un empresse-ment mutuel à se rendre heureux ; personne ne travaille pour soi. Chacun consacre son adresse & son industrie* au bonheur commun ; la disette & la haine n'entrent point dans une telle Societé ; l'abondance & l'amitié en sont les deux liens principaux. Enfin cette Nation est uni-forme en tout : cela ne vaut-il point infiniment mieux que votre haut & bas ? Je te defie d'en disconvenir de bonne foi.

LAHONTAN

Tu bâtis sur l'impossible & par conséquent tu tires tous tes coups en l'air. Afin que ta suposition devînt effective & se tournât en réalité, il faudroit que le Grand Esprit envoiât un nouveau Déluge sur la face de notre vaste Continent, & que couvrant la superficie de la Terre

[1] Quoique postérieure de quelques années, la grande famine de 1709 à Paris montrera à la fois la misère des Parisiens et « la réponse du pouvoir » au début du siècle : voir J. Saint-Germain, *La vie quotidienne en France à la fin du Grand Siècle*, p. 170-223.

d'une Peuplade*, ces nouveaux hommes eussent à choisir sur le biais, & sur les moiens de se rendre heureux. Dans l'état où sont les choses tu juges bien, Adario, qu'on en viendroit plûtôt à un massacre général que d'en venir à une égalité de biens. Les opulens de la premiere volée* perdroient trop ; ceux qui sont dans la médiocrité* n'y gagneroient pas assez ; le plus gros profit iroit aux pauvres, & comme ces derniers sont le parti le plus foible, comment s'y prendront-ils pour contraindre les deux autres partis à renoncer à la propriété ?

ADARIO

Arrête, Baron ; j'ai été en France, comme bien tu sais ; je connois le Gouvernement & je te soûtiens qu'en ton païs les gens sans capital & sans fortune sont le plus grand nombre : rien n'empêcheroit donc qu'ils ne se rendissent les plus forts. Ils pourroient le faire d'autant plus aisément que le gros de la puissance de la Nation est de l'ordre des Infortunez. Car, di-moi, je te prie, qu'est-ce que c'est que ces trois cens mille soldats plus ou moins, que votre Monarque a dans son Roiaume, & qui le rendent si formidable* & si fier ? Ne sont-ce pas trois cens mille gueux qui moiennant quelques sols* par jour veulent bien se faire tuer, & pour qui ? pour le Riche depuis le premier jusqu'au dernier ; pour la conservation de sa plenitude ; pour le maintien de ses plaisirs & de ses excès, pour l'augmentation de sa prosperité. Mais tous ces milliers de soldats procurent-ils, par l'effusion de leur sang & par la perte de leur vie, le moindre avantage à ceux de leur Categorie & de leur Classe, je veux dire, aux Habitans destituez* de bien ? aucun si ce n'est d'accroitre leur misere, & d'en multiplier le nombre. Il ne tiendroit donc qu'à ces Troupes de faire rentrer la Nation dans ses droits, d'anéantir la proprieté des particuliers, de faire une égale & juste compensation des biens, en un mot d'établir une forme si humaine, un plan si équitable de Gouvernement que tous les membres de la Societé participassent, chacun suivant sa portée, à la felicité commune.

LAHONTAN

Quand tu me proposes le secours du soldat pour l'execution de ton Grand Œuvre, j'aimerois autant que tu conseillasses aux bêtes de se réunir tous pour se soustraire à la tyrannie, à la cruauté, à la gourmandise de l'Homme. Est-ce qu'un Général ne méne pas ses Troupes au feu à peu près comme un Boucher conduit ses bœufs et ses moutons à la tuerie, sans que les uns ni les autres s'avisent de demander pourquoi l'on veut qu'ils meurent, sans qu'ils s'informent si c'est justement ou injustement qu'on les fait perir ? D'ailleurs, on persuade aux soldats qu'ils sont obligez en conscience de se soumettre aveuglément, & l'on punit leur résistance comme le plus énorme des crimes, parce qu'en effet il n'y a rien de plus dangereux pour les Grands & pour les Riches. Si le soldat se mêloit de philosopher, s'il vouloit entendre raison, s'il s'ingeroit* de prendre connoissance de la conduite du Prince, de l'opression des sujets, des abus & des injustices qui se commettent dans l'administration publique, combien de Colosses seroient renversez ? Mais enfin, sans la subordination militaire il n'y a plus de sureté au dehors, ni au dedans d'un Etat ; l'anarchie & la confusion succederoient à la tranquillité ; le monde ne seroit plus qu'un Cahos, & cela est si vrai que vous autres Hurons, vous avez pour vos Chefs, quoique vos égaux, la même deference & le même aquiescement que s'ils étoient vos Superieurs.

ADARIO

Oh, mon Brave, si je voulois je ne demeurerois pas court sur tout cela : le Bon-sens me fournit de quoi foudroier tes reponses & les battre en ruïne* ; mais comme ce n'est pas mon dessein de te déplaire, je ne repliquerai point à tes dernieres instances*, & je me contenterai de t'alleguer une raison dont tu ne saurois raisonnablement te scandaliser. J'ai ouï* dire aux Jesuites que tous les hommes tendent toujours au plus grand bien ; je sens en moi-même qu'ils ont raison, & si je concevois aussi bien tout le reste de ce qu'ils me prêchent, j'irois au plutôt* me faire laver la tête avec cette eau merveilleuse qui blanchit l'ame, & je serois Chrétien & Catholique à bruler. J'ai dit que je sentois bien en moi-même qu'ils avoient raison, car en effet je m'aperçois que sans examiner & sans refléchir je vise toûjours au meilleur & je quite le moins bon pour prendre ce qui m'acommode le mieux. Or il faut que tu tombes d'accord que notre genre de vie est beaucoup plus doux & incomparablement plus agréable que le vôtre ; donc vous devriez l'embrasser, & vous allez contre l'impression* de la Nature, vous faites violence à cette bonne Mere quand vous ne vous rendez pas aussi heureux que nous le sommes.

LAHONTAN

Quoi ! un Sauvage moraliser si finement ! Je ne desespere plus de ta conversion, Adario ; & puisque nos Jesuites ont bien pu te faire pénétrer dans le dernier repli du cœur humain, ils pourront bien aussi t'introduire dans la connoissance de nos Mystéres.

ADARIO

Nous ne saurions être plus opposez, Seigneur Baron. Tu t'étonnes qu'un Sauvage dont l'ame est dans son assiéte naturelle & dont l'esprit n'est point gâté par un amas de fausses idées, ni par le trouble des passions, comprenne les premiéres veritez de la Philosophie ; & moi j'admire comment vous autres qui êtes acoutumez dès l'enfance à croire ce que vous ne concevez point, conservez encore assez de lumiere pour discerner le vrai d'avec le faux. Touchant ce que tu nommes ma conversion, je te conseille en ami de ne pas esperer trop fort, car tu pourrois bien avoir le chagrin de t'être trompé. Vois tu, mon Ami, quand les Jesuites me parlent raison, je les entens : si j'ai de la peine à les comprendre d'abord, j'en viens à bout avec un peu de reflexion, & alors je me rejouïs à la vûë de la Verité ; je la goûte, j'en savoure la douceur, & cela me fait un certain plaisir que je ne te saurois exprimer. Mais quand tes Jesuites me parlent Mystere, qu'ils m'ordonnent de fermer les yeux pour voir, c'est comme s'ils me tiroient de la clarté du Soleil & du jour pour me faire entrer dans une Caverne où plus l'on avance, plus on descend dans une nuit épaisse ; franchement j'aime à voir clair, & je veux savoir où je mets le pié.

LAHONTAN

Ne t'offre-t-on pas le flambeau de la foi pour t'éclairer & pour te conduire dans ces routes obscures ? Mais ne nous rembarquons point sur l'immense et profond Ocean de la Controverse. J'aime mieux répondre à la derniere preuve que tu as alleguée contre l'Interêt propre. Nous tendons toûjours au plus grand bien, dis-tu ? D'accord. La vie des Hurons est un plus grand bien que la nôtre, c'est ce que je te nie absolument. Apelles-tu bonheur d'employer la plus grande partie de son tems à la chasse, à la pêche, & à la guerre ? Ces trois exercices n'entrainent-ils pas immanquablement beaucoup de peine, de travail, de fatigue, & quantité d'accidens* facheux ? Votre loisir & votre repos ne sont guere plus agréables. Votre train de vie est tout uni*, & conséquemment très ennuyeux. Vous savez à votre reveil tout ce à quoi vous devez paser la journée ; chaque matin vous savez la même chose, & vous ne connoissez point le ragoût piquant de l'avanture, ni du changement.

ADARIO

Je suis d'accord [1] avec toi, Baron. Notre maniere de vivre ne convient nullement à ces hommes effeminez, à ces idoles vivantes qui croient n'être au Monde que pour courir de délices en délices, & qui passent tout leur tems à rafiner sur le plaisir & sur la volupté. Mais en bonne foi, ces hommes mous & indolens ne font-ils pas honte à notre Espéce, & meritent-ils d'en être les individus ? Tous les honnêtes gens sont de mon sentiment, &

---

[1] Le texte imprimé porte : « je suis d'avec toi ».

les François, comme les Hurons, pour peu qu'ils soient
raisonnables, ont un souverain mépris pour ces Ventres
Paresseux dont toute l'inquietude est de reveiller & d'ir-
riter leurs sens par quelque nouvel apas. Ces voluptueux
& ces faineans qui jouïssent si lâchement des travaux
de leurs Peres, & qui dissipent brutalement* ce qu'on
leur a aquis avec des soins, de la vigilance, de la conduite,
& de la sobrieté, ces faineants, dis-je, ne sont pas chez
vous autres le gros & le general de la Nation. Le nombre
de ceux qui s'occupent, soit pour l'utilité publique, soit
pour leur interêt particulier, est incomparablement plus
grand. Mais quand toute la France ne seroit peuplée que
d'indolens, que de sensuels, que de débauchez, penses-
tu que pour cela j'estimerois les François plus heureux
que les Hurons ? A Dieu ne plaise. J'ai étudié autant
que j'ai pu, pendant mon voyage en Europe, ces Partisans declarez du plaisir : je te jure, mon Frere, que je
n'ai jamais envié tant soit peu leur condition. Toûjours
dans le bruit & dans le tumulte, la bonne disposition
de l'ame, le contentement d'esprit, la joie solide & tranquille ne sont point du tout pour eux. Ce doux amusement qui les a étourdis pendant quelques heures, s'est-il
envolé ? Mes gens, pour s'être trop rassasiez, tombent
dans le degoût ; on rentre en soi-même avec chagrin ; on
bâille, on s'étend, on s'ennuie ; l'imagination & les forces
sont épuisées, rien ne fait plaisir, & il semble qu'on se
perde dans un triste & insupportable anéantissement.
D'ailleurs* quelles sont les suites & les fruits de l'indolence & de la volupté, quelle qu'elle soit, dès qu'on passe
les bornes ? des incommoditez tant & plus qui rendent
la vie onereuse, & qui en abregent le cours.

LAHONTAN

Laisse là ces Frelons, quoi que dans la Republique, ils lui sont étrangers, & nous les regardons comme la vermine & l'excrement de la société. Parlons des Membres utiles, & du Corps de la Nation. N'est-il pas vrai que le Commun de nos François vivent avec un tout autre agrément que ne vivent les Hurons ?

ADARIO

Je soutiens que non. En quoi s'il vous plaît ?

LAHONTAN

En tout. Nourriture, sentimens, besoins & commoditez de la vie, amitié, conversation, frequentation, que sai-je moi ? tant d'autres bonnes choses semblables, & pour comble de bonheur, c'est que par le moyen du commerce on nous prévient* dans nos necessitez & dans nos desirs, un habitant de grande Ville trouve presque à sa porte tout ce qu'il peut souhaiter.

ADARIO

Di donc aussi qu'il y trouve souvent ce qu'il convoite avec passion, & ce qu'il ne peut obtenir faute de monnoye, ce qui le fait pas mal pester [1] contre la rigueur de son destin. Mais pour te répondre en forme, oserois-tu, Baron, toi qui nous connois & qui vis avec nous, oserois-tu mettre en parallele nos manieres & nos coûtumes

[1] Le texte imprimé porte : « ce qui ne le fait pas mal pester ».

avec les vôtres ? Vous cherchez dans les alimens la délica-
tesse, la propreté*, la diversité, l'assaisonnement ; nous
ne voulons point de tout cet attirail dans nos repas, &
comme nous ne mangeons que pour entretenir la vie,
nous tâchons de ne donner à la Nature que ce qu'elle
demande : nos repas sont plus simples, plus courts, &
moins delicieux que les vôtres ; mais que l'on balance les
avantages de notre frugalité avec ceux de votre bonne
chere, lequel des deux crois-tu qui l'emporte, mon Ami ?
Nous sommes toûjours frais, robustes, allertes, faisant
bien toutes nos fonctions ; nous n'avons pas besoin de
Medecins qui exercent leur charlatanisme aux dépens de
notre santé ; nous n'avons pas besoin d'Apothicaires qui
nous empoisonnent pour notre argent ; nous n'avons pas
besoin de Chirurgiens qui nous ouvrent les veines, qui
nous tailladent, qui nous cicatrisent, & qui emploient
le fer & le feu sur nos corps ; nous n'avons point tant de
morts précoces & avancées ; nos gens parviennent à une
verte & vigoureuse vieillesse ; ils finissent avec la chaleur
naturelle, & la lampe s'éteint après que toute l'huile est
consumée. Voi, Baron, voi si c'est le même en France, &
chez les autres Nations de votre Continent. Veux-tu que
j'en vienne aux habits ? Tu ne devrois pas le souhaiter
pour l'honneur de tes Compatriotes. Tu n'ignores pas
qu'ils sont traitez de fous sur ce chapitre, & même par
ceux de leurs voisins, qui ont le travers & le ridicule de
se vêtir comme eux. Quelle inconstance, quelle legereté,
quelle bizarrerie dans ce que vous nommez *Mode* ? On
ne doit s'habiller precisément que pour se garantir de
l'intemperie de l'air, & que pour cacher certaines parties
du corps que la bienséance & la pudeur ne permettent
pas de découvrir ; c'est à quoi les Hurons s'en tiennent

uniquement, & comme rien n'est plus propre à cet usage que les peaux de bêtes, ce sont aussi ces fourrures qui nous garantissent du froid & de la nudité. Nous ne tournons point en parure & en ornement l'effet de notre foiblesse & de notre honte, & nous ne tirons point vanité de ce que la Nature nous a traitez moins favorablement que les bêtes. Nous n'avons point d'ailleurs la sotte & folle vanité de nous charger le corps d'un riche & brillant superflu. Chez nous on ne voit point les hommes courbez sous le poids d'une ample perruque, qui bien que destinée à la seule tête, cache la moitié de la personne, & qui peut-être, outre le crin de cheval, est tissue des cheveux d'un supplicié ; on ne les voit point s'acrocher par tout ni derober à table la sauce de leurs voisins avec de longues & larges manches ; on ne les voit point suer sous la pesanteur d'une étoffe payée cherement & qui paroit à peine, tant elle est chargée d'or & d'argent. Il en est de même de nos Femmes : le luxe ne les fait point tomber dans l'extravagance, & la seule Raison les guide dans leurs habillemens. Bandent-elles tous les ressorts de leur feconde imagination, épuisent-elles toute leur industrie & toute leur adresse pour se préparer une cœffure ? Que de tours & de retours, que de plis & replis, que de peine, de soin & de dépense le sexe emploie chez vous pour se couvrir la tête ! Telle femme dont le crane est bien foible & bien mal tourné ne laisse pas de porter sur ce crane un superbe édifice à trois & quatre étages ; telle femme dont le visage tirant sur la guenuche* a la vertu d'éteindre les feux d'un amour criminel, ne laisse pas d'enchasser ce même visage dans un précieux & magnifique étui, ce qui fait dire aux rieurs qu'elles n'épargent rien pour donner un grand relief à leurs défauts. Tu ne l'ignores pas,

mon Ami. Le reste du vêtement & de la parure suit à
proportion. J'ai vu à Quebec, & encore plus en France,
des Dames qui me paroissoient comme ensevelies dans
leurs ornemens : c'étoit une bigarrure d'étoffe, de frange,
de dentelle, de ruban, de galon, de pierreries ; j'avois
peine à les trouver dans cet amas confus ; je croi que
de ce qu'elles avoient de trop on en auroit habillé fort
honnêtement* une centaine de pauvres Demoiselles ; je
me fâchois sur tout contre ces queues monstrueuses qui
suivent de si loin les Nymphes qui les trainent. A quoi
bon cette queue, disois-je ? A nettoier la ruë, à cueillir la
poussiere d'un plancher, ou à fatiguer le bras d'un domes-
tique ? Peut-on prodiguer ainsi l'argent, & voir son frere
& son semblable mourir de faim & de froid ? Il faut
n'avoir pas le moindre sentiment d'humanité.

LAHONTAN

Quel Evangile me viens-tu prêcher là ? Est-ce que je
suis obligé de me priver du moindre plaisir pour soulager
un malheureux ?

ADARIO

Si tu y es obligé ? Outre que la Nature te l'inspire, la
Religion que tu professes ne te recommande autre chose,
& j'ai ouï plus d'une fois les Jesuites assurer qu'au dernier
jour tous ceux qui auront refusé d'assister les pauvres
seront maudits & livrez au feu éternel.

LAHONTAN

Cela est vrai : les Jesuites le prêchent ; tous nos Gens
le croient, & tous nos Gens, sans en excepter même

les Jesuites, n'en font rien. Si la gageure étoit faisable, je poserois en fait que, de cent mille Chrétiens, il n'y en a pas dix qui soient d'humeur à sacrifier un leger contentement pour le secours de ceux qui pâtissent. Oui, je t'avouë, mon bon homme, que Jesus-Christ condamne à l'Enfer tous les hommes qui pouvant faire du bien aux miserables les laissent souffrir, & que ce divin Legislateur fait presque rouler toute sa Philosophie sur la Charité ; mais il faut bien qu'on se persuade qu'il exagere, & qu'on ne prenne pas sa Morale dans le serieux : autrement, le Faste & le Plaisir ne l'emporteroient pas infiniment par tout sur la Liberalité. Les Riches qui se vantent d'aspirer au Ciel ne dissiperoient pas au luxe, à la bonne chere, au vin, aux femmes, au jeu, aux spectacles, & à tous les autres amusemens ordinaires, un bien dont ils pourroient faire tant d'heureux dans la Société ; un Monarque dévot, & qui ne cederoit pas sa bonne part du Paradis, n'emploiroit pas de centaines de millions à ses menus & gros plaisirs pendant que le tiers de ses sujets meurt de faim.

ADARIO

Tu ne m'aprens rien là de nouveau ; j'avois déja fait la même remarque, & je t'aurois dit tout ce que tu viens de me dire, si mon sujet m'y avoit conduit. Je suis ravi, Baron, que tu ne me deguises point l'un des plus grands maux qu'il y ait parmi vous autres. Cette sincerité me plaît beaucoup, & pour la tourner à mon profit, tu me permettras de douter d'une Religion dont on se jouë, & où l'on fait tout le contraire de ce qu'elle ordonne le plus formellement. Tu ne manqueras pas de me repliquer que cet abus, quoi que général, ne fait rien à la

certitude & à la verité du Christianisme, soit ; tu ne saurois au moins disconvenir que si votre Jesus-Christ n'est
pas un imposteur, vous êtes presque tous des impies,
des hypocrites, de faux Chrétiens. Le Grand Esprit me
preserve donc d'être des vôtres ; je craindrois la contagion, & j'aurois peur que la foule ne m'entraînât vers
le feu éternel. Mais tu m'as tiré de la garderobe de vos
femmes ; j'y veux retourner. Un François me fit bien
rire dernierement sur cette matiere-là. Nos Françoises,
me disoit-il, font mettre sans façon de belle & bonne
étofe toute neuve en capilotade*, devinerois-tu pourquoi ? Pour faire sur leurs jupes & sur leurs écharpes
certains cercles de plis qu'elles nomment *Falbalas* ; je
crus d'abord qu'il badinoit, mais il m'assura la chose fort
serieusement, & comme je connoissois d'ailleurs la probité du Personnage, je n'osai le contredire.

LAHONTAN

Tu aurois eu grand tort. On m'écrit de Paris cette
nouvelle fureur de mode, & mon Ami me mande, en
plaisantant, que les femmes, ne sachant plus qu'inventer
pour l'ornement de leurs corps, se sont tellement depi-
tées* contre les étofes qu'elles les ont mises en petits morceaux ; mais étant revenues de cet emportement, elles
ont rassemblé tous ces petits morceaux, & se sont avisées
de s'en parer.

ADARIO

Ne ferois tu pas plus d'honneur aux Françoises, si
tu disois qu'elles emploient tous ces fragmens comme

autant de materiaux propres à construire des murs, des avant-murs & des remparts sur leurs jupes ?

LAHONTAN

En vérité, Adario, nos Dames te sont bien redevables ; tu as assez bonne opinion d'elles pour les croire des places fortifiées ; ce n'est pourtant pas leur ordinaire de resister long-tems, & communément elles capitulent avant même qu'il y ait brêche. Celles de ces Forteresses vivantes qui sont le mieux revêtues tombent assez souvent le plûtôt, & si l'on en excepte l'ouvrage à corne qui subsiste long-tems, toutes les autres parties de la fortification n'y servent de rien.

ADARIO

Quoi que les Sauvages soient de mauvais Ingenieurs, j'entends à peu près ce que tu veux me dire. Mais laissant la faiblesse ou la force de ces aimables Citadelles, finissons l'article des habits. Tu ne peux me contester que la Mode ne soit un maître fâcheux, bourru, vetilleux, inconstant, qui se joüe de tous ceux qui suivent le torrent, qui fait tourner au gré de ses caprices cette multitude innombrable d'hommes & de femmes, qui n'ont ni la sagesse, ni le courage de s'afranchir de cette tyrannie. Elle est onereuse aux Grands & aux Petits, aux Riches et aux Pauvres, au Negociant & à l'Artisan. La Mode fait faire aux Grands des dépenses qui alterent leurs revenus déja bien écornez. Tel Seigneur se fait trainer habillé magnifiquement, & dans un équipage pompeux, qui feroit compassion sur le pavé s'il avoit seulement payé la moitié de ses dettes ; telle Dame, qui porte en ajustemens* &

en bijoux toute une terre sur sa personne, ne marcheroit plus qu'en simple Grisette*, si elle proportionnoit son luxe au délabrement des afaires de sa maison.

LAHONTAN

Brise* sur cette matiere, je t'en prie, Adario ; tu ne finirois pas aujourd'hui.

ADARIO

Tu dis vrai, Baron, car avant que je t'eusse fait un détail de tous les inconveniens qui resultent de vos Modes, soit pour la santé, soit pour la bourse, soit pour la douceur & la commodité de la vie, je croi qu'en effet il seroit tems de nous separer. Je te fais donc grace de ce qui me restoit à dire là dessus. Mais j'ai à te répondre sur un autre point, c'est celui de la fréquentation & de l'amitié.

LAHONTAN

C'est où je t'attendois. Tu seras bien habile si tu me prouves que par cet endroit-là nous ne sommes pas plus heureux que les Hurons.

ADARIO

Te voilà logé, mon Frere, à la présomption* Françoise, & tu te figures presque avec toute ta Nation qu'il n'y a point de gens au Monde comme vous autres, pour l'agrément du commerce de la vie & de la Societé. Voions donc si je pourrai t'ouvrir les yeux de ce côté-là. Je debute par t'accorder que les François observent parfaitement le dehors & l'exterieur de l'amitié. Moi-même j'y fus pris, mais pris comme une grosse dupe, pendant mon sejour en France. Sans être Huron tout Etranger de bonne foi eût donné dans le panneau. Les Hommes s'inclinent & se courbent profondément les uns devant les autres ; ils s'embrassent, se baisent, se prennent et se serrent la main ; les femmes plient souplement le jarret, & se font aussi des caresses* reciproques. Tout cela se fait d'un air aisé, naturel, ouvert, & l'on jureroit que toutes ces honnêtetez* viennent du cœur. Les paroles dont on se sert communément dans ces rencontres quadrent admirablement avec les postures & les gestes : *Comment vous en va ? n'y a-t-il rien pour votre service ? croiez-moi le meilleur de vos amis, disposez de ma bourse & de mon credit. Adieu, je suis tout à vous.* Hé, qu'en dis-tu, mon Brave ? Ne sont-ce pas là de ces phrases tendres & onctueuses que vous nommez *complimens* ? D'ailleurs, je confesse* encore que vos Gens sont de grands faiseurs de visites. C'est l'occupation dominante de la pluspart de ceux qui n'ont rien à faire qu'à vivre, & qui semblent n'être nés que pour faire nombre dans la Société. Ils se font une loi & une obligation de se voir tour à tour chez eux : une heure ou deux à l'un, autant à l'autre ; ainsi le tems se coule, & la vie qui sans cela leur seroit à charge se passe avec moins d'ennui. Que l'on demande à quoi bon toutes ces visites ? C'est, disent-ils, pour entretenir l'amitié : en effet, ces deux gens* se voient, donc ils sont amis, c'est chez vous un raisonnement concluant. Enfin, j'ai remarqué que vos François mangent, boivent, & jouent souvent ensemble ; ils se donnent & se rendent

des repas somptueux ; ils poussent la débauche jusqu'à
noier la Raison dans le vin. Les femmes, celles même qui
se piquent d'une je ne sai quelle chimere de qualité*, n'en
cedent pas aux hommes quelquefois là dessus ; Bacchus
a des Prêtresses & des victimes parmi le beau sexe, & si
vos Françoises ont assez de retenue pour n'oser se commettre* avec le vin, elles s'en dédommagent par d'autres
boissons, qui sans faire bouillir la cervelle, fournissent
au plaisir de boire & de choquer* ensemble. J'ai fait
quelque sejour dans une Ville où je me faisois un plaisir
de faire à certaine heure un tour de ruës, pour voir vos
Françoises courir le Caffé[1] ; je ne manquois point de les
rencontrer par bandes comme des biches, toutes aiant la
joie peinte sur le visage, comme étant toutes remplies de
l'idée du doux passe-tems qu'elles alloient goûter. Quant
au jeu tu sais combien son influence sur la Nation est
étendue.

LAHONTAN

Je commence à me fatiguer, mon bon Homme. As-tu
donc resolu de faire passer toutes nos mœurs en revûë ?
Au fait, Adario, au fait. Il s'agit de savoir s'il y a moins
d'amitié parmi nous que parmi les Hurons ; prouve moi
l'affirmative de cette question, & je te quite.

ADARIO

Oh vîte vîte, voila mon François aux champs* ! Vous
êtes gens à courte patience, vous autres. C'est vous las-

---

[1]Même s'ils étaient surveillés par les « mouches » du lieutenant de police, les cafés étaient à l'époque des lieux d'échange
d'idées importants. L'un des plus connus, ouvert en 1686, était le
Procope, situé près de la Comédie Française.

ser que d'établir ses principes : en toutes choses, & de toutes maniéres vous courez à la conclusion. Avec cette pénetration & cette sagacité dont tu es si bien pourvu, ne decouvres-tu pas où j'en veux venir ? J'ai voulu étaler à tes yeux le voile, le masque, l'apparence & le beau semblant de l'amitié Françoise ; voions à present ce qu'il y a de caché sous ce beau dehors. Tu sais mieux que moi quel fond on doit faire sur ces salutations, sur ces embrassades, sur ces serremens de main, sur ces termes obligeans, sur ces invitations, ces offres, ces promesses dont vous vous regalez presque toûjours à la rencontre. Le son d'une cloche ou d'un instrument & cela c'est toute la même chose ; une Societé de Singes ou de Perroquets qui auroient étudié les hommes là-dessus agiroient ou parleroient tout de même. Ce Compatriote qui vous salue tout bas, & avec un visage si riant, qui vous flatte & qui vous caresse, en est-il moins rongé d'envie contre votre pouvoir, contre votre fortune, contre vos talens ? Il met sa tête à vos pieds & il souhaiteroit voir d'une autre maniere la vôtre aux siens ; cette même Langue, dont il vous felicite & vous loüe, vient peutêtre & tout recemment de vous accommoder* de toutes pieces ; & ce même homme qui dit prendre tant de part à votre bonheur vous dénigroit tout à l'heure, déchiroit votre reputation, & machine actuellement votre perte. Il n'y a pas plus de droiture & de sincerité dans les autres moiens dont on prétend se servir pour fomenter* & pour entretenir la bienveillance reciproque. Les visites ne sont-elles pas une academie de medisance, & cette même personne qui défraie si bien aujourd'hui la conversation aux dépens des absens, divertira demain autre part sa compagnie à vos propres dépens. C'est un vrai tribunal qu'une visite, mais un tribunal d'iniquité. Une avanture est-elle arrivée à quelcun de la connoissance du Cercle ? Ce quelcun est-il chargé de soupçons ? Court-il de lui dans la Ville le moindre bruit desavantageux ? On lui fait son procès à toute rigueur & sans l'entendre ; tous les visiteurs & tous les visitez sont ses Juges & ses Parties : on le condamne par contumace ; on flétrit son honneur ; on le déclare indigne de toute estime ; & notez que si ce prétendu coupable est en place & fait figure*, ses Juges iront peut-être dès le même jour ramper devant lui pour en obtenir quelque faveur. Vos festins, vos débauches, & vos jeux ne sont pas des indices moins équivoques, ou plûtôt moins imposteurs de l'amitié. Chacun cherche en tout cela son plaisir ou son interêt. Le Gueux reparé* fait montre de son opulence sur sa table splendidement couverte ; il se fait gloire d'y voir assis des Grands dont la noblesse décrepite rentre en roture par le délabre-ment du bien ; ceux-ci comparoissent à l'heure de l'in-vitation, mangent & boivent largement à bon compte ; mais ils n'ont pas plûtôt remercié leur hôte & pris congé de lui qu'ils vont turlupiner* sa sotise & le dauber sui-vant son merite. Les Compagnons ou les Compagnes de débauche peuvent à peine se souffrir de sang froid, & les joueurs & joueuses sont toujours prêts à quereller ceux qui gagnent leur argent.

LAHONTAN

Quelle conséquence tireras-tu de cette Morale ? Il y a chez nous quantité de faux amis ? je te l'accorde ; donc il n'y en a pas un assez grand nombre de veritables & de généreux pour rendre notre Societé plus heureuse que celle des Hurons : c'est ce que je te nie asolument.

ADARIO

Un assez grand nombre, bon Dieu! hé où les prendrois-tu, mon pauvre Baron? Fai moi le plaisir de me les amener tous; nous logerons cette précieuse troupe dans nos Cabanes, & je suis certain que nous ne serons point obligez pour cela ni d'en sortir, ni de les agrandir.

LAHONTAN

Tu crois donc nos François de grands trompeurs & de grands fourbes?

ADARIO

Oui sans doute sur ce chapitre-là; je suis fâché de te passer une déclaration si désagréable, mais la candeur* Huronne ne me permet pas de faire autrement.

LAHONTAN

Oui, mais ta candeur Huronne te permet-elle de juger si mal d'une Nation aussi polie & aussi prévenante qu'il y en ait au monde?

ADARIO

Un Huron de bon sens doit raisonner des exemples particuliers au général. Or j'ai tant vu d'ingratitude & de dureté parmi vous autres François que je croi pouvoir charger la Nation de ces deux vices sans lui faire tort.

Cependant je ne prétens point que mon imputation*
donne aucune atteinte à l'honneur des belles & bonnes
ames ; il y en a quelques unes, je le sai, mais il n'y en a
guere, & plus la troupe en est petite, plus j'ai pour elle
de véneration.

LAHONTAN

A ce que je vois tu n'as étudié nos François que par
leurs défauts. Si tu les avois examinez du bon côté, tu
aurois fait attention à leurs largesses & à leurs bienfaits.
N'as-tu donc point vu dans nos Eglises des bassins ou des
sacs remplis d'argent ? n'as-tu point vu dans nos Villes
de grands & riches hôpitaux pour les pauvres & pour les
malades ?

ADARIO

J'ai vu ce que tu dis, & j'ai vu encore plusieurs
autres Liberalitez que tu ne dis pas, & qui seroient
trop longues à raporter ici. Mais ça, je m'en raporte à
ta conscience, Baron ; crois-tu que toutes ces largesses
coulent de la bonne source ? Crois-tu que communément elles viennent d'un noble & louable panchant à
faire du bien, & à adoucir la malheureuse condition
de son semblable ? N'est-il pas vrai que l'ostentation,
la coûtume & la crainte sont parmi vous les mobiles
ordinaires de la Charité ? Otez moi de vos Societez l'envie d'être estimé riche ou généreux ; l'aprehension d'être
noté* d'avarice ou d'inhumanité ; la crainte de l'enfer si
l'on ne restitue le bien mal aquis, si du moins on ne le
rectifie en le consacrant à des usages pieux, si l'on ne

rachete ses péchez par des aumônes, retranchez-moi, dis-je, de vos Societez ces ressorts & ces motifs, on verra tomber bien vîte toutes ces largesses que vous nommez des œuvres de charité, d'humanité, & qui ne sont au fond que les productions de l'Amour propre.

LAHONTAN

Suivant ton compte, il n'y aura point de veritable générosité sur la Terre, car l'Homme cherche par tout à contenter son amour propre, même lors qu'il s'apauvrit & qu'il se ruïne, & le plus ouvert des prodigues ne s'aime pas moins que le plus fermé des avares.

ADARIO

Tu as raison. Aussi regardai-je l'Amitié desinteressée, la Charité pure, l'Humanité sans retour, comme des couleurs & des nuances dont notre Orgueil se pare, je les regarde comme de grands noms dont on se fait un merite imaginaire. Prens y garde un peu de près, mon cher Baron, les vertus ne sont que des phantômes brillans : nous voulons le bien & le mal selon la disposition mechanique & machinale du temperament & à proportion que notre vouloir est fort ou foible, nous sommes bons ou mauvais. Je t'avouerai donc très volontiers que les hommes dans toutes leurs actions ne font que suivre l'impression* de l'Amour propre, mais ils n'en sont pas moins estimables, lors qu'ils sont humains, charitables, généreux, & fidéles amis. Ce patriote ne s'aime que pour soi ; dès lors il est indigne de vivre dans la République, & quand même il lui rendroit des services, elle

n'est point obligée de lui en tenir compte, pourquoi ?
C'est qu'il ne travaille que pour son propre interêt. Mais
cet autre Patriote s'aime pour ses proches, pour ses semblables, pour le corps civil dont il est membre ; il fait du
bien autant que son avoir et sa Raison le permettent ; tu
conviendras que ce dernier differe du précedent comme
une pierre précieuse differe d'une pierre fausse, comme
le jour differe de la nuit.

LAHONTAN

Je ne desaprouve point ta comparaison ; mais qui t'a
dit que la France n'abondoit pas en ces habitans que tu
fais ressembler aux pierres précieuses ?

ADARIO

C'a été ce prodigieux nombre d'infortunez qu'il n'a
tenu qu'à moi de remarquer dans vos Villes, dans vos
Bourgs, & dans vos Campagnes. Comme je les voiois
pâles, maigres, decharnez, enfin de vrais squéletes vivans,
& d'ailleurs tout nuds, à quelques haillons près, j'étois
curieux de m'informer quel accident* les avoit reduits
dans ce pitoiable état. On m'alleguoit diverses raisons :
c'étoit d'abord la débauche, le libertinage & la fainean-
tise. Je confesse que ceux-là me touchoient le moins ; il
m'échappa même de répondre qu'ils étoient justement
punis. Mais après y avoir fait reflexion je me disois : après
tout ils ne font tort qu'à eux-mêmes, & d'ailleurs si tous
ces gens dont on reléve si fort la sagesse, la prudence &
la bonne conduite étoient nés de la même humeur &
dans les mêmes circonstances que ces miserables, Messieurs les sages n'en auroient pas moins fait. Sur cette

pensée la compassion me saisit, & je souhaitai que la République comme une tendre mere, comme une bonne tutrice, contraignît ces enfans devoiez à vivre plus commodément, & leur en fournît les moiens.

LAHONTAN

Tu n'y entens rien, Adario ; ces Gueux qui te choquent si fort la vûë cachent sous le dehors afreux de leur mendicité des délices qu'ils ne changeroient pas contre une honnête & profitable occupation ; mais de plus, il est bon de ne pas ôter cette vermine : elle tire le mauvais air du Corps politique, & les esprits bien reglez aiant horreur d'une si basse & si meprisable condition, s'excitent & s'encouragent à travailler.

ADARIO

Abandonnons donc ces paresseux à leur mauvais genie & à leur travers, j'y consens. Mais que ferons-nous d'une infinité d'innocens qui soufrent sans avoir contribué en rien à ce denûment total où ils sont plongez ? Un homme n'a point d'autre patrimoine que son labeur ; quelque peine qu'il se donne, quelques efforts qu'il fasse, il ne peut fournir à ses besoins, ni à ceux d'une famille ; les subsides* & la mal-tôte* lui enlevent tout le fruit de son travail ; à peine peut-il paier sa cotte part pour l'ambition, pour le luxe & pour les plaisirs du Monarque, & s'il ne peut atteindre jusque là, on le confine dans une prison, & il lui en coûte sa liberté. Voilà donc notre homme qui meurt de faim pendant que les Commis* & les Financiers se regorgent de sa substance ; & quel est

le riche de son voisinage ou de sa connoissance qui s'en
inquiete, & qui lui offre le moindre soulagement ?

LAHONTAN

C'est un mal necessaire, Adario, & cet inconvenient
est inévitable dans un Gouvernement Monarchique.
N'as-tu jamais ouï parler de ce Conte, où l'on feint que
tous les membres du corps humain se revolterent contre
l'estomac[1] ? Toutes les parties de la machine, sur tout
la tête, les mains, & les pieds se plaignent qu'ils languissent de fatigue & de lassitude pendant que l'estomac reçoit tout le boire & le manger, & qu'il ne s'occupe
que de digestion. Sur cela on prend la resolution dans
le Conseil des membres de ne plus rien faire pour ce
Maître paresseux, & ils comploterent tous de se tenir en
repos. Qu'arriva-t-il ?

ADARIO

Je le sai : ces bêtes de membres s'aperçurent qu'ils jeû-
noient avec l'estomac & qu'infailliblement ils periroient
avec lui s'ils ne recommençoient à le nourrir. Y suis-je ?

LAHONTAN

Tout juste, & quand tu aurois été témoin oculaire
de l'évenement, tu ne pourrois pas en mieux expliquer la
conclusion.

[1]Dans la fable de La Fontaine, « Les membres et l'estomac »,
inspirée d'Ésope.

ADARIO

Tu me la donnes belle avec ta guerre civile du Corps humain. Il est ridicule de vouloir bâtir la Verité sur une rêverie* & sur un mensonge [1] ; mais d'ailleurs ton Apologue n'y vient point du tout. Cet estomac qui se charge d'abord de toute la nourriture ne la digere qu'à condition qu'ensuite le suc* sera distribué aux membres à proportion de leurs besoins ; mais dans votre Gouvernement le Seigneur Estomac n'a que son enbonpoint en vûë ; il n'influe que de son trop, il ne donne que ce qu'il ne peut garder ; & pendant qu'il est plongé dans la molesse, les pieds & les mains du corps, je veux dire l'Artisan & le Laboureur, meurent de faim ; il n'y a pas jusqu'aux yeux, j'entens les Magistrats, & jusqu'aux parties nobles, j'entens les Gentilshommes*, qui ne soient dans l'abatement.

LAHONTAN

Arrête, Huron, j'ai l'honneur de manger le pain du Roi, & si tu continuois sur ce ton-là il seroit de mon devoir de te faire taire.

ADARIO

Ne voila t'il pas mon vil esclave ? Di-moi indigne François, es-tu plus à ton Roi qu'à ta Patrie ? Est-ce le pain du Roi que tu manges ? N'est-ce pas celui de la Nation, & conséquemment n'est-ce pas le tien ? Mais

[1]Pourtant, Adario lui-même utilise un apologue pour étayer son argumentation quand il se réfère à deux fables : « L'huitre et les plaideurs » et « Le corbeau et le renard ».

vous en êtes tous logez là vous autres gens de votre
Continent qui dépendez de l'Autorité suprême d'un
seul homme. Ce n'est pas assez qu'il vous épuise & qu'il
vous suce jusqu'à la mœlle des os, vous autorisez* encore
ses violences en le traitant de Proprietaire Universel :
c'est l'Armée du Prince, ce sont les vaisseaux du Prince,
c'est l'argent du Prince, & fût-il le plus grand tyran du
Monde, de l'aveu de ses sujets même, il ne prend que ce
qui lui apartient. Mais puis que ta servitude t'aveugle
assez pour ne pouvoir entendre ces veritez sans scrupule*
& sans chagrin*, je veux bien avoir pitié de ta foiblesse,
& n'aller pas plus avant.

Lahontan

Tu me fais plaisir, Adario, laisse là nos miseres, &
jette-toi plûtôt sur le bonheur des Hurons.

Adario

Ah ! ah ! mon Brave, tu commences donc à ouvrir
les yeux ? L'image de vos miseres vous paroît hideuse,
elle revolte votre imagination, & pour vous tirer de cet
objet degoûtant, il vous faut de l'humanité Huronne ?
hé bien oui, vous en aurez. Veux-tu que je te fasse d'après
nature le tableau d'une Societé de Hurons ? Ce sont des
hommes chez qui le Droit naturel se trouve dans toute
sa perfection. La Nature ne connoît point de distinc-
tion ni de préeminence dans la fabrique des individus
d'une même espéce, aussi* sommes-nous tous égaux, &
le titre de Chef ne signifie autre chose que celui qu'on
juge le plus habile pour conseiller & pour agir. Le pauvre,

denué de tout secours & de tout moyen pour vivre, a un droit naturel sur le superflu des Riches ; mais nous ne sommes jamais à la peine de faire valoir ce principe, & d'observer cette loi, & bien differens de vous qui par une précaution barbare fouëtez & pendez un malheureux qui dans un tel cas auroit dérobé, l'un de nos plus grands soins c'est d'empêcher qu'aucun de nos Compatriotes ne tombe dans l'indigence. La Loi naturelle inspire de ne rompre avec un ami que par l'endroit de sa noirceur & de son infidelité ; aussi pratiquons-nous exactement* cette maxime : nous aimons nos amis dans leurs foiblesses & dans leurs disgraces*, & il n'y auroit que la perfidie & la trahison qui nous empêcheroient de partager avec eux notre cœur, notre bourse, & notre secret. Enfin l'équité veut que nous aions de la reconnoissance pour nos bien-facteurs ; aussi sommes-nous exempts, graces à notre bon destin, de ces lâches ingratitudes qui sont si communes parmi vous. On ne nous voit point faire des honnêtetez & des protestations d'un souvenir éternel à quelcun pour l'engager à nous rendre un service important, quelque-fois même dangereux, puis laisser là ce quelcun & lui tourner le dos après en avoir obtenu ce que nous vou-lions. On ne nous voit point abandonner avec la fortune cet homme à qui nous avons fait assidûment notre Cour tout aussi long-tems qu'il a pu nous être bon à quelque chose. La vieillesse de nos parens & de nos proches ne nous rebute point ; nous ne soupirons point après leur mort, soit pour être déchargez de ce qu'ils nous coûtent, soit pour nous emparer de leur succession.

LAHONTAN

Que tu es un terrible homme, Adario ! il faut que
ton humeur satirique te rentraine* de par tout. Tu dois
me parler de la felicité Huronne, & au lieu de cela tu
nous pinces, & tu nous mords plus que jamais.

ADARIO

Pourquoi le Huron, qui va essuier les fatigues de
la Pêche & de la Chasse ne porte-t-il point d'envie
au Huron qui reste tranquillement dans sa Cabane ?
Pourquoi enfin sommes-nous tous animez d'une même
ardeur contre les Iroquois, & contre nos autres ennemis ? C'est que nous consultons uniquement la Lumiere
naturelle, & que nous y ajustons nos sentimens & nos
volontez. Nous ne nous contentons pas de dire que nous
sommes les membres d'un même corps, nous le croions
effectivement, & nous agissons de même. Voici quelcun
qui m'appelle, le reste à une autre fois [1]. Adieu.

---

[1] Gueudeville prévoyait-il ajouter une suite aux *Dialogues* ?
On ne saurait le dire.

LAHONTAN
ET
LEIBNIZ

Billet de Lahontan dont on retrouve la transcription ci-contre.

Quatre billets de Lahontan à Leibniz
(1707-1709)

Premier billet [1]

Monsieur,

Comme je ne doute pas que vous n'ayes l'*Histoire des ouvrages des scavants* de Mr de Beauval [2] je vous prieray Monsieur de vouloir bien me permetre que j'aille ches vous pour les feuilleter un peu, car il s'agit de prouver un fait au pere Vota [3] ; cela me donnera lieu de vous saluer, ce que j'aurois deja fait depuis mon retour si je n'avois pas craint de vous detourner de vos ocupations serieuses et importantes, car je ne scaurois avoir de plus grand plaisir au monde que celuy de vostre conversation que je tascheray de meriter en cherchant toutes les ocasions possibles de vous temoigner avec combien de zele je suis,

Monsieur,

Vostre tres humble et tres obeissant serviteur,

Le mercredi 3 aoust [1707 ?] [4]

Hanovre

Lahontan

[1] Manuscrit, Leibniz-Archiv, Hanovre, L. Br. 518, f. 1. Billet publié dans Lahontan, *O.C.*, p. 1120-1121.

[2] Henri Basnage de Beauval, rédacteur de l'*Histoire des Ouvrages des Savans* (1687-1709). En septembre 1705, il publia la réplique de Lahontan au compte rendu des *Mémoires* de Trévoux (*infra*, p. 44).

[3] Le jésuite Maurizio Vota (1629-1715), qui avait été douze ans directeur de l'Académie de géographie de Turin, avant de devenir confesseur du roi de Pologne, Jean Sobieski.

[4] Pendant le séjour à Hanovre de Lahontan, deux années sont possibles pour un « mercredi 3 aoust » : 1707 et 1712.

Deuxième billet [1]

Vous voules bien Monsieur que j'aye l'honeur de vous
saluer en vous envoyant l'imprimé que je vous ay promis,
et la decision de Sorbone sur le cas de Madame Benis-
sen [2]. J'ay parlé à M^r le Berghaupman [3] sur le chapitre
des essieus de fer. Il souhaiteroit que vous me donassies
information de l'honête homme à qui vous [vous] estes
adressé et du nom de ce bon fer dont on s'est servi. De
sorte Monsieur que vous me feries un sensible* plaisir si,
en m'envoyant le charron qui a fait le modele des vostres,
vouliés en meme temps me mander* à qui vous vous avés
adressé pour les avoir. Vous obligeres assurement Monsieur la personne du monde qui est le plus vostre tres
humble et obeissant serviteur.

Lahontan

Troisième billet [4]

Monsieur de Leibnits,
Conseiller d'estat de Son Altesse Electorale,
    Je vous souhaite le Bonjour Monsieur en vous ren-
voyant vos livres dont je vous suis tres obligé. Or j'aurois une priere à vous faire qui consiste à vouloir bien
permetre que je mette mon petit carrosse dans vostre

[1] Manuscrit, Leibniz-Archiv, Hanovre, L. Br. 518, f. 2r. Les
Leibniz-Archiv datent ce billet de 1709 approximativement.
Publié dans Lahontan, *O.C.*, p. 1119.
    [2] Dame de cour de l'Électrice Sophie.
    [3] *Berghauptmann* signifie contremaître des mines [de fer].
    [4] Manuscrit, Leibniz-Archiv, Hanovre, L. Br. 735, f. 43. Billet
rédigé aussi vers 1709 et publié dans Lahontan, *O.C.*, p. 1120.

remize jusques au retour du Gœur [1]. J'espere que vous
ne refuzeres pas cette grace là Monsieur à l'homme du
monde qui vous est le plus tres humble et tres obeissant
serviteur,

                                                    Lahontan

QUATRIÈME BILLET [2]

A Monsieur de Leibnits
Sur les diferentes questions qu'il a fait à
Melle Pelnits [3].

Le B. de Lahontan repond luy meme qu'il existe
selon toutes les apparences, et qu'il existera pendant*
que ses creanciers [4] feront des vœux et des prieres pour
qu'il ne cesse pas si tost d'exister.

En second lieu c'est un fait certain que son Adario
existoit lorsqu'il lui parloit. Mais on ne se rend point

---

[1]Göhrde, dans la région de Lunebourg en Basse-Saxe, à
120 km de Hanovre : la cour s'y rendait à la chasse chaque
automne.

[2]Manuscrit, Leibniz-Archiv, Hanovre, L. Br. 735, f. 44r.

[3]Henriette-Charlotte von Pöllnitz, qui joignit ce billet de
Lahontan à sa lettre à Leibniz, du 19 novembre 1710 (voir *infra*,
p. 295). Il est surprenant que Lahontan reprenne, dans une lettre
au célèbre philosophe, le ton ironique et faussement naïf de son
Adario. Sams doute était-il embarrassé par la position de Leibniz,
qui publiera un an plus tard sa *Théodicée*, où il soutiendra « la
conformité de la foi avec la raison ».

[4]Lahontan dut arriver sans le sou à Hanovre. Par ailleurs, il
est difficile de se faire une idée de sa situation financière. Outre
le « petit carrosse » qu'il mentionne dans son second billet,
on sait qu'il reçut de temps à autre, des autorités hanovriennes,
certaines gratifications pour son entretien et celui de ses chevaux
(Lahontan, « Chronologie », *O.C.*, p. 232-236).

garand de la continuation de son Existence, car comme il n'est rien d'existant à perpetuité dans ce monde, à la reserve de Dieu, il se peut que depuis vint ans notre Ameriquain* ait cessé d'exister.

En troisieme lieu pour repondre au doute ou l'on est qu'il ait pu [1] raisoner en homme desraisonable, Lahontan s'étone que des gens doüés de raison puissent faire une question si peu raisonnée, car celuy qui prend l'ecriture sainte pour un Roman ne parle pas raisonablement. Adario soutenoit que ce grand mot de Foy [2] est une croyance aveugle pour des fables qui passent pour des verités. Or en raisonant si mal on ne doit pas trouver etrange qu'on n'ait inseré dans ses dialogues que la centieme partie de ses raisonnements ; on n'a pas voulu donner du scandale au public qui regarde la faculté ratiocinative comme un aveuglement qui conduit dans le precipice.

[Lahontan]

---

[1] Le manuscrit porte « peu ».
[2] Voir la première partie des *Dialogues*, *supra*, p. 63.

Lettre de Christian Coch à Leibniz [1]

à Luden [2] ce 23 d'Avril 1707.

Monsieur,

[...] J'ay vu hier Mons[r.] le Baron de la Hontan, autheur de la description de l'Amerique septentrionale. Il est venu icy de Hambourg pour voir la Cour. Il me semble qu'il s'y fait gouter. Il est de 40 ans, bien fait, il a de l'esprit, la conversation enjouée avec une liberté bien-seante. Il ne demante* point le caractere qu'on se peut former de luy par ses ecrits, sinon que je luy trouve un peu plus de retenüe dans son discours à l'egard du sujet principal de sa conversation avec son Adario. Il espere d'etre reconcilié avec M[r]. de Pontchartrain, qui fait le seul obstacle de son retour en France. Il a imploré la protection de M[e]. l'Electrice auprez de Madame [3], parce

---

[1] Leibniz Archiv, L. Br. 164, dossier Coch, f. 16-19 ; publié dans R. Ouellet, *Sur Lahontan*, p. 110. Le même jour, l'Électrice Sophie annonce aussi à Leibniz l'arrivée de Lahontan à Hanovre : « Le Baron de la Hontenps est icy, il a esté à Berlin où il me semble qu'il n'a pas brillé comme icy » (lettre à Leibniz, dans O. Klopp, Die Werke von Leibniz, t. 9, p. 279).

[2] Lüde, ou Lügde, où logeait la cour de Hanovre, près des bains de Bad Pyrmont.

[3] L'Électrice Sophie de Hanovre auprès de la princesse palatine Élisabeth-Charlotte, épouse de Monsieur, frère de Louis XIV. Coch se trompe, car, dans une lettre écrite de Versailles, le 19 octobre 1710, la princesse palatine écrivait : « ce que le roi peut le moins souffrir, c'est qu'on attaque ses ministres. Il punit cela aussi sévèrement que s'il avait été visé lui-même. C'est pourquoi Langallere et Lahontan ne peuvent rentrer en grâce » (traduction de l'allemand par Raymond Joly, dans Lahontan, « Chronologie », *O.C.*, p. 231).

qu'on luy a fait esperer que ce Ministre seroit disposé
à se laisser flechir, pourvu qu'il y ait quelque pretexte
honorable pour luy (comme seroit celuy de l'intercession
d'une grande Princesse) et que Monsr de la Hontan luy
fasse reparation d'honneur par ecrit. Cela ne luy coutera
guere. Il n'aura qu'a faire reimprimer son voyage et à y
changer ce qu'il trouvera à propos et de donner de l'en-
cens au Ministre courroucé dans les deux Tomes qu'il
tient prets à y ajouter pour la description de ses voyages
qu'il a fait aprez. J'ay trouvé un peu etrange, que Monsr
de la Hontan montre si peu d'envie de retourner auprez
de ses Hurons aprez avoir si fort loué la felicité de l'etat
naturel de ces peuples, qu'il a donné de l'envie à d'autres
d'aller gouter dans ces pays là le siecle de Saturne [1]. Vous
vous souvenez, Monsieur, de la resolution* que le livre de
Mr de la Hontan a produit autresfois dans l'esprit de Mr.
Wagener [2] nonobstant l'antipathie generale qu'il a pour
la nation de l'autheur. J'en ay parlé à Mr. de la Hontan.
Il croit que notre Missionnaire Philosophe n'auroit pas
trouvé les Hurons fort dociles, et qu'il auroit eu encore
plus de peines à s'eriger en Confucius de l'Amerique
Septentrionale, que de faire souffler son allumette par
les belles Huronnes olivatres. [...]

                    Votre tres humble et tres obeissant serviteur,
                                                            Coch

[1] L'Âge d'or.
[2] Le professeur et philosophe matérialiste Gabriel Wagner,
avec lequel Leibniz était en correspondance.

CORRESPONDANCE DE LEIBNIZ AVEC MLLE VON PÖLLNITZ [1]

Lettre de Leibniz à Mlle von Pöllnitz

Hanover 8 Novembre 1710

Mad^lle,

J'espere que vous me pardonnerés la liberté que je prends de recourir à votre bonté, pour un sujet dont je vay vous entretenir.

On m'a demandé, par une lettre exprés, si M. le Baron de la Hontan avec son *Voyage* et ses *Dialogues* est quelque chose d'imaginaire et inventé, comme ce Sadeur [2] qui a esté chez les Australiens, et nous en a rapporté les coutumes et les conversations, ou si c'est un homme veritable, qui a esté dans le pays, et qui a parlé à un véritable Sauvage du nom d'Adario. Car on a jugé qu'un peuple entier où les gens vivent tranquillement entre eux sans magistrats, sans procés, sans querelles, est quelque chose d'aussi incroyable, que les Australiens tous

---

[1] Leibniz Archiv, L. Br. 735, dossier Pöllnitz, f. 39-40 ; publiée dans R. Ouellet, *Sur Lahontan*, p. 113-114. Henriette Charlotte von Pöllnitz, confidente de Sophie Charlotte, fille de l'Électrice Sophie de Hanovre. Le 21 novembre, Leibniz s'excusera du ton « badin » de cette lettre : « Je dois vous demander pardon d'une lettre un peu badine comme etoit la precedente. Il est vray cependant qu'on m'a demandé si M. le Baron de la Hontan et son Adario n'etoient pas inventés exprés pour pouvoir debiter des pensées singulieres au depens d'un Huron » (Leibniz Archiv, 735, dossier Pöllnitz, f. 45).

[2] Gabriel de Foigny publia en 1676 un roman intitulé *La Terre australe connue* et portant le pseudonyme de Jacques Sadeur. La réédition de 1692 porte le titre : *Les aventures de Jacques Sadeur*.

hermaphrodites. Et les discours d'Adario ont confirmé les gens dans leur pyrrhonisme [1].

Vous me dirés, Mlle, a propos de quoy je viens vous conter cela, et pour quoy je ne m'adresse point à M. de la Hontan luy même. Je vous en diray la raison. On veut savoir si c'est un homme reel et subsistant, mais comme il a eté dangereusement malade pendant cet eté, il pourroit être mort (ce qu'à Dieu ne plaise) la goutte* remontée le pourroit avoir tué depuis peu, ou bien il pourroit avoir eté enlevé par les cornes de quelque cerf plus sauvage que les animaux sauvages qui l'ont respecté en Amerique. Ainsi m'adressant à luy j'aurois pu être attrapé et demeurant sans reponse, j'aurois confirmé les gens dans l'opinion que M. de la Hontan n'est point, ou plus tôt qu'il n'a jamais été. Au lieu qu'un mot de votre part, Mlle, le ressusciteroit pour ainsi dire, quand même il seroit mort, en rendant temoignage au moins de son existence passée. Jugés, si ce n'est pas une raison bien valable pour vous écrire. On dira peut-être que j'en ay une autre raison secrete, et que la premiere ne me sert que de pretexte. Mais on en dira tout ce qu'on voudra, pourveu que vous soyés contente du sujet de ma lettre si M. le Baron de la Hontan se porte bien, comme je n'en doute point, il ne sera point faché d'etre devenu un probleme comme Homere ou plutot comme Orphée. Car on ne doute que de la patrie du premier au lieu qu'on doute si Orphée a jamais été. Il ne se fachera pas non plus de cette comparaison avec Orphée, car vous,

[1] Dans ses *Memoires*, Lahontan écrivait : « je commence à croire que toute Histoire est un Pyrrhonisme perpétuel » (*O.C.*, p. 631).

Mlle, et les autres dames du Görde [1], n'estes point des bacchantes, et quand vous le seriez, vous ne le dedireriés* pas. Cependant j'ay deja pris son parti, et j'ay repondu par avance que si mes yeux et mes oreilles ne m'ont point trompé vilainement, Mons. de la Hontan est un homme existant. Mais comme 4 yeux sont plus seurs que deux, votre temoignage me confirmera dans mon sentiment. J'ay encor asseuré que le Huron Adario est ou a eté un homme veritable, & capable meme de dire quelque chose d'approchant de ce qu'on luy attribue. Ce n'est que sur la bonne foy de M. de la Hontan que j'ay dit cela ; mais j'ay esté confirmé dans l'opinion que j'ay de la bonne humeur de ces sauvages par rapport à ceux qui ne sont pas leurs ennemis déclarés par d'autres voyageurs revenus de cette partie de l'Amerique septentrionale, qui m'ont asseuré qu'ils vivent en paix entre eux dans leur nation et villages sans avoir besoin d'y estre forcés, chose qu'Aristote, Machiavel, Mr Hobbes & autres auteurs de politique n'ont point sçue, ou n'auroient point creüe. J'espere que les Anglois seront aussi sages pour le moins que ces sauvages, et qu'ils ne se querelleront pas tout de bon dans leurs élections. [...]

Lettre de Mlle von Pöllnitz à Leibniz

Monsieur

Pour avoir un peu tardes à repondre sur celle que vous m'avez fait l'honneur de m'ecrire, je n'ay pas manques pour cela de faire vostre Cour aupres de Leurs Altesses Royales et Electorales. Cela a esté bien recu de tous les costés. Mad^e la Princesse Electorale a chanté

---

[1] Göhrde : voir *supra*, p. 289.

vos louanges, et a fais voire par là la delicatesse de son
esprit de gouter une personne de vostre merite ; peut
etre Monsieur que vous m'accuseres d'en manquer de
vous dire si librement les sentimens que j'ay pour vous.
J'ay parles à Mon.^r de la Hontan touchant se que vous
souhaites scavoir de son Adario, je luy ay mesme lu cest
endroit de vostre lettre ; il a trouvé appropos de vous
y reponre luy mesme par le peti billet si joint [1]. Ainsi
Monsieur je ne toucheres point se sujet puisque M^r de la
Hontan est en vie et en bonne santé pour s'en acquiter
sans mon assistance. La Cour de Berlin partira samdi qui
vient et la voix publique dit que nous serons de retour à
Hanovre la semaine suivante. [...]

Vostre tres humble et obéissante
Pelnits
Görde ce 19 novembre 1710.

CORRESPONDANCE DE LEIBNIZ AVEC BIERLING [2]

Wilhelm Bierling à Leibniz

Quel est ton avis, je te prie, sur l'ouvrage du Baron de
Lahontan, dont j'ai entendu dire qu'il était à Hanovre,
illustre ami ? Comme d'abord j'y lisais la description des

[1] Reproduit *supra*, p. 54.
[2] Leibniz, *Opera Omnia*, Genève, de Tournes, t. 5, 1768, p. 360-
365 ; traduit du latin par Anne-Marie Étarian et publié par
R. Ouellet dans *Sur Lahontan*, p. 98-103. Wilhelm Bierling
(1676-1728) était théologien et professeur à l'université de
Rinteln.

mœurs des populations canadiennes – ils vivent en paix
bien qu'ils n'aient ni lois ni magistratures publiques – ;
comme ensuite j'examinais de près le dialogue entre
Lahontan et un barbare canadien où un grand nombre
de critiques sont ouvertement émises contre la religion
chrétienne, j'en vins presque à conjecturer que l'auteur
a imaginé, à l'instar de l'éditeur de l'*Histoire des Sévarambes*[1], de mêler à la scène un nom et des voyages pour
pouvoir rester caché plus sûrement et publier sans danger ses opinions paradoxales sur les croyances sacrées.
Assurément, les affirmations du barbare sont amenées
avec vivacité et exposées plutôt sottement. Mais en réalité je ne suis pas en mesure de douter de l'existence de
notre homme à moins de vouloir jouer les sceptiques.
Toi, illustre ami, tu me donneras davantage de renseignements sur lui, que je garderai secrets, si tu l'exiges,
sous la foi sacrée du serment. Salut, et garde-moi ta
bienveillance.

Rinteln, 5 novembre 1710.

Leibniz à Bierling

L'auteur du voyage imaginaire à travers l'univers,
Daniel[2], tout en avançant certaines preuves non com-
plètement négligeables, ne semble pas cependant, dans

[1]Roman de Denis Veiras, publié en 1677. Dans la partie I,
10 de ses *Essais de théodicée*, publiés en 1710 justement, Leibniz
avait écrit : « on peu s'imaginer des mondes possibles sans péché
et sans malheur, et on en pourrait faire comme des romans, des
utopies, des Sévarambes ; mais ces mêmes mondes seraient [...]
fort inférieurs en bien aux nôtres » (p. 109).
[2]Gabriel Daniel (1649-1728), jésuite historiographe de
France, adversaire de Pascal et Descartes. Il publia en 1709 un
écrit satirique intitulé *Suite du Voyage du monde de Descartes*.

la plupart des cas, avoir fait des recherches suffisamment approfondies. N'ayant pas maintenant l'ouvrage sous la main, je ne me souviens pas de ce qu'il dit pour défendre son opinion, mais je me rappelle par contre qu'à l'époque où je le parcourais, il ne me parut pas atteindre l'essentiel comme je le fis moi-même. Le baron de Lahontan est un homme très réel, non inventé, comme Sadeur [1], hôte d'Australiens inconnus ; non seulement l'homme mais aussi son voyage. Il a vécu en effet assez longtemps dans la partie française de l'Amérique du Nord et, pour avoir déplu au comte de Pontchartrain, administrateur des affaires maritimes françaises, à cause de je ne sais quelle question de droit défendue avec trop d'énergie, il quitta d'abord l'Amérique puis la France. Il est d'origine béarnaise, fidèle à la religion romaine ; il ne manque ni d'esprit, ni d'expérience humaine, ni, ajouterai-je, de connaissances.

Il est tout à fait véridique, et cela m'a été confirmé également par de nombreux récits de voyages et de séjours au loin, que les Américains de ces régions vivent ensemble sans aucun gouvernement mais en paix ; ils ne connaissent ni luttes, ni haines, ni batailles, ou fort peu, excepté contre des hommes de nations et de langues différentes. Je dirais presque qu'il s'agit d'un miracle politique, inconnu d'Aristote et ignoré par Hobbes. Les enfants eux-mêmes ne se battent que rarement dans leurs jeux, et quand alors ils se sont trop échauffés, ils sont bientôt séparés par leurs camarades. Surprenante est aussi leur pudeur, car la nature leur a enseigné les sentiments qui détournent de l'inceste et un frère ne prononcerait pas des paroles un peu trop libres en présence de

---

[1] Le protagoniste du roman de Foigny déjà mentionné dans la lettre de Bierling.

sa sœur. Ce n'est pas quelque état d'inertie qui rend ces hommes pacifiques ; en effet, nul n'est plus violent qu'eux en face d'un ennemi ; leur très vif sens de l'honneur se manifeste dans le désir de vengeance et la fermeté devant la mort, même sous les tortures. C'est pourquoi si tant de dons naturels pouvaient subsister dans notre culture, nos hommes vaudraient peu en comparaison de ceux-ci. Les *Dialogues* de Lahontan, quoiqu'ils ne soient pas totalement vrais, comme tu le comprends facilement, ne sont pourtant pas non plus totalement inventés. Car Jean Daniel Kraft, homme remarquable (souvent loué par Becher [1] qui a beaucoup tiré de lui), m'a fait un récit qui ne le contredit point, étant donné qu'il a vécu assez longtemps dans les mêmes régions ou plutôt dans des régions voisines dans les colonies anglaises. Lahontan appartient à la suite de l'Électeur Sérénissime qui séjourne à Goerdam, lieu favorable à la chance sous l'autorité de Celle [2]. Il produira encore beaucoup aux éditeurs si sa santé, qui n'est pas très bonne, le lui permet. Pour moi, je l'ai connu assez intimement et, comme il convient, je l'estime ; par son talent, il plaît à votre cour ainsi qu'aux autres. Je voudrais cependant que quelque part, il expliquât mieux les points principaux de la religion à son Adario (qui vint en France voilà quelques années et qui, même s'il appartient à la nation huronne, jugea ses institutions supérieures aux nôtres). Si tu veux lui demander quelque chose, je te servirai en cela d'intermédiaire ; il ne détestera pas le commerce d'un savant et modéré.

Hanovre, 10 novembre 1710.

[1] Joachim Becher et Daniel Kraft étaient deux chimistes célèbres à l'époque.

[2] Ville de Basse-Saxe, située à 40 km au nord-est de Hanovre.

Bierling à Leibniz

Ce que tu as bien voulu me faire savoir sur le baron de Lahontan me fut très agréable. À partir de ces observations, on pourrait rédiger une dissertation sur l'état de nature [1] réfuté par l'expérience d'Hobbes, si je trouve le temps et l'occasion, je me chargerai peut-être de ce travail un jour. Si je ne me trompe pas totalement, Hobbes a raisonné assez justement d'après l'examen de la condition de ces peuples qui veulent se déclarer plus civilisés. Je ne doute nullement en effet que si l'on supprimait les lois avec leurs exécutants et les magistrats, du goût pour une vaine gloire et d'une infinité d'autres raisons, de ce goût qui est à toi et à moi, naîtraient des discordes destinées à ne pouvoir se résoudre que dans le meurtre et le sang. Quant à ces barbares, pour leur bonheur ou leur malheur, ils ne connaissent ni ta condition ni la mienne ni d'autres causes de maux, tant il vaut mieux ignorer les vices que connaître les vertus. Je désirerais, si cela ne te dérange pas, que tu demandes à Monsieur de Lahontan si l'on peut également trouver en Amérique, comme le soutiennent quelques récits de voyage, des populations athées, privées de toute idée de Dieu et de toute religion, et quelles seraient alors leurs mœurs et leurs façons de vivre ? Tu sais, illustre Ami, avec quel soin Pierre Bayle a

---

[1] Pour le philosophe anglais Thomas Hobbes, l'« état de nature », antérieur à toute organisation sociopolitique, est un état de guerre qui prend fin quand les hommes acceptent un « contrat social » qui restreint leur liberté (*Léviathan*, 1651).

discuté cette question dans ses *Pensées sur la comète*[1], afin d'ébranler l'idée de la croyance universelle des peuples en Dieu.

Rinteln, 3 décembre 1710.

Réponse de Leibniz à Bierling

1. Le Baron de Lahontan est parti il y a peu de temps pour quelques semaines ; il a voulu, à l'occasion de la foire de Kiel, se rendre auprès du gouverneur Sérénissime de Holstein, à qui son commerce est aussi agréable qu'à nos Princes. Comme il est parti pendant mon absence, je n'ai pu lui demander son avis sur l'athéisme des Américains. Du reste, sans être interrogé, je pourrais répondre moi-même que les habitants de l'Amérique du Nord, les seuls chez qui il se soit rendu, ont quelque intuition des puissances invisibles : certains d'entre eux même – surtout ceux qui vivent en Virginie – estiment que l'esprit des morts connaît une nouvelle vie au-delà des sommets inaccessibles des Appalaches. D'ailleurs, si l'on entend par le nom de Dieu la substance suprême, je crains que la plupart des peuples anciens et nouveaux, que ni la religion chrétienne ni la religion mahométane n'ont atteints, ne doivent être considérés comme athées. Les anciens tenaient pour divines les substances rationnelles qui jouissaient de l'immortalité.

---

[1] Publiées en 1682. Cette question constitue en effet le cœur de la réflexion philosophique avec des chapitres comme « L'athéisme ne conduit pas nécessairement à la corruption des mœurs » ou « Si une société d'athées se ferait des lois de bienséance et d'honneur ».

2. Il est vrai qu'il y a des peuples qui vivent en société sans gouvernement et qui ne sont pas tourmentés par l'aiguillon de la cupidité. Alors que, cependant, et cela est certain, ils sont étonnamment susceptibles à l'outrage, l'ambition leur est étrangère. Il faut aussi que la modération de leur caractère soit grande, car ils ne se jettent pas dans la colère sous le coup de la rivalité amoureuse qui oppose les bêtes elles-mêmes, ni ne se battent après boire. Jadis Tacite, à propos des Germains [1], parlait de leurs nombreuses rixes en états d'ivresse ; rien de tel chez eux que nous appelons des hommes sauvages par la plus grande injustice. Il nous faut donc admettre qu'il y a chez ces peuples des choses que nous serions en droit de ne pas croire si nous n'en étions informés de façon certaine. Et il faut sans doute ne pas tenir rigueur à Aristote et à tous les autres auteurs politiques de n'avoir prévu nulle part l'existence d'un tel système social. Cependant, nous jugerons que leur erreur doit nous servir de leçon afin de ne pas tenir pour démonstrations de fortes vraisemblances.

Hanovre, 30 janvier 1711.

---

[1] *La Germanie*, XXII.

Lahontan
et
Les Jésuites

MÉMOIRES DE TRÉVOUX [1]

Article CIX
NOUVEAUX VOYAGES
de Mr. le Baron de la Hontan
dans l'Amerique Septentrionale [...]. 2 Tomes, [...].
A la Haye chez les freres l'Honoré,
Marchands Libraires, 1703.

Le Baron de la Hontan est un voyageur en Païs étranger qui veut se faire croire malgré le préjugé & la coûtume. Les voyes dont on se sert pour lui concilier plus de créance* qu'on n'en a d'ordinaire aux faiseurs de Relations, sont nouvelles. *Il a les qualitez necessaires à tout bon Narrateur,* dit-on de lui dans la Préface de son Livre. *Il écrit comme s'il n'avoit ny Patrie ny Religion.* En effet l'Auteur exécute dans le cours de sa Relation ce qu'on a promis de lui à la tête de son ouvrage. Non seulement il est difficile de deviner s'il est Catholique ou Protestant, on a même de la peine à se persuader qu'il soit Chrétien. A l'égard de sa Patrie on ne s'aviseroit jamais de le prendre pour un François s'il n'avoit eu soin d'avertir qu'il est né en Bearn. Il déchire la France, il se déchaine contre les Puissances les plus dignes de respect. C'est un homme peu touché de la Religion & qui, de son aveu, est mécontent de sa Patrie. Sont-ce donc là les qualitez necessaires pour écrire sans passion & sans

[1]Les *Memoires pour l'histoire des Sciences et des Beaux Arts*, appelés le plus souvent *Mémoires* ou *Journal* de Trévoux, furent fondés par les jésuites en 1701, à Trévoux, et furent publiés jusqu'en 1767. Cet article, paru en juillet 1703 (p. 1109-1118), a été réédité dans R. Ouellet, *Sur Lahontan* (p. 42-46) et dans les *Œuvres complètes* (p. 1182-1185).

interêt ? A la verité sa Relation du Canada ne ressemble
point à celles des Missionaires. Il n'y parle point, dit-
il, *de Messes, de conversions & d'autres minuties**. C'est
ainsi qu'il prétend se donner un air de sincerité* & de
bonne foy ; sans doute il aura peine à s'attirer par là de la
consideration ailleurs que dans le païs où il imprime.

La Relation du Baron de la Hontan est divisée
en deux Parties. La premiere contient diverses Lettres
écrites à un de ses Amis sur ses voyages & sur ses avantures. Dans la seconde il donne des Memoires pour
composer une Relation de l'Amérique Septentrionale.
Souvent il broüille ses Matieres & les repete. Il redit
dans ses Memoires ce qu'il a inseré dans ses Lettres. Ce
seroit peu s'il n'étoit que mauvais écrivain, c'est de plus
un Auteur dangereux. Les objections qu'il fait faire aux
Sauvages contre la Religion que nos Missionnaires leur
annoncent, sont capables d'imposer* à de foibles esprits. [1]
C'est le précis de ce que les Deistes & les Sociniens [1]
disent de plus fort contre la soumission que nous devons
à la foy & contre cette captivité* de la raison sous l'empire
de la révélation. Le discours de son Medecin Portugais
n'est gueres moins capable d'affoiblir la créance que nous
devons avoir aux Livres de l'Ancien Testament [2]. Il est
inutile de raporter ici tant d'impietez sans les combattre,
& ce n'est pas le lieu de répondre à de frivolles* raisonne-

[1] Disciples de Lelio et Fausto Sozzini, dits Socin, qui rejetaient
la Trinité et prêchaient la tolérance.
[2] La « dispute » de Lahontan avec le médecin portugais se
trouve dans la lettre 24 des *Nouveaux Voyages* (*O.C.*, p. 497-
501). Cette conversation, qui est déjà une espèce de condensé
du premier *Dialogue*, roule sur l'origine de l'humanité, le salut
éternel et la fiabilité de la Bible.

mens qu'on trouve refutez en de bons Livres. C'est assez d'avertir du peril afin de le faire éviter.

Du reste ce que l'Auteur raporte du Canada, des peuples qui l'habitent, de leurs mœurs, de leurs guerres, du commerce qu'on fait avec eux, de leur chasse & de leur pêche, n'est plus ignoré de personne [1]. Il n'y a guéres de singulier dans son ouvrage que la découverte qu'il a faite, dit-il, en remontant le Mississipy. De ce fleuve il est entré dans la riviere Longue, ou autrement la riviere Morte, & l'a suivie vers l'Occident. C'est sur ses bords qu'il a rencontré de nouvelles Nations sauvages & des habitations jusques-là inconnuës aux Europeans. Ces peuples, dit-il, ont de la douceur, de l'humanité & sont abordables aux étrangers.

Les Eokoros ont été les premiers que le Baron de la Hontan a trouvé sur sa route. Quelques Sauvages Algonquins, qui suivoient le Capitaine François, se firent entendre* à ces peuples. Leur langue est peu differente de la langue Algonquine. Le present qu'on fit aux Eokoros de Tabac, de couteaux & d'aiguilles les jetta dans un étonnement prodigieux. Ils n'en avoient point encore vu. On reçut d'eux du blé d'Inde & du Gibier, puis on continua de remonter sans peine la riviere Longue, qui peut-être est la plus droite & pourtant la plus calme qui soit au monde.

A soixante lieuës* des Eokoros, Mr. de la Hontan découvrit le païs des Essanapés. Il s'étend à quelques

[1] Charlevoix écrira plutôt que « le vrai y est tellement confondu avec le faux, qu'il est nécessaire d'être bien instruit de l'Histoire du Canada, pour l'en demêler, & que par conséquent il n'apprend rien aux uns, & ne peut que jetter les autres dans l'erreur » (*infra*, p. 322).

cinquante lieuës sur les bords de la Riviere. Plus on la remonte, plus ces bonnes gens paroissent raisonnables. Le Chef des Essanapés fait sa demeure au centre du païs dans un Village qui meriteroit bien le nom de Ville pour sa grandeur. Les Sauvages qui l'habitent croïent la Metampsicose, mais non pas dans toute l'étenduë que lui donnoit Pythagore. Selon eux les ames ne passent point d'une espece à une autre. Ainsi celles des hommes vont animer des hommes & jamais des oiseaux ou d'autres bêtes. C'est par ce principe que les femmes enceintes recüeillent le dernier soûpir des mourans. Elles se persuadent que l'ame du mort doit passer dans le corps de leur fruit.

Aprés avoir navigué contre le courant de la riviere environ douze jours, le Baron de la Hontan arriva sur les terres des Gnacsitares. Ces Sauvages ne sont pas éloignez du Nouveau Mexique & les Espagnols ne leur sont pas inconnus. Le Roy de ces peuples, plus absolu encore que les Roys des differentes nations situées sur la riviere Morte, a de la politesse & du bon sens. Il fit voir aux François quatre Esclaves Mozambecs pris en guerre par ses sujets. M. de la Hontan fut surpris de voir cette nouvelle sorte d'Amériquains* qu'il n'auroit jamais pris pour des Sauvages. Ils sont vétus, ils portent la barbe touffuë & les cheveux coupez au-dessous de l'oreille. A leur air & à leur maniere de saluër on les auroit pris pour des Espagnols. Voici ce qu'on a pu apprendre de leur Païs.

Il est situé le long d'une riviere qui tire sa source d'une chaine de montagnes où la riviere Longue se forme aussi par quantité de grands ruisseaux qui se rassemblent. La nation des Mozambecs est grande & puissante. Ces peuples habitent en de bonnes Villes murées, elles sont scituées sur un grand Lac sallé à l'embouchure de leur riviere qui coule toûjours vers le Sud. On y travaille en étoffes de laine, on y fabrique des haches de cuivre & divers autres ouvrages. Leur gouvernement est despotique sous l'empire d'un Chef qui les traite avec beaucoup de dureté. Un de ces Mozambecs avoit une Medaille penduë au cou d'une espece de cuivre tirant sur le rouge. Mr. de la Hontan fit son possible pour emmener avec soy ces pauvres captifs jusqu'en la nouvelle France, mais ces malheureux ne soûpiroient qu'après leur patrie & ne furent point touchez des offres du François.

Ce fut aux Gnacsitares que l'Auteur borna ses découvertes. Il y planta un poteau avec les Armes du Roy ; puis il descendit la riviere Longue avec plus de facilité qu'il ne l'avoit montée. Son eau est dégoutante, ses rivages sont affreux & le poisson qu'on y pêche sent la vase. Du reste elle est fort navigable & porteroit jusqu'à des Barques de cinquante Tonneaux.

Si Mr. de la Hontan ne s'étoit occupé en Amérique qu'à découvrir de nouvelles terres, sans doute il ne se seroit pas attiré l'indignation de la Cour comme il s'en plaint. A juger de lui par le déchainement qu'il fait paroître contre toutes les personnes qui de son tems ont été en place au Canada, excepté Mr. de Frontenac [1], on peut dire qu'il est d'un esprit inquiet* & peu capable de se moderer.

---

[1] Louis de Buade de Frontenac, gouverneur général de la Nouvelle-France, de 1672 à 1682 et de 1689 à 1698, bien connu pour ses conflits avec les jésuites et l'évêque de Québec François de Laval.

Les Jesuites seuls ont quelque sujet de s'en loüer. Ce n'est pas qu'il les épargne ; mais comme il les plaisante selon ses prejugez, les railleries* qu'il en fait tournent presque toûjours à leur loüange ou à leur justification. Voici comme* il en parle. *Plusieurs personnes m'ont assuré que les Jesuites faisoient un grand commerce de Marchandises d'Europe & de Pelleteries du Canada. J'ai de la peine à le croire. Si cela est il faut qu'ils ayent des Correspondants, des Commis & des Facteurs*, aussi secrets & aussi fins qu'eux, ce qui ne sçauroit être* [1]*. Ailleurs l'Auteur du voyage plaint ces bons Peres de leur bêtise à suivre les sauvages avec tant de travaux. Ils font de longues courses [2], dit-il, pour baptiser un miserable enfant lors qu'il est prêt à mourir. En un autre endroit il avoüe que tous s'abandonnent à des debauches honteuses avec les Canadoises* hors les Jesuites [3]. Ces Peres lui pardonnent aisément le reste de ses bons mots. Il leur rend assez de justice pour l'essentiel.

Le Baron de la Hontan a demeuré si long-tems avec les Canadois qu'il pourroit bien avoir pris quelques-unes de leurs inclinations. Il a fait graver le portrait d'un Ameriquain à la tête de son Livre. On y voit ce Sauvage nu, l'arc & les fleches à la main, foulant aux pieds un Code de loix, un Sceptre & une Couronne. Il

---

[1] Dans ses *Memoires* (*O.C.*, p. 617-618).

[2] Lahontan n'avait pas écrit que les jésuites faisaient « de longues courses » ; il n'avait pas non plus critiqué « leur bêtise », mais avait simplement noté : « ces Péres [...] estiment que le Bâtême conféré à un enfant mourant, vaut dix fois la peine & le chagrin d'habiter avec ces Peuples » *Memoires* (*O.C.*, p. 553).

[3] Dans ses *Memoires*, Lahontan avait écrit qu'« à la réserve des Jesuites tous les autres courent les nuits de Cabane en Cabane pour débaucher les Sauvagesses » (*O.C.*, p. 661).

y a fait ajoûter cette inscription *& leges & sceptra terit*[1]. Ne seroit-ce point sur un si beau modele qu'il auroit apris à ne respecter nulle des Puissances ausquelles la Naissance & la Religion l'avoient soumis ?

Lettre du Baron de la Hontan à un de ses Amis, laquelle servira de reponse à l'extrait des Journalistes de Trevoux [2]

Monsieur,

Si les Journaux de Trevoux[3] eussent trouvé le chemin de Pologne, je n'aurois pas le plaisir de vous obeïr aujourd'hui en repondant aux Auteurs de ces Ouvrages. Je croi comme vous qu'ils sont d'intelligence avec mon Libraire pour lui faire debiter ses livres plus avantageusement ; au moins ont-ils pris la voye la plus sûre & la plus courte pour y reüssir. Venons au fait. Les Jesuïtes de Trevoux commencent ainsi leur Extrait* : *Le Baron de la Hontan est un Voyageur en païs étranger, qui veut se faire croire malgré le prejugé & la coutume.*

Je repons à cela, que ces Peres auroient plus de raison d'attribuër cette industrie* à leurs Missionaires de Canada qui ont donné au public près de cent relations dont on pourroit faire des extraits qui ne feroient peut-être pas honneur à ces Apôtres. Ils continuent de cette

---

[1] Il foule aux pieds le sceptre et le livre de lois. Ce frontispice est reproduit *supra*, p. 53.

[2] Publiée dans l'*Histoire des Ouvrages des Savans*, septembre 1705, p. 417-428 ; rééditée dans R. Ouellet, *Sur Lahontan*, p. 47-54. Cette réplique au compte rendu polémique des *Mémoires* de Trévoux parut en juillet 1703, et non en mai 1704, comme l'affirme la note suivante de Lahontan.

[3] Note de l'auteur : « Du mois de Mai 1704 ».

maniere : *Les voyes dont on se sert pour lui concilier plus de créance qu'on n'en a d'ordinaire aux faiseurs de relations, sont nouvelles. Il a, dit-on, les qualitez necessaires à tout bon narrateur ; il écrit comme s'il n'avoit ni patrie, ni Religion.* Les voyes dont on se sert pour concilier plus de creance aux Apôtres en question, sont des plus subtiles. Ils ont, dit-on, converti des milliers de Canadois ; ils ont fait des miracles chez des peuples qui les ont martyrisé pour la foi, & l'on cite les Peres Brebeuf & l'Alleman [1] que les Yroquois firent brûler à petit feu, non pour la foi, mais pour les avoir convaincus d'être les moteurs de la guerre qu'on fit alors à ces peuples [2]. *L'Auteur execute dans le cours de sa relation ce qu'on a promis de lui à la tête de son Ouvrage : non seulement il est difficile de deviner s'il est Catholique ou Protestant, on a même de la peine à se persuader qu'il soit Chretien.* Je doute que Messieurs les

[1] Jean de Brébeuf et Gabriel Lalemant, que les Iroquois supplicièrent chez les Hurons en 1649.

[2] Déjà, en 1691, dans le *Premier Etablissement de la Foy dans la Nouvelle France*, attribué à Chrestien Leclercq, on trouvait une contestation du « martyre » des jésuites : « Il ne faut pas venir icy dans l'esperance de souffrir le Martyre, si nous prenons le Martyre dans la rigueur de la Theologie, car nous ne sommes pas dans un païs où les Sauvages font mourir les Chrestiens pour fait de Religion : ils laissent chacun dans sa croyance : [...] & cette barbarie ne fait la guerre que pour les interests de la nation, ils ne tuent les gens que pour des querelles particulieres [...] » (t. 2, p. 283). En 1698, Hennepin écrira de même : « Il ne faut point aller dans l'Amerique dans l'esperance de souffrir le Martyre en prenant ce mot dans son sens Theologique. [...] Ils sont incapables d'ôter la vie à personne en haine de sa Religion » (*Nouveau Voyage*, p. 146). Sur la question des « martyrs » jésuites, voir G. Laflèche, *Les saints martyrs canadiens*, Laval, Éditions du Singulier, 1988-1995, 5 vol.

Journalistes soient aussi bons Catholiques que moi : si
cela étoit, ils ne s'aviseroient pas de partager le ciel entre
Confucius & J. Christ[1], ni de donner la Communion à
des peuples qui ne croyent pas l'Incarnation.

Si je n'avois pas été Catholique, il y a quelque tems
que ma fortune seroit etablie en Angleterre. *A l'égard
de sa patrie on ne s'aviseroit jamais de le prendre pour
un François, s'il n'avoit eu soin d'avertir qu'il est né en
Bearn.* Cela me fait voir qu'ils ont fait leur Extrait à la
hâte, car je declare ma patrie assez clairement dans mes
Lettres[2]. Ils ont voulu dire apparemment que la sincerité d'un François est un crime capital dès qu'il n'ecrit pas
d'un stile flatteur, ou qu'il faut être Yroquois pour être
sincère*. *Il dechire la France ; il se dechaine contre les Puissances les plus dignes de respect.* Il me semble pourtant
que les Journalistes de Trevoux ne devoient pas prendre
pour un outrage à la France l'eloge que je fais de l'equité
du Roi[3]. Il est vrai que je me plains de Mr. de Pont-
Chartrain. J'ai employé les plus beaux jours de ma vie
au service de mon Prince, à qui j'ai sauvé, quoi que par

[1]Allusion à la querelle des rites chinois, qui suscita de nombreuses controverses dans les premières années du XVIIIe siècle,
avec la condamnation par la Sorbonne, en 1700, des *Nouveaux
Memoires sur l'état present de la Chine* du jésuite Louis Le Comte
et le décret du Saint-Office condamnant, en 1704, les méthodes
missionnaires des Jésuites en Chine.

[2]Note de l'auteur : « Dans la douzième, treizième, quator-
ziéme, dixhuitiéme, & vingt & uniéme ».

[3]Note de l'auteur : « Tome I. Lettre 21. Tome II, la fin de
la description de Canada. » Ces deux passages ne contiennent
aucun « éloge » de Louis XIV, si ce n'est peut-être dans cette
phrase des *Memoires* : « Je suis persuadé que toutes ces pirateries
ne viennent point à la connoissance du Roi, car il est trop juste
pour les souffrir » (*O.C.*, p. 558-559).

hazard, la plus importante place [1] de l'Amerique Septentrionale ; j'ai perdu mes biens, mon tems, & mes amis
pendant un exil de dix ans que j'ai souffert patiemment
jusqu'au jour de l'impression de mon Livre. Et tout cela
pour en avoir agi trop courageusement envers un Gouverneur de qui je me croyois insulté*. On s'est en vain
interressé* pour moi à la Cour, Mr de Pont-Chartrain
a été inexorable. Après cela doit-on tant me blâmer ?
Tout au plus c'est un coup de chagrin*. Messieurs les
Journalistes de Trevoux ne sont peut-être pas contents
de ce que j'ai dit que si le Roi eût été informé de mon
affaire, son équité se seroit opposée au martyre que j'ai
soufert depuis l'année 1693. *C'est un homme peu touché
de la Religion.* Je ne comprens rien à cette sensure. *Il
est*, disent-ils, *de son aveu mecontent de sa patrie.* Je suis
si peu mecontent d'elle que je donnerois la moitié des
jours qui me restent à vivre pour y passer l'autre tranquillement. *Sont-ce donc là les qualitez necessaires pour
écrire sans passion & sans interét ?* Belle consequence !
*A la verité, sa Relation ne ressemble point à celles de nos
Missionaires ; il n'y parle point*, dit-il, *de Messes & d'autres
minuties.* J'aurois tort de parler de ce que je n'ai pas vu :
pourquoi remplirois-je donc ma Relation de miracles &
de conversions ? *C'est ainsi qu'il pretend se donner des airs
de sincerité & de bonne foi : sans doute il aura de la peine à
s'attirer par là de la consideration ailleurs que dans les païs
où il imprime.* Si j'ai manqué de sincérité & de bonne
foi, c'est pour avoir eu trop de charité pour épargner les
noms, car j'ai mis en vingt endroits de ma Relation le

---

[1]Note de l'auteur : « Plaisance, capitale de l'ile de Terre
Neufve. »

mot d'*Ecclesiastiques* pour des Religieux que je ne voulois point choquer, & c'eût été bien pis, si je les avois
nommez sans detour. Avoüez, Monsieur, qu'un Auteur
sincere a bien de la peine à contenter des Lecteurs preve-
nus. N'ai-je pas vu cent personnes se recrier contre ma
description du Dannemark ? N'a-t-on pas cru que ma
Dedicace au Roi & cette Relation avantageuse de son
païs m'avoient attiré des presens ? C'est pourtant une
erreur toute pure, car bien loin d'avoir reçu un obole de
cette Cour-là, j'ai depensé le mien à son service, comme
je l'expliquerai en tems & lieu [1]. J'ai parlé des bonnes
choses que j'ai observées, sans les embellir, n'est-ce pas
être sincère ? Si j'avois parlé des mauvaises en les chan-
geant, les alterant, ou les diminuant, on auroit raison
de dire que je manque de sincerité. A l'égard de la consideration que les Journalistes en question ne pretendent
pas que je m'attire ailleurs qu'en Angleterre & qu'en Hollande, je ne la demande à personne par le merite de mon
Livre, car je ne l'ai donné au public qu'en vuë de satisfaire mes amis, en leur faisant voir que je ne meritois rien
moins que le mauvais traitement que j'ai reçu.

Le Baron de la Hontan, continuent-ils, *brouille souvent ses matieres & les repete ; il redit dans ses memoires ce
qu'il a inseré dans ses Lettres.* Il est vrai que je fais des repetitions ; mais on doit considerer qu'elles sont quelquefois necessaires. Cependant on pourroit m'excuser si l'on
consideroit que j'ai remis mon manuscrit aux Libraires

---

[1] Lahontan écrivait pourtant dans l'épitre dédicatoire de la
traduction anglaise : « *In making the first Dedication* [celle de
l'édition originale des *Nouveaux Voyages* et des *Memoires*], *I had
not other inducement, than a due regard to the benefits I receiv'd
from His Majesties* [Frédéric IV, roi du Danemark] *favour* ».

sans y toucher. Je l'avois destiné au feu ; & j'en faisois si peu de cas que je ne prenois aucun soin de le conserver. *Ce seroit peu, s'il n'étoit que mauvais Ecrivain ; c'est de plus un Auteur dangereux.* On peut aisément pardonner le stile d'un Ecrivain qui ne taille sa plume qu'avec son épée, & sur tout d'un homme de mon païs, qui a commencé à écrire à son ami à l'âge de quinze ans [1], & fini à celui de vint & six. Pour ce qui est du titre d'*Auteur dangereux*, il ne m'appartient nullement. Je le cède à d'autres qui s'en feroient honneur, car il faut de l'esprit pour se rendre Auteur dangereux. *Les objections qu'il fait faire aux Sauvages contre la Religion que nos Missionaires leur annoncent, sont capables d'imposer à de foibles esprits.* Comment est-ce que les Journalistes prouveront que je fais faire ces objections aux Sauvages ? Je suis sûr que ces Docteurs-là connoissent trop bien les Hurons, pour douter qu'ils fassent des objections encor plus extravagantes & plus ridicules que celles dont j'ai fait mention. *C'est le precis de ce que les Deïstes & les Sociniens disent de plus fort contre la soumission que nous devons à la foi, & contre cette captivité de la raison sous l'empire de la revelation.* Il est bien plus naturel aux Canadois de faire des arguments contre la foi qu'aux Deïstes & aux Sociniens, car il faut que ceux-ci se fassent une grande violence pour se defaire des prejugez de la naissance & de l'éducation, au lieu que ceux-là sont élevez sans ces sortes de prejugez. *Le discours de son Medecin Portugais n'est guere moins capable d'affoiblir la creance que nous devons avoir aux Livres de l'Ancien Testament [2].* Tant pis pour ceux qui donneront dans le sens de ce malheureux Préadamite.

---

[1] À son arrivée en Nouvelle-France en novembre 1703, Lahontan n'avait pas 15 ans, comme il se plaît à dire, mais 17 ans.

[2] Lettre XXIV des *Nouveaux Voyages* (*O.C.*, p. 497-501).

Du reste, ce que l'Auteur raporte du Canada, des peuples qui l'habitent, de leurs mœurs, de leurs guerres, du commerce qu'on fait avec eux, de leur chasse, & de leur pêche, n'est plus ignoré de personne. Si cela est, j'ai toute sorte d'obligation aux Anglois d'avoir voulu se donner la peine de lire dans mon Livre ce qu'ils savoient dejà. Je m'étonne que tout le monde étant informé de ce qui regarde le Canada & ses peuples, on se soit avisé de faire de nouvelles éditions de mon Livre en François & en Anglois.

Si Mr. de la Hontan ne s'étoit occupé en Amerique qu'à decouvrir de nouvelles Terres, sans doute il ne se seroit pas attiré l'indignation de la Cour, comme il s'en plaint. Si les gens d'Eglise de leur côté ne s'occupoient qu'à servir Dieu, qu'ils ne se mêlassent pas des affaires des Princes & des particuliers, & qu'ils ne se fissent pas une loi de prendre un empire absolu sur l'esprit des uns & des autres, ils ne s'attireroient pas tant de reproches. J'ai seulement observé que ceux qui leur font le plus de caresses*, sont ceux qui les craignent le plus. On sait bien qu'il n'a pas tenu à moi que je ne sois encore en Canada. Dieu sait les tentatives que j'ai faites pour me justifier & pour retourner en ce païs-là, où j'aurois sacrifié ma vie au service de mon Roi, comme j'ai fait depuis l'âge de quinze ans avec plus de risque & de fatigue qu'on ne s'imagine à la Cour. Si je me suis attiré l'indignation de Mr. de Pont-Chartrain, ce n'est pas ma faute. J'ai eu le malheur de lui deplaire. Voilà mon crime. J'en suis fâché, & j'en fais penitence. Il est vrai qu'au bout de dix ans de travaux & de patience je me suis échappé, & je me suis plaint ouvertement. Mais je voudrois bien savoir si ce terme-là n'est pas assez long pour s'impatienter,

& m'excuser ? Il semble à ces Journalistes que ce n'est
rien d'être obligé d'errer dans les païs étrangers, & d'être
obligé d'y vivre au hazard, en perdant son tems, ses biens,
& ses amis. *A juger de lui par le dechaînement qu'il fait
paroître contre toutes les personnes qui de son tems ont
été en place en Canada, excepté Mr. de Frontenac, on
peut dire qu'il est d'un esprit inquiet & peu capable de
se moderer.* C'est une fausseté, car de trente & tant de
personnes dont il est fait mention en mon Livre, il n'y en
a que trois qui pourroient se plaindre que je les blâme :
si les deux qui sont morts, & avec lesquels je n'ai jamais
eu de relation, eussent lu mon Livre, ils auroient avoué
que je leur ai fait trop de quartier ; les Anglois ne me
dementiront pas sur ce que j'ai dit de ces Messieurs-
là [1]. Le troisiéme dont j'ai parlé & qui vit encore, est
Mr. D... ; je n'en ai fait mention qu'autant que mon
Histoire m'y a conduit ; je me suis contenté de rapporter
les faits. Je l'ai justifié sur l'entreprise de la guerre contre
les Yroquois [2], & sur l'abandon du fort de Frontenac. A
l'égard des autres personnes dont j'ai fait mention, on
trouvera que j'en parle avantageusement dans la premiere
édition de mon Livre, car je desavouë la seconde, quoi
qu'on dise que c'est moi qui l'ai augmentée & corrigée

[1] On ne sait à qui Lahontan fait allusion, avec cette expression « ces Messieurs-là ». En revanche, « Mr. D... » désigne
incontestablement le gouverneur Denonville.

[2] Les *Nouveaux Voyages* critiquaient plutôt cette entreprise.
Affirmant que les Français ne sauraient « détruire les Iroquois »,
Lahontan concluait : « Quelle nécessité de les troubler, puis
qu'ils ne nous en donnent aucun sujet ? » (lettre XII, *O.C.*, p. 342-
343). Quant au fort Frontenac, il montrait à quel point il était
nécessaire pour se défendre des Iroquois (lettre XVII, *O.C.*,
p. 445).

avec l'addition d'une nouvelle Preface qu'on pretend
que j'ai fait aussi pour me deguiser plus adroitement.
A l'egard de l'exception que les Journalistes disent que
je fais de feu Monsieur le Comte de Frontenac, elle ne
merite pas qu'ils me donnent le caractere d'esprit inquiet
& peu capable de se moderer. Ce Gouverneur n'avoit pas
le bonheur de leur plaire ; & ces Messieurs auroient sans
doute voulu que j'eusse tenu le meme langage qu'eux :
c'étoit le veritable moyen de m'attirer un Extrait plus
avantageux de mon Livre.

*Les Jesuites ont quelque sujet de s'en loüër, ce n'est pas
qu'il les épargne ; mais comme il les plaisante selon ses prejugez, les railleries qu'il en fait tournent presque toûjours
à leur loüange ou à leur justification.* Puis que j'ai eu la
charité de ne parler qu'énigmatiquement à leur desavan-
tage, pour ne pas scandaliser les Catholiques & donner
des armes aux Heretiques, & que je me suis contenté de
les railler en les loüant, ou en les justifiant, comme ils le
pretendent, ils auroient dû me payer de la même monnoye sans m'insulter de guet à pend. *Voici comment Mr.
de la Hontan parle des Jesuites*, continuënt-ils : *Plusieurs
personnes m'ont assuré que les Jesuites faisoient un grand
commerce de marchandises d'Europe & de pelleteries du
Canada : j'ai de la peine à le croire ; si cela est, il faut qu'ils
ayent des Correspondans, des Commis, & des Facteurs
aussi secrets & aussi fins qu'eux ; ce qui ne sauroit être*[1].
J'avoüe que dans cette incertitude je me suis determiné
à suivre l'opinion la moins probable. C'est peut-être le
seul endroit de ma Relation qui m'a attiré le blâme des
gens d'esprit, & qui a fait douter le public de la sincerité de ma narration. *Ailleurs Mr. de la Hontan plaint ces*

[1] *Memoires, O.C.*, p. 617-618.

bons Peres de leur bêtise à suivre les Sauvages avec tant de travaux : ils font de longues courses, dit-il, *pour batiser un miserable enfant lors qu'il est prêt à mourir.* Je ne me souviens pas d'avoir dit qu'ils font de longues courses pour batiser des enfans ; au moins je ne trouve pas cela dans mon Livre [1] ; j'aurois tort de pousser leur zêle jusques-là, puis qu'ils ne s'ecartent que rarement des villages des Canadois où il ne reste pendant l'hyver que les femmes, les enfans, les vieillards avec les pieux Missionnaires, car c'est durant cette saison que ces peuples quittent leurs habitations pour faire leur chasse de castors à trente ou quarante lieuës aux environs. *En un autre endroit il avoüe que tous s'abandonnent à des debauches honteuses avec les Canadoises, excepté les Jesuïtes* [2]. J'aurois pu faire cette exception-là de moi comme d'eux sans pretendre me donner des airs de continence ; mais aussi bien que les Jesuïtes, je n'ai pas jugé à-propos de m'en faire un merite. *Le Baron de la Hontan a demeuré si long-tems avec les Canadois qu'il pourroit bien avoir pris quelques-unes de leurs inclinations, &c.* C'est la meilleure chose que les Journalistes ayent dit dans leur extrait, car j'ai trouvé tant de charmes dans l'aimable liberté des Canadois, & tant de cruauté dans mon esclavage, qu'il n'y a point de difference de l'ame des Sauvages à la mienne.

---

[1] Dans ses *Memoires*, Lahontan ne parlait pas de « travaux » et de « longues courses » ; il écrivait : « ces Péres [...] estiment que le Bâtême conféré à un enfant mourant, vaut dix fois la peine et le chagrin d'habiter avec ces Peuples » (*O.C.*, p. 553).

[2] Voir ses *Memoires* : « à la réserve des Jesuites tous les autres courent les nuits de Cabane en Cabane pour débaucher les Sauvagesses » (*O.C.*, p. 661).

CHARLEVOIX[1]

*Voyages du baron de La Hontan
dans l'Amerique septentrionale* [...]
Memoires de l'Amerique septentrionale [...].
Seconde édition, augmentée d'une conversation de
l'Auteur avec un Sauvage distingué [...],
Jonas L'Honnoré à la Haye, 1705, 2 vol.

L'Auteur, quoi qu'homme de condition, fut d'abord
Soldat en Canada. Il fut fait ensuite Officier, & ayant
été envoyé à Terre-Neuve en qualité de Lieutenant de

---

[1] « Liste et examen des auteurs que j'ai consultés pour composer cet ouvrage », dans *Histoire et description generale de la Nouvelle France*, t. 3, 1744, p. LV-LVI. Outre cette critique globale, l'historien jésuite François-Xavier Charlevoix, tout au long de son ouvrage, multiplie les attaques contre Lahontan. Mais ses critiques sévères portent surtout sur des points de détail et son essai ethnographico-historique n'est pas très différent de celui qu'il condamne, comme l'a bien vu le journaliste de la *Bibliothèque raisonnée des Ouvrages des Savans de l'Europe* : « Le Père Charlevoix auroit mieux fait de rassembler en un Corps, la rélation des Mœurs des Sauvages, qu'il a dispersée presque à chaque page de son Voyage. Ces digressions étoufent le principal, on a de la peine à y découvrir le Voyageur ; c'est même ce qu'il y a de moins nouveau. La Hontan, que le Père méprise infiniment, a dit à peu près les mêmes choses » (oct., nov. et déc. 1746, p. 290). Il est surprenant que Charlevoix, si pointilleux sur l'exactitude historique, utilise, pour mieux condamner Lahontan, la réédition surchargée de Gueudeville [qu'il orthographie « Geudreville »] plutôt que l'édition originale de 1703. Sa critique portera longtemps, puisque, pendant plus de deux siècles, on ne prendra plus Lahontan au sérieux, alors que l'*Histoire et description generale de la Nouvelle France* deviendra une des sources historiographiques les plus utilisées.

Roy de Plaisance, il se brouilla avec le Gouverneur, fut cassé, & se retira d'abord en Portugal, ensuite en Dannemarck. La grande liberté, qu'il a donné à sa plume, a beaucoup contribué à faire lire son Livre, & l'a fait rechercher avec avidité par tout où l'on n'étoit pas à portée de sçavoir que le vrai y est tellement confondu avec le faux, qu'il est nécessaire d'être bien instruit de l'Histoire du Canada, pour l'en demêler, & que par conséquent il n'apprend rien aux uns, & ne peut que jetter les autres dans l'erreur. En effet, presque tous les noms propres y sont estropiés, la plûpart des faits y sont défigurés, & l'on y trouve des épisodes entiers, qui sont des pures fictions, tel qu'est le voyage sur la riviere Longue, aussi fabuleuse que l'Isle de Barataria, dont Sancho Pansa [1] fut fait Gouverneur. Cependant en France & ailleurs le plus grand nombre a regardé ces Memoires comme le fruit des voyages d'un Cavalier*, qui écrivoit mal, quoi qu'assez legerement, & qui n'avoit point de religion, mais qui racontoit assez sincérement* ce qu'il avoit vu, d'où il est arrivé que les Auteurs des Dictionnaires Historiques & Géographiques les ont presque toujours suivis & cités preferablement aux autres Memoires plus fidéles, qu'ils ne se sont pas même donné la peine de consulter. On leur a rendu plus de justice en Canada, où l'Auteur passe communément pour un Romancier.

On a retranché dans cette édition le *Voyage de Portugal et de Dannemarck*, où le Baron de la Hontan se fait voir aussi mauvais François, que mauvais Chrétien, & l'on y a retouché son style embarrassé & souvent barbare. Il s'en faut pourtant bien que ce soit encore un ouvrage

[1] Sancho Panza, inoubliable héros du *Don Quichotte* de Miguel de Cervantes.

bien écrit. C'est peut-être la conformité de style, qu'on y remarque avec celui de l'*Atlas* [1] de Geudreville, qui a fait juger que c'étoit par les mains de ce Moine Apostat, qu'il avoit passé. Le Dictionnaire de la Langue du Pays, annoncé dans le titre, comme s'il n'y avoit qu'une Langue en Canada, n'est qu'un assez méchant* vocabulaire de la Langue Algonquine ; & les conversations avec le Sauvage Adario, n'est qu'une supposition* de l'Auteur, qui a voulu nous apprendre ce qu'il pensoit sur la Religion [2].

---

[1] Gueudeville publia effectivement, chez L'Honoré et Châtelain, en 1719, un *Atlas historique ou Nouvelle Introduction à l'Histoire, à la Chronologie & à la Géographie Ancienne & Moderne*, où il s'inspire largement de Lahontan.

[2] Charlevoix répète ici la critique que son confrère Lafitau avait formulée en 1724 : « Tous les raisonnemens qu'il luy fait faire sont de son invention, & l'on y découvre aisément un de ces libertins qui, s'étourdissant sur des vérités incommodes, voudroient que les autres n'eussent pas plus de religion qu'eux » (*Mœurs des Sauvages américains*, t. 1, p. 102). Il est assez ironique de rappeler qu'un collaborateur des *Mémoires* de Trévoux, le jésuite Claude Buffier, dans son *Examen des Préjugez Vulgaires*, publié en 1704, inclut un dialogue intitulé « Que les Peuples Sauvages sont pour le moins aussi heureux que les Peuples polis ». Timagène se fait porte-parole de la civilisation, pendant que Téandre défend les valeurs de la « nature », en des termes moins vifs, mais parfois assez voisins de ceux de Lahontan et d'Adario : voir Lahontan, « Introduction », *O. C.*, p. 106-108.

GLOSSAIRE

Pour la confection de ce glossaire, nous avons utilisé les dictionnaires de Nicot (1606), de Richelet (1680), de Furetière (1690 et 1727), de l'Académie française (1694) ; nous avons aussi tiré profit de Frédéric Godefroy, *Dictionnaire de l'ancienne langue française et de tous ses dialectes du IXᵉ au XVᵉ siècle* (1891-1892), de Jean Dubois, René Lagane et Alain Lerond, *Dictionnaire du français classique* (Larousse, 1992), de Pierre Larousse, *Grand dictionnaire universel du XIXᵉ siècle* (1866-1879), d'Émile Littré, *Dictionnaire de la langue française* (1872) et d'Alain Rey, dir., *Dictionnaire historique de la langue française* (1992, 2 vol.).

abord que (d') : dès que
abstrait : vague ; difficile à comprendre
abuser : tromper
accident : événement fortuit, hasard
accommoder : apprêter ; travailler
accommoder (s') : s'habiller ; s'arranger

achever : accomplir, réaliser
actuellement : effectivement
admirable : étonnant
admirer : s'étonner
affaire (avoir) : avoir à faire
affliger : blesser, mortifier
ailleurs (d') : de plus, en outre
ajustement : habillement ; parure, ornement

amant : amoureux
Amériquain : Amérindien
amour propre : intérêt
personnel
amuser (s') : s'arrêter,
s'attarder
apparence : vraisemblance,
probabilité
apparent : considérable, de
haut rang
application : occupation
soutenue
artifice : habileté, art
assuré : sûr, sans danger ;
certain
assurer : certifier, garantir
assistances : aide matérielle
aune (à son) : d'après
soi-même
aussi : ainsi, de même
autoriser : justifier, légitimer
avarice : cupidité
bagatelle : propos futile
bailler : donner
bas : trivial
bassesse : faiblesse ;
abjection
beau de (faire) : être mal
venu de
besace : mendicité
bouline (à la) : de biais
briser : interrompre la
conversation
brutal : grossier ; bestial
brutalement : à la manière
des bêtes
brutalité : grossièreté ;

bestialité
Canadois, Canadien :
Amérindien du Canada
candeur : franchise
canton : région
capilotade (en) : en miettes
capital (ennemi) : ennemi
juré
captivité : soumission
caresse : démonstration
d'amitié
caresser : donner des
marques d'amitié
cause que (à) : parce que
cause que (être) : être
responsable du fait que
cavalier : gentilhomme
cependant : pendant ce
temps
chagrin : irritation ; dépit ;
hostilité
champs (aux) : en colère
chaudière : récipient
métallique pour chauffer,
bouillir ou cuire
chimérique : extravagant
choquer : trinquer
coction : digestion
comme : comment
commerce : rapport, relation
commerce de lettres :
correspondance
commercer : avoir des
relations avec
commettre avec (se) :
s'exposer, se mettre en danger
commis : employé chargé de

la collecte des impôts
commun (le) : le peuple
commun de (le) : la plupart de
compagnie : réunion mondaine
conclure : tirer une conséquence
conclusif : qui va droit au but
conduite : direction morale ; sagesse
conférence : entretien
confesser : avouer, admettre
connaître : reconnaître
conséquence : grande importance ; conclusion
constamment : certainement
constant : certain
consumer : dissiper ; consommer
conte : compte
conter : compter
contestation : débat
contradiction : opposition
coureur de bois : en Nouvelle-France, trappeur qui vivait de sa chasse
courtine : rideau de lit
créance : croyance, foi
cuir : peau
déchoir (se) : décliner, diminuer physiquement
découvrir (se) : se révéler, se dévoiler
dédire : contredire
défaut : manque ; point faible
déféquer (se) : se purifier ou se clarifier par filtrage
défier (se) : se méfier
dégoût : déplaisir
délicat : susceptible ; ténu
dementer : renier ; agir contrairement à
denrée : objet d'usage courant
dépendant : subordonné, inférieur
dépens : frais judiciaires
dépité : contrarié, irrité
dès là : ainsi
dès que : dès lors que, puisque
désabuser : détromper
désolation : ravage, destruction
destiner : réserver ; fixer
destituer : priver
détail : récit, exposé détaillé
devant : avant, auparavant
digeste : code justinien
disgrâce : malheur, infortune
disputer : discuter, débattre
distinguer : marquer les divers sens d'une proposition
dogmatiser : endoctriner
drogue : ingrédient utilisé dans une préparation médicamenteuse
éclaircir : instruire quelqu'un d'une vérité
effet (en) : effectivement
effet (pour cet) : à cette fin
égard de (à l') : en comparaison de
élévation : rang social élevé
émanciper à (s') : se laisser

aller à
emploi : fonction, charge
endroit : point ; côté
énerver : affaiblir
enragé : affreux
entendre : connaître à fond ;
comprendre
entêtement : engouement
entrée : début
environner : entourer
épicerie : épice
équipage : ce qui est
nécessaire pour voyager ou
pour paraître en bonne société
état de (faire) : estimer, faire
cas de
exactement : soigneusement
exactitude : soin
exciter : provoquer
extrait : compte rendu
facteur : agent, commis
falloir que (ne) : suffire de
fauve : sauvage
fermé : résolu
ferré : ferme, dur
fidèlement : assidument
fièvre chaude : fièvre
cérébrale
figure : forme extérieure,
aspect
figure (faire) : être présent
finesse : ruse ; tromperie
foi : fidélité ; confiance ;
parole donnée
foi (à la bonne) : en toute
bonne foi
fomenter : entretenir

formidable : capable
d'inspirer une grande crainte
fournir : pourvoir
franc : exempt
frivole : qui manque de
sérieux
galant : amoureux
gêne : tourment, torture
génie : esprit, dispositions
naturelles
gens : personne
gentilhomme : noble de
vieille souche
gîter (se) : coucher
goutte remontée : goutte
mortelle qui s'attaque au cœur,
au foie
gravelle : maladie causée par
les calculs dans les reins ou la
vessie
grisette : jeune coquette de
condition modeste
guenuche : guenon
habile : intelligent, spirituel,
savant
hiéroglyphe : pictogramme
honnêtement : poliment,
civilement
honnêteté : civilité, politesse
humeur : chacune des quatre
substances fluides des corps :
sang, pituite (ou flegme), bile
jaune et bile noire, qui,
lorsqu'elles étaient
dominantes, produisaient
respectivement des
tempéraments sanguin,

flegmatique, colérique ou mélancolique.

impertinence : sottise, inconvenance

impertinent : sot ; qui agit mal à propos

imposer : faire croire une fausseté

impression : empreinte ; impulsion

improbable : non fondé

imputation : allégation

incessamment : continuellement

incommodé : indisposé

incommodité : désagrément

indiscrétion : manque de discernement

induction : conclusion

industrie : habileté, adresse

infirmité : mal physique

infracteur : transgresseur

ingérer de (s') : se mêler de

inquiet : remuant, agité

insister à : persister à, continuer de

instance : sollicitation ; souci

insulter : attaquer, assaillir

intelligence : compréhension, bonne entente

intéresser : prendre parti

issue : résultat

jeter : lancer

joint que : outre que

jongler : avoir commerce avec les esprits ; deviner l'avenir

jongleur : chaman

juger de : conjecturer

jusques-là que : à tel point que

lieu (avoir) : se trouver

lieue : mesure de distance valant à terre plus de 4 km ; sur mer (France et Angleterre) : 5,557 km, Espagne : 6,68 km

liqueur : liquide, boisson

lors (pour) : alors

maîtresse : femme aimée ou courtisée

malice : méchanceté ; perversité

malicieux : méchant

malin : mauvais, nuisible

mal-tôte : impôt

mander : faire savoir

marquer : indiquer, signifier

méchant : mauvais

médiocre : moyen, ordinaire, modéré

médiocrité : condition moyenne

menterie : mensonge

merveilleux : étonnant, digne d'admiration

minutie : futilité

multiplier : augmenter en nombre

narré : récit

nécessairement : absolument ; de toute nécessité

non plus : pas plus

noter : blâmer

obligation (avoir) : devoir
obscurité : embarras
ouïr : entendre
outrer : accabler, surcharger
parentage : parenté
parer : protéger
part (de bonne) : de bonne source
parti : partage ; détachement
passion : sentiment
pauvreté : banalité, platitude
payer de (se) : se satisfaire de
pédant : enseignant ridicule
pendant que : tant que, aussi longtemps que
percer : blesser avec une arme pointue
persécuter : importuner
persuader : faire admettre quelque chose à quelqu'un par la persuasion
peuplade : peuplement
phlegmatique : patient, pacifique ; qui ne s'émeut jamais
pièce (faire une) : faire affront
pied (sur ce) : dans ces conditions
pierre : calcul dans les reins, la vessie ou la vésicule biliaire
piquet (lever le) : décamper
plausible : estimable ; digne d'approbation
plutôt : plus tôt
pompeux : magnifique, somptueux

pouce : ancienne mesure de longueur valant 1/12 de pied, soit 2,7 cm.
pratique : clientèle
préjugé : idée ou sentiment non fondé
préoccupation : prévention
présomption : préjugé
prestige : illusion
prévenir : devancer
principe : la plus petite partie qui entre dans la composition des choses matérielles
prix de (au) : en comparaison de
probabilité : apparence de vérité
probable : fondé sur des raisons sérieuses
propre : apte, qualifié ; particulier
proprement : convenablement ; élégamment
propreté : raffinement, élégance
provide : prévenant
publier : rendre public
pudeur : gêne, honte
putanisme : vie de prostituée
qualité : noblesse de naissance
quelqu'un : un
querir : chercher
ragoût : assaisonnement
railler : plaisanter
raillerie : plaisanterie
rapport : ressemblance

rapport à (par) : au sujet de

rapporter (se) : se ressembler

ravir : emporter, enlever

recommandation (en) : estimé

récompense (en) : d'un autre côté, en revanche

réduire : résoudre ; résumer

réformation : réforme

réformer : remettre dans le devoir ; corriger

regître : registre

règlement : manière de procéder

remontrer : démontrer, expliquer

rencontrer : conjecturer, deviner

renfermer : enfermer

rentraîner : entraîner de nouveau

réparer : orner ; améliorer

représenter : faire connaître, montrer

République : État

répugner : être contraire

résolution : décision ; impression vive

rets : filet

rêver : divaguer

rêverie : divagation ; idée chimérique

ruine (battre en) : détruire

saltein : corsaire

scrupule : souci ; inquiétude morale

sectateur : disciple

sens : jugement ; goût ; opinion

sensible : vif

sensiblement : ressenti vivement

sentiment : avis ; sensibilité physique ou affective

serein : vapeur froide et malsaine qui tombe au couchant

sérosité : humeur mélancolique mêlée avec le sang ou les autres humeurs

sexe (le) : la femme

si ... que : aussi... que

sincère : vrai, véritable

sincèrement : véritablement

sincérité : véracité

sol : ancienne monnaie valant 1/20 de livre, soit 12 deniers

soumissions : marques de respect

souteneur : défenseur, partisan

subside : impôt destiné au souverain

subtil : léger, ténu

suc : substance liquide contenue dans les plantes, la terre ou les minéraux et considérée comme principe actif, nutritif.

succès : issue, résultat

suite : conséquence

sujet : soumis, assujetti à

superficie : surface

supposer : alléguer

faussement ; substituer

supposition : fausse allégation ; invention

sûreté : garantie, assurance

surprise : attaque à l'improviste

tant : autant

tendresse : inclination, affection

tissu : tissé

trafic : commerce

transports : manifestation d'une passion

transposition : erreur, faute

traverse (à la) : de manière gênante ; incidemment

traverser : empêcher ; gêner

turlupiner : mettre en farces de mauvais goût

uni : simple, sans incident

user (en) : agir

valeur : bravoure

vénérien : sexuel

vérifier : prouver

véritable : exact, véridique ; franc

vérole (petite) : variole

vicieux : qui a de nombreux défauts

volée : condition sociale

vraisemblable : probable

vraisemblance : probabilité ; apparence de vrai

BIBLIOGRAPHIE

Œuvres de Lahontan [1]

Nouveaux Voyages de Mr. le Baron de Lahontan dans l'Amerique septentrionale, tome premier, La Haye, Fréres L'Honoré, 1703. Édition originale, dite « à la Renommée ».

Memoires de l'Amerique, ou la Suite des Voyages de Mr. le Baron de Lahontan, tome second, La Haye, Fréres L'Honoré, 1703. Édition originale, dite « à la Renommée » [2].

Suite du Voyage de l'Amerique, ou Dialogues de Monsieur le baron de Lahontan et d'un Sauvage, dans l'Amerique, contenant une description exacte des mœurs & des coutumes de ces Peuples Sauvages, avec les Voyages du même en Portugal & en Danemarc, Amsterdam, Chez la Veuve de Boeteman, et se vend à Londres, chez David Mortier, 1703. La même édition parut avec deux autres pages de

---

[1] Pour les nombreux textes manuscrits de Lahontan, voir « Inédits et textes divers », dans Lahontan, *O.C.*, p. 993-1127.

[2] Deux contrefaçons différentes des *Nouveaux Voyages* et des *Memoires*, millésimées 1703, parurent peu de temps après l'originale : les éditions « à la sphère » et « à l'ornement ».

titre : *Suplement aux Voyages du Baron de Lahontan, où l'on trouve des Dialogues curieux entre l'Auteur et un Sauvage de bon sens qui a voyagé*, tome troisième, La Haye, Fréres L'Honoré, 1703 ; *Dialogues de Monsieur le baron de Lahontan et d'un Sauvage, dans l'Amerique*, Amsterdam, Chez la Veuve de Boeteman, et se vend à Londres, chez David Mortier, 1704. Édition originale.

Voyages du Baron de La Hontan dans l'Amerique Septentrionale, tome premier, seconde édition, revue, corrigée, & augmentée, Amsterdam, François L'Honoré, 1705. Réédition faite par Nicolas Gueudeville, sans l'accord de Lahontan.

Memoires de l'Amerique Septentrionale, ou la Suite des Voyages de Mr. le Baron de La Hontan. Tome second. Seconde édition, augmentée des *Conversations de l'Auteur avec un Sauvage distingué.* Amsterdam, François L'Honoré & Compagnie, 1705. Réédition faite par Nicolas Gueudeville, sans l'accord de Lahontan.

New Voyages to North America, Londres, H. Bonwicke, T. Goodwin, M. Wotton, B. Tooke et S. Manship, 1703, 2 vol. En ligne : www.canadiana.org.

Rééditions des œuvres de Lahontan (xxᵉ siècle)

Un outre-mer au xviiᵉ siècle. Voyages au Canada du Baron de La Hontan, publiés avec une introduction et des notes par M. François de Nion, Paris, Librairie Plon, 1900. Reprend la réédition 1705.

New Voyages to North America, avec introduction, notes et index par Reuben G. Thwaites, Chicago, McClurg & Co, 1905, 2 vol. Réimpression en fac-similé : New York, Burt Franklin, 1970, 2 vol. Reprend la traduction anglaise de 1703. En ligne : www.archive.org/stream/new voyagestonoro2lahogoog#page/n419/mode/1up

Dialogues curieux entre l'auteur et un Sauvage de bon sens qui a voyagé et Mémoires de l'Amérique Septentrionale, texte établi, présenté et annoté par Gilbert Chinard, Baltimore, The Johns Hopkins Press ; Paris, A. Margraff ; Londres, Oxford University Press, 1931. Reprend l'édition originale.

Lahontan's Voyages, avec une introduction et des notes par Stephen Leacock, Ottawa, Graphic Publishers, 1932. Reprend la traduction anglaise de 1703.

Dialogues avec un sauvage, introduction et notes par Maurice Roelens, Paris, Éditions Sociales, 1973 ; Montréal, Éditions sociales/Leméac, 1974. Reprend l'édition Chinard en modernisant la transcription.

Nouveaux Voyages en Amérique septentrionale, présentation, chronologie et notes par Jacques Collin, Montréal, L'Hexagone/Minerve, 1983. Reprend l'édition originale en modernisant le texte.

Neueste Reisen nach dem mitternächtlichen Amerika, publiés avec une postface de Rolf Dragsta et Dietmar Kamper, Berlin, Freitag Verlag, 1982. Reprend la traduction allemande de 1709.

Dialoghi con un selvaggio, texte présenté par Francesco Surdich, Iurea, Heredote, 1984.

Œuvres complètes, édition critique par Réal Ouellet, avec
la collaboration d'Alain Beaulieu, Montréal, Presses de
l'Université de Montréal, 1990, 2 vol. Épuisé.

*Dialogues de M. le baron de Lahontan et d'un Sauvage
dans l'Amérique*, texte modernisé, présenté par Henri
Coulet, Paris, Desjonquères, 2007 [1993].

*Dialogues curieux entre l'auteur et un sauvage de bon
sens qui a voyagé*, texte modernisé, présenté par Thierry
Galibert, Arles, Sulliver, 2005.

Sur Lahontan

Apostolidès, Jean-Marie, « L'altération du récit : les
Dialogues de Lahontan », *Études françaises*, vol. 22, nº 2,
1986, p. 73-86.

Badet, Valérie, *La lettre de voyage au XVIIᵉ siècle : élé-
ments de poétique*, mémoire de maîtrise en études françaises, Université de Montréal, 2002.

Bauré, Nicolas, *Visions du Canada et des Canadiens au
siècle des Lumières (autour de La Hontan, Charlevoix et
Raynal)*, mémoire de maîtrise, Université Marc Bloch,
Strasbourg, 2000.

Berthiaume, Pierre, et Danielle Forget, « Entre
la polémique et le littéraire : le Baron de Lahontan »,
*Canadian Journal of Rhetorical Studies / La revue cana-
dienne d'études rhétoriques*, nº 9, 1998, p. 73-96.

Boisvert, France, *Le développement des genres littéraires dans l'œuvre de Lahontan*, thèse de doctorat en
études françaises, Université de Montréal, 2001.

—, « L'influence protestante chez Lahontan », *Revue d'histoire et de philosophie religieuses*, vol. 84, n° 1, 2004, p. 31-51.

BOSHER, J. F., « Lahontan », dans A. C. Kors (éd.), *Encyclopedia of the Enlightenment*, New York, Oxford University Press, 2003, vol. 3, p. 343-344.

COLLIN, Jacques, *La problématique des rapports entre la nature et la culture. Lahontan, son influence et son occultation*, mémoire de maîtrise, Université Laval, Québec, 1984.

DESPLAT, Christian, « Les Indiens du Baron de Lahontan », *Revue de Pau et du Béarn*, n° 2, 1974, p. 129-158.

FUNKE, Hans-Günter, « Das interkulturelle Streitgespräch zwischen Europäer und "Wildem" als Medium aufklärerischer zivilisationskritik, Lahontan's *Dialogues curieux entre l'auteur et un sauvage* (1703) », dans Gabrielle Vickermann-Ribémont et Dietmar Rieger (éd.), *Dialog und dialogizität im Zeichen der Aufkärung*, Tübingen, Narr, 2003, p. 69-94.

HAYNE, David M., « Lom d'Arce de Lahontan », dans D. M. Hayne et A. Vachon (dir.), *Dictionnaire biographique du Canada*, vol. 2, 1969, p. 458-464.

KOHL, Karl-Heinz, « Ethnographie als Zivilisationskritik. Zu Louis-Armand de Lahontans *Nouveaux Voyages dans l'Amérique Septentrionale* », dans *Entzauberter Blick. Das Bild vom Guten Wilden und die Erfahrung der Zivilisation*, Berlin, Medusa, 1981, p. 63-76.

LANCTOT, Gustave, *Faussaires et faussetés en histoire canadienne*, Montréal, Éditions Variétés, 1948, p. 25-33, 96-129.

LE BLANT, Robert, « Les voyages du Baron de Lahontan », dans *Histoire de la Nouvelle-France : les sources narratives du début du XVIIIᵉ siècle et Le recueil de Gédéon de Catalogne*, Dax, Pradeu, 1930, p. 21-61.

LOBIES, J.-P., « Lahontan », dans J. Balteau (dir.), *Dictionnaire de biographie française*, Paris, Letouzey et Ané, vol. 19, 2001, p. 727-728.

LÜSEBRINK, Hans-Jürgen, « Interkulturelle dialogizität : Europaïsch-außereuropaïsche dialogue bei Lahontan und Clavijiro », dans Gabrielle Vickermann-Ribémont et Dietmar Rieger (éd.), *Dialog und dialogizität im Zeichen der Aufkärung*, Tübingen, Narr, 2003, p. 49-67.

NAHRA, Nancy, « The Secular Continent of Baron de Lahontan », *Historical Reflections / Réflexions historiques*, vol. 18, n° 3, 1992, p. 59-75.

NEAVE, Judith Chamberlin, « Lahontan and the Long River Controversy », dans Jack Warwick et Jacques Cotnam (dir.), *Écrits de voyage relatifs à la Nouvelle-France/Travel Writings Related to New France*, Revue de l'Université d'Ottawa, vol. 48, 1978, p. 124-147.

—, *A Study of Historical Veracity in the Works of the Baron de Lahontan*, thèse de doctorat, University of Toronto, Département de français, 1979.

OUELLET, Réal (éd.), *Sur Lahontan : comptes rendus et critiques (1702-1711)*, Québec, L'hêtrière ; Paris, Touzot, 1984.

OUELLET, Réal, « Jésuites et philosophes lecteurs de Lahontan », *Saggi e ricerche di letteratura francese*, vol. 29, 1990, p. 119-164.

—, « Le discours des gravures dans les *Voyages* de Lahontan (1702-1703) », Lausanne, *Études de lettres*, janvier-juin 1995, n° 1-2, p. 31-48.

—, *L'aventurier du hasard. Le Baron de Lahontan : roman*, Québec, Septentrion, 1996.

—, « La contestation religieuse dans les voyages de Challe et de Lahontan », dans M.-L. Girou Swiderski et P. Berthiaume (éd.), *Challe et/en son temps*, Paris, Champion, 1998, p. 473-489.

—, « Les *Dialogues* de Lahontan (1703-1705) : de l'affirmation libertaire à l'appel révolutionnaire », Actes du colloque international *Dialogue et controverse*, Département de français, Université du Caire, 2004, p. 91-102.

—, « Adario, le Sauvage philosophe de Lahontan », *Québec français*, été 2006, p. 57-60.

—, « Baron de Lahontan », dans *Encyclopédie du patrimoine culturel de l'Amérique française* : www.ameriquefran caise.org/fr/article-183/Baron/de/Lahontan.

PELLERIN-CAMIRAND, Suzanne, *Étude du vocabulaire de la faune et de la flore nord-américaine dans les écrits de Lahontan*, mémoire de maîtrise, Université Laval, Québec, 1978.

PIART, Robert, « Le Baron de Lahontan (1666-1716) » : http ://pagesperso-orange.fr/bearn-acadie-nouvelle-france/histoire/barondelahontan.html.

PINETTE, Susan, « The Importance of the Literary : Lahontan's *Dialogues* and Primitivist Thought », *Prose studies : History, Theory, Criticism*, vol. 28, 2006, p. 41-53.

PIZZORUSSO, Arnaldo, « Lahontan e gli argomenti del selvaggio », *Belfagor*, vol. 35, 1980, p. 125-138. Repris dans *Analisi e variazioni. Studi francesi*, Rome, Bulzoni, 1982, p. 29-47.

RACAULT, Jean-Michel, « Paroles sauvages : problèmes du dialogue et représentation de l'altérité américaine chez Lahontan », *Nulle part et ses environs : voyage aux confins de l'utopie littéraire classique (1657-1802)*, Paris, Presses de l'Université de Paris-Sorbonne, 2003, p. 243-257.

RIGAULT, Claude, « Discontinuité et séries au début du XVIIIe siècle : la pratique historique de Lahontan », dans Henri Coulet (éd.), *L'histoire au XVIIIe siècle*, Aix-en-Provence, Édisud, 1981, p. 29-53.

ROELENS, Maurice, « Lahontan dans l'*Encyclopédie* et ses suites », dans Jacques Proust (éd.), *Recherches nouvelles sur quelques écrivains des Lumières*, Genève, Droz, 1972, p. 163-200.

—, « L'expérience de l'espace américain dans les récits de voyages entre Lahontan et Charlevoix », *Studies on Voltaire and the Eighteenth Century*, vol. 155, 1976, p. 1861-1895.

ROY, Joseph-Edmond, *Le baron de Lahontan*, Ottawa, Mémoires de la Société royale du Canada, vol. 12, 1894, section 1, p. 63-192. Réimprimé à Lévis, par la *Revue du notariat*, 1903, 257 p. Réimprimé anastatiquement [moins les p. 256-257] avec les *Dialogues* (éd. 1705), aux Éditions Élysée, Montréal, 1974.

SAGE, Pierre, « La Hontan », dans Georges Grente, *Dictionnaire des lettres françaises. Le XVIIIe siècle*, nouvelle édition mise à jour, François Moureau (dir.), Paris, Livre de Poche, 1998, p. 671-672.

SCHRAMM, Jonas Conrad, *De Philosophia Canadensium populi in America septentrionali balbutiente dissertatio quam introductioni in philosophiam*, Helmstadt, Georg Wolgang Hamm, 1707. Traduit par A.-M. Étarian sous le titre « La philosophie balbutiante des Canadiens », dans Réal Ouellet, *Sur Lahontan*, p. 73-97.

SULTE, Benjamin, « Les racontars de Lahontan », *La revue nationale*, n° 12, 1923, p. 357-363 ; réédités par Gérard Malchelosse, dans *Mélanges historiques*, Montréal, Édouard Garand, 1930, vol. 17, p. 45-56.

WOOD, Peter H., « The Mysterious 1688 Journey of M. Lahontan », Discussion Paper by Prof. Peter H. Wood (Duke University), for April 2007 : http ://www.uga.edu /colonialseminar/P.%20Wood%20Paper.pdf.

TEXTES DE LA NOUVELLE-FRANCE [1]

BACQUEVILLE DE LA POTHERIE, *Histoire de l'Amerique septentrionale*, Paris, Jean-Luc Nion et François Didot, 1722, 4 vol. En ligne : www.canadiana.org.

[1] Les citations et références du présent livre renvoient aux rééditions critiques, sinon aux éditions originales des œuvres mentionnées dans cette partie.

BOUCHER, Pierre, *Histoire Veritable et Naturelle des mœurs et productions du pays de la Nouvelle France vulgairement dite le Canada*, Paris, Florentin Lambert, 1664. En ligne : http ://gallica.bnf.fr. Réimpression en facsimilé avec diverses études : Société historique de Boucherville, 1964.

CARTIER, Jacques, *Relations*, édition critique par M. Bideaux, Montréal, Presses de l'Université de Montréal, 1986.

CHAMPLAIN, *Œuvres*, texte établi et annoté par Ch.-H. Laverdière, Québec, Desbarats, 2ᵉ édition, 1970, 6 vol. Réimprimé en fac-similé par les Éditions du Jour, Montréal, 1973, 3 vol. Les diverses éditions (1603, 1613, 1619 et 1632) des *Voyages* sont accessibles en ligne : http ://gallica.bnf.fr ; www.canadiana.org.

—, *The Works of Samuel de Champlain*, édités sous la direction de Henry P. Biggar, Toronto, The Champlain Society, 1922-1936, 6 vol. Réimpression en fac-similé : Toronto et Buffalo, University of Toronto Press, 1971.

—, *Des Sauvages*, texte établi, présenté et annoté par Alain Beaulieu et Réal Ouellet, Montréal, Typo, 1993.

CHARLEVOIX, Pierre-François-Xavier de, *Histoire et description générale de la Nouvelle-France*, Paris, Nyon Fils, 1744, 3 vol : En ligne : http ://gallica.bnf.fr ; www.canadiana.org. Réédition critique du vol. III par Pierre Berthiaume : *Journal d'un voyage fait par ordre du Roi dans l'Amérique septentrionale*, Montréal, Presses de l'Université de Montréal, 1994, 2 vol.

DENYS, Nicolas, *Description geographique et historique des costes de l'Amerique septentrionale. Avec l'histoire naturelle du païs*, Paris, Claude Barbin, 1672, 2 vol. : http ://gallica.bnf.fr ; www.canadiana.org. Réédition en fac-similé, avec introduction et notes par Clarence-Joseph d'Entremont, Yarmouth, Lescarbot, 1982.

DIÉREVILLE, *Relation du voyage du Port Royal de l'Acadie*, Rouen, Besongne, 1708 : www.canadiana.org. Réédition critique par Normand Doiron, Montréal, Presses de l'Université de Montréal, 1997.

GENDRON, François, *Quelques Particularitez du pays des Hurons en la Nouvelle-France*, rédigées par Jean-Baptiste de Rocoles, Paris, Bechet et Billaine, 1660.

HENNEPIN, Louis, *Description de la Louisiane, nouvellement decouverte au sud'oüest de la Nouvelle France par ordre du Roy*, Paris, Veuve Sebastien Huré, 1683. En ligne : http ://gallica.bnf.f ; www.canadiana.org. Cet ouvrage contient aussi, avec une pagination indépendante, *Les mœurs des Sauvages*.

—, *Nouvelle Decouverte d'un tres grand Pays situé dans l'Amerique, entre le Nouveau Mexique, et la Mer Glaciale*, Utrecht, Guillaume Broedelet, 1697. En ligne : http ://gallica.bnf.fr ; www.canadiana.org.

—, *Nouveau Voyage d'un Pais plus grand que l'Europe, avec les réflections des entreprises du Sieur de La Salle*, Utrecht, Antoine Schouten, 1698. En ligne : http ://gallica.bnf.fr ; www.canadiana.org.

Jésuites, *Relations*, rééditées en français et en anglais par Reuben G. Thwaites, sous le titre *The Jesuit Relations and Allied Documents. Travels and Explorations of the Jesuit Missionaries in New France, 1610-1791*, Cleveland,

Burrougs, 1896-1901, 73 vol. Réimpression en fac-similé :
New York, Pageant Book, 1959, 36 vol.

—, *Relations*, rééditées avec de nombreux inédits, par
Lucien Campeau, sous le titre *Monumenta Novæ Franciæ*
[1602-1656], Rome et Montréal, Institutum Historicum
Soc. Iesu ; Québec, Presses de l'Université Laval, puis
Bellarmin, 1967-1996, 8 vol.

LAFITAU, *Mœurs des Sauvages ameriquains, comparées
aux mœurs des premiers temps*, Paris, Saugrain l'aîné et
Charles-Estienne Hochereau, 1724, 4 vol. En ligne :
www.canadiana.org. Traduction : *Customs of the Ame-
rican Indians Compared with the Customs of Primitive
Times*, texte établi, présenté et traduit par William M.
Fenton et Elizabeth L. Moore, Toronto, The Champlain
Society, 1974 et 1977, 2 vol.

LAMOTHE CADILLAC, « Relation du sieur de Lamothe
Cadillac », dans Pierre Margry (éd.), *Découvertes et établissements des Français dans l'ouest et dans le sud de
l'Amérique septentrionale (1614-1754)*, Paris, Maisonneuve, vol. 5, 1887, p. 75-132.

LE CLERCQ, Chrestien, *Nouvelle Relation de la Gaspe-
sie*, Paris, Amable Auroy, 1691 : http ://gallica.bnf.fr ;
www.canadiana.org. Réédition critique sous la direction
de Réal Ouellet, Montréal, Presses de l'Université de
Montréal, 1999.

LECLERCQ, Chrestien [?], *Premier Etablissement de la
Foy dans la Nouvelle France*, Paris, Amable Auroy, 1691,
2 vol. En ligne : http ://gallica.bnf.fr.

LESCARBOT, Marc, *Histoire de la Nouvelle-France* dans
History of New France, éditée par W. L. Grant et H. P.

Biggar, Toronto, The Champlain Society, 1914. Publiée en 1609, l'*Histoire* de Lescarbot fut rééditée en 1611, 1612, 1617 et 1618 ; Grant et Biggar reproduisent l'édition de 1617. En ligne : http ://gallica.bnf.fr.

—, réédition critique des *Voyages en Acadie* (1604-1707) et des chapitres ethnographiques par Marie-Christine Pioffet, sous le titre : *Voyages en Acadie (1604-1707), suivis de La description des mœurs souriquoises comparées à celles d'autres peuples*, Québec, Presses de l'Université Laval, 2007.

MARGRY, Pierre (éd.), *Découvertes et établissements des Français dans l'ouest et dans le sud de l'Amérique septentrionale, 1614-1698. Mémoires et documents inédits*, Paris, Maisonneuve, 1879-1888, 6 vol.

MORIN, Marie, *Histoire simple et véritable. Les annales de l'Hôtel-Dieu de Montréal, 1659-1725*, texte établi, présenté et annoté par Ghislaine Legendre, Montréal, Presses de l'Université de Montréal, 1979.

PERROT, Nicolas, *Mœurs, coutumes et religion des Sauvages de l'Amérique septentrionale*, édition critique par Pierre Berthiaume, Montréal, Presses de l'Université de Montréal, 2004. Voir également l'édition intitulée *Mémoire sur les mœurs, coustumes et relligion des Sauvages de l'Amérique septentrionale*, Lux Éditeur, coll. « Mémoires des Amériques », Montréal, 1999.

RAUDOT[1], Antoine-Denis, *Relation par lettres de l'Amerique septentrionale (années 1709-1710)*, texte

---

[1] Camille de Rochemonteix attribuait ce texte au jésuite Antoine Silvy, mais des études plus récentes ont montré que l'intendant Antoine-Denis Raudot en était l'auteur.

établi et présenté par Camille de Rochemonteix, Paris, Letouzey et Ané, 1904.

SAGARD, Gabriel, *Le Grand Voyage du Pays des Hurons*, Paris, Denys Moreau, 1632. En ligne : http ://gallica.bnf.fr ; www.canadiana.org. Réédition critique par Jack Warwick, Montréal, Presses de l'Université de Montréal, 1998. Réédition en livre de poche, par Réal Ouellet et Jack Warwick, revue et corrigée : Montréal, BQ, 2007. Traduction, présentation et annotation en italien par Ugo Piscopo : *Grande Viaggio nel paese degli Uroni (1623-1624)*, Milano, Langanesi, 1972.

OUVRAGES GÉNÉRAUX

ALLAIRE, Bernard, *Pelleteries, manchons et peaux de castor. Les fourrures nord-américaines à Paris, 1500-1632*, Québec, Septentrion ; Paris, Presses de l'Université de Paris-Sorbonne, 1999.

ARIÈS, Philippe et Georges DUBY (dir.), *Histoire de la vie privée*, Paris, Seuil, t. 3, 1986.

ARNOULD, Colette, *Histoire de la sorcellerie en Occident*, Paris, Tallandier, 1992.

ATTALI, Jacques, *L'ordre cannibale. Vie et mort de la médecine*, Paris, Grasset et Fasquelle, 1979.

AXTELL, James, *The Invasion within. The Conquest of Cultures in Colonial North America*, New York, Oxford University Press, 1985.

BALTEAU, Jules, Marius BARROUX, Michel PREVOST et Roman D'AMAT (dir.), *Dictionnaire de biographie française*, Paris, Letouzey et Ané, 1932—>, 17 vol. parus.

BARIETY, Maurice, et Charles COURY, *Histoire de la médecine*, Paris, Fayard, 1963.

BEAUCHAMP, Chantal, *Le sang et l'imaginaire médical. Histoire de la saignée aux XVIIIe et XIXe siècles*, Paris, Desclée de Brouwer, 2000.

BEAULIEU, Alain, *Convertir les fils de Caïn. Jésuites et Amérindiens nomades en Nouvelle-France, 1632-1642*, Québec, Nuit Blanche, 1990.

BLUM, Rony, *Ghost Brothers, Adoption of a French Tribe by Bereaved Native America*, Montréal, McGill-Queen's University Press, 2005.

BOUCHARD, Gérard, et Bernard ANDRÈS (dir.), *Mythes et sociétés des Amériques*, Montréal, Québec-Amérique, 2007.

BOUCHER, Philip P., *Les Nouvelles Frances : France in America, 1500-1815, an Imperial Perspective*, Providence (R.I.), John Carter Brown Library, 1989. Trad. C. Broué et D. Vaugeois : *Les Nouvelles-Frances : la France en Amérique, 1500-1815*, Québec, Septentrion, 2004.

BRICOUT, Joseph (dir.), *Dictionnaire pratique des connaissances religieuses*, Paris, Letouzey et Ané, 1925-1928, 6 vol.

CARTER, William Harry, *North American Indians Medical Practices and Burial Customs*, London (Ontario), W. H. Carter, 1973.

CERTEAU, Michel de, *et al.*, *Les jésuites, spiritualité et activités. Jalons d'une histoire*, Paris, Beauchesne, 1974.

CHAUNU, Pierre, *L'Amérique et les Amériques de la préhistoire à nos jours*, Paris, Colin, 1964.

CHINARD, Gilbert, *L'Amérique et le rêve exotique dans la littérature française au XVIIᵉ et au XVIIIᵉ siècle*, Paris, Droz, 1934 [1913]. Réimpression en fac-similé : Slatkine, 1970.

CODIGNOLA, Luca, *Guide des documents relatifs à l'Amérique du Nord française et anglaise dans les archives de la Sacrée Congrégation de la Propagande à Rome, 1622-1799*, Ottawa, Archives nationales du Canada, 1990.

CORNUT, Jacques-Philippe, *Canadensium Plantarum, aliarumque nondum editarum historia*, Paris, Simon Lemoyne, 1635. Réimpression en fac-similé : New York et Londres, Johnson Reprint, 1966. Traduite et commentée par André Daviault, D.E.S., Université Laval, Québec, 1967.

CÔTÉ, Louise, *L'alimentation et la rencontre des cultures : discours alimentaires dans* Le grand voyage au pays des Hurons *de Gabriel Sagard (1623-1632)*, mémoire de maîtrise, Université Laval, Québec, 1992.

CRAGG, Olga B., et Rosena DAVISON (éd.), *Sexualité, mariage et famille au XVIIIᵉ siècle*, Québec, Presses de l'Université Laval, 1990.

DECRUSY, ISAMBERT et TAILLANDIER, *Recueil général des anciennes lois françaises depuis l'an 420 jusqu'à la révolution de 1789*, Paris, Bélin-Leprieur, 1821-1833, 29 vols.

DELÂGE, Denys, *Le pays renversé. Amérindiens et Européens en Amérique du nord-est (1600-1664)*, Montréal, Boréal express, 1985.

DESCOLA, Philippe, *Par-delà nature et culture,* Paris, Gallimard, 2005.

DICKASON, Olive P., *The Myth of the Savage and the Beginnings of French Colonialism in the Americas*, Edmonton, University of Alberta Press, 1984. Traduction française par J. Des Chênes : *Le mythe du Sauvage*, Québec, Septentrion, 1995.

Dictionnaire de l'Académie française, Paris, Coignard, 1694. Réimpression en fac-similé, Genève, Slatkine Reprints, 1968, 2 vol.

DIDEROT, *Addition aux Pensées philosophiques ou objections diverses contre les écrits de différents théologiens* (1762), texte établi par Jean Garagnon et Jean Varloot, dans *Œuvres complètes*, Paris, Hermann, vol. 9, 1975, p. 353-371.

DUCHET, Michèle, *Anthropologie et histoire au siècle des Lumières*, Paris, Maspero, 1971.

EHRARD, Jean, *L'idée de nature en France dans la première moitié du* XVIII*e siècle*, Paris, S.E.V.P.E.N., 1968, 2 vol.

FENTON, William N., *The Great Law and the Longhouse : a Political History of the Iroquois Confederacy*, Norman, University of Oklahoma Press, 1998.

FERLAND, Catherine, *Bacchus en Canada. Boissons, buveurs et ivresses en Nouvelle-France*, Québec, Septentrion, 2010.

FRANCIS, Daniel, et Toby MORANTZ, *Partners in Furs. A History of the Fur Trade in Eastern James Bay, 1600-1870*, Montréal, McGill-Queen's University Press, 1983. Traduction française par A. Dandonneau et N. Ozenne : *La traite des fourrures dans l'est de la Baie James*, 1600-1870, Québec, Presses de l'Université du Québec, 1984.

FURETIÈRE, Antoine, *Dictionaire universel*, La Haye et Rotterdam, Arnout et Reinier Leers, 1690. Réimpression en fac-similé, avec diverses études par Alain Rey : Paris, SNL/Le Robert, 1978, 3 vol.

GAGNON, François-Marc, *Ces hommes dits sauvages. L'histoire fascinante d'un préjugé qui remonte aux premiers découvreurs du Canada*, Montréal, Libre Expression, 1984.

—, *Images du castor canadien, XVIe-XVIIIe siècles*, Québec, Septentrion, 1994.

GALLAY, Alan, *The Indian Slave Trade : The Rise of the English Empire in the American South, 1670-1717*, New Haven, Yale University Press, 2002.

GLIOZZI, Giuliano, *Adamo e il Nuovo Mondo. La nascita dell'antropologia come ideologia coloniale : dalle genealogie bibliche alle teorie razziali (1500-1700)*, Florence, La Nuova Italia Editrice, 1977. Traduction française par A. Estève et P. Gabellone : *Adam et le Nouveau Monde, des généalogies bibliques aux théories raciales (1500-1700)*, Saint-Maximin, Éditions Théétète, 2000.

GOUBERT, Pierre, *L'Ancien Régime*, Paris, Colin, vol. 1, 1969.

HAVARD, Gilles, *Empire et métissages. Indiens et Français dans le Pays d'en Haut, 1660-1715*, Québec, Septentrion, 2003.

HAVARD, Gilles, et Cécile VIDAL, *Histoire de l'Amérique française*, édition entièrement revue, Paris, Flammarion, coll. « Champs », 2006.

HAYNE, David M., et André VACHON (dir.), *Dictionnaire biographique du Canada* [de 1701 à 1740], Québec, Presses de l'Université Laval, vol. 2, 1969.

HAZARD, Paul, *La crise de la conscience européenne (1680-1715)*, Paris, Gallimard, coll. « Idées », 1968 [1935].

HEIDENREICH, Conrad, *Huronia. A History and Geography of the Huron Indians 1600-1650*, Toronto, McClelland and Stewart, 1971.

HORNBECK TANNER, Helen, *Atlas of Great Lakes Indian History*, Norman, University of Oklahoma Press, 1987.

HUGHES, Thomas A., *History of the Society of Jesus in North America Colonial and Federal*, Londres, New York et Bombay, Longmans, Green, and C°, vol. 1, 1907.

HUNT, Georges, *The Wars of the Iroquois. A Study in Intertribal Trade Relations*, Madison, University of Wisconsin Press, 1960 [1940].

JACQUIN, Philippe, *Les Indiens blancs : Français et Indiens en Amérique du Nord, XVIᵉ-XVIIIᵉ siècle*, Paris, Payot, 1987.

JAENEN, Cornelius J., *Friend and Foe*, Toronto, McClelland & Stewart, 1976.

JENNINGS, Francis, *The Ambiguous Iroquois Empire*, New York, Norton, 1984.

JOUSSE, Daniel, *Traité de la justice criminelle de France, où l'on examine tout ce qui concerne les crimes & les peines en général & en particulier*, Paris, Debure, 1771, 2 vol.

JULIEN, Charles-André, *Histoire de l'expansion et de la colonisation françaises*, vol. 2 : *La formation du premier empire colonial français (1603-1680)*, Paris, Presses universitaires de France, 1948.

LACHANCE, André, *La justice criminelle du roi au Canada au XVIIIe siècle : tribunaux et officiers*, Québec, Presses de l'Université Laval, 1978.

LANDRY, Yves, *Orphelines en France, pionnières au Canada. Les Filles du roi au XVIIe siècle, suivi d'un répertoire biographique des Filles du roi*, Montréal, Leméac, 1992.

LEBRUN, François, *Se soigner autrefois. Médecins, saints et sorciers aux XVIIe et XVIIIe siècles*, Paris, Points, 1997 [1983].

LEIBNIZ, *Opera omnia*, Genève, de Tournes, vol. 5, 1768.

—, *Die Werke*, Onno Klopp (éd.), Hanovre, Klindworth's Verlag, vol. 9, 10 et 11, 1873-1884.

—, *Essais de théodicée. Sur la bonté de Dieu, la liberté de l'homme et l'origine du mal*, chronologie et introduction par J. Brunschwig, Paris, Garnier-Flammarion, 1969.

LEROUX, Jacques, *Cosmologie, mythologie et récit historique dans la tradition orale des Algonquins de Kitcisakik*, thèse de doctorat, Département d'anthropologie, Université Laval, Québec, mai 2003.

LESSARD, Renald, *Se soigner au Canada aux XVIIᵉ et XVIIIᵉ siècles*, Gatineau, Musée canadien des civilisations, coll. « Mercure », n° 43, 1989.

LESTRINGANT, Frank, *Le cannibale, grandeur et décadence*, Paris, Perrin, 1990.

LEVASSEUR, Gisèle, *S'allier pour survivre. Les épidémies chez les Hurons et les Iroquois entre 1634-1675 : une étude ethnohistorique comparative*, thèse de doctorat, Département d'anthropologie, Université Laval, mai 2008.

LOTH, Bernard, et Albert MICHEL (dir.), *Dictionnaire de théologie catholique*, Paris, Letouzey et Ané, 1951-1972, 15 tomes en 30 vol.

LUCIEN DE SAMOSATE, *De la traduction de N. Perrot, Sʳ d'Ablancourt*, septiéme Edition nouvellement revue & corrigée, Amsterdam, Pierre Mortier, 1697, 2 vol.

MANDROU, Robert, *Histoire de la pensée européenne*, vol. 3 : *Des humanistes aux hommes de science, XVIᵉ et XVIIᵉ siècles*, Paris, Seuil, 1973.

—, *Magistrats et sorciers en France au XVIIᵉ siècle. Une analyse de psychologie historique*, Paris, Seuil, 1980.

MAUZI, Robert, *L'idée du bonheur dans la littérature et la pensée françaises au XVIIIᵉ siècle*, Paris, Colin, 1960.

MERCIER, Roger, *La réhabilitation de la nature humaine (1700-1750)*, Villemomble, Éditions de la Balance, 1960.

MEYER, Jean, et Jean TARRADE, *Histoire de la France coloniale*, Paris, Colin, vol. 1, 1990.

Moore, James T., *Indian and Jesuit. A Seventeenth-Century Encounter*, Chicago, Loyola University Press, 1982.

Palou, Jean, *La sorcellerie*, Paris, Presses universitaires de France, « Que sais-je ? », 6ᵉ éd., 1980.

Pritchard, James, *In Search of Empire. The French in the Americas, 1670-1730*, Cambridge, Cambridge University Press, 2004.

Reid, John G., *Acadia, Maine and New Scotland. Marginal Colonies in the Seventeenth Century*, Toronto, University of Toronto Press, 1981.

Richter, Daniel K., *The Ordeal of the Longhouse. The Peoples of the Iroquois League in the Era of European Colonization,* Chapel Hill, The University of North Carolina Press, 1992.

—, *Facing East from Indian Country. A Native History of Early America*, Cambridge et Londres, Harvard University Press, 2003.

Roger, Jacques, *Les sciences de la vie dans la pensée française du XVIIIᵉ siècle : la génération des animaux de Descartes à l'Encyclopédie*, Paris, Colin, 1963.

Rosenberg, Aubrey, *Nicolas Gueudeville and his work (1652-172 ?)*, La Haye, Boston et Londres, Nijhoff, 1982.

Rousseau, François. *La croix et le scalpel. Histoire des Augustines et de l'Hôtel-Dieu de Québec, 1639-1989*, Québec, Septentrion, vol. 1, 1989.

Saint-Germain, Jacques, *La vie quotidienne en France à la fin du grand siècle : d'après les archives, en par-*

tie inédites, du lieutenant général de police Marc-René d'Argenson, Paris, Hachette, 1965.

SIOUI, Georges-É., *Les Wendats : une civilisation méconnue*, Québec, Presses de l'Université Laval, 1994.

SKINNER, Claiborne A., *The Upper Country. French Enterprise in the Colonial Great Lakes*, Baltimore, The Johns Hopkins University Press, 2008.

STONE, Eric, *Medicine among the American Indians*, New York, AMS Press, 1978 [1932].

TÉSIO, Stéphanie, *Histoire de la pharmacie en France et en Nouvelle-France au XVIIIe siècle*, Québec, Presses de l'Université Laval, 2009.

TOOKER, Elisabeth, *An Ethnography of the Huron Indians, 1615-1649*, Washington, Smithsonian Institution. Bureau of American Ethnology, Bulletin 190, 1964. Traduction française par B. Fouchier-Axelsen : *Ethnographie des Hurons, 1615-1649*, Montréal, Recherches amérindiennes au Québec, 1987.

TRIGGER, Bruce G., *The Children of Aataentsic. A History of the Huron People to 1660*, Montréal, McGill-Queen's University Press, 1976. Traduction française par J.-P. Sainte-Marie et Br. Chabert-Hacikyan : *Les enfants d'Aataentsic. Histoire du peuple huron*, Montréal, Libre Expression, 1991.

—, *Natives and Newcomers : Canada's "Heroic Age" Reconsidered*, Montréal, McGill-Queen's University Press, 1985. Traduction française par G. Khal : *Les Indiens, la fourrure et les Blancs : Français et Amérindiens en Amérique du Nord*, Montréal, Boréal ; Paris, Seuil, 1990.

TRIGGER, Bruce G., et Wilcomb E. WASHBURN (éd.), *The Cambridge History of the Native Peoples of the Americas*, vol. 1 : *North America*, Cambridge University Press, 1996.

TRUDEL, Marcel, *Histoire de la Nouvelle-France*, tome premier : *Les vaines tentatives 1524-1603* ; vol. 2 : *Le comptoir 1604-1627*, Montréal, Fides, 1963 et 1966.

—, *Deux siècles d'esclavage au Québec*, nouvelle édition préparée par Micheline D'Allaire, Montréal, Bibliothèque québécoise, 2009.

VACANT, Alfred et Eugène MANGENOT (dir.), *Dictionnaire de théologie catholique contenant l'exposé des doctrines de la théologie catholique, leurs preuves et leur histoire*, Paris, Letouzey et Ané, 1903-1950, 16 t. en 26 vol.

VAUGEOIS, Denis (dir.), *Les Hurons de Lorette*, Québec, Septentrion, 1996.

VAN DELFT, Louis, *Littérature et anthropologie : nature humaine et caractère à l'âge classique*, Paris, Presses universitaires de France, 1993.

VAUMAS, Guillaume de, *L'éveil de la France missionnaire au XVIIe siècle*, Paris, Bloud et Gay, 1959.

VELTER, André, et Marie-Josée LAMOTHE, *Les outils du corps*, Paris, Éditions du Cercle d'Art, 1983.

VIAU, Roland, *Enfants du néant et mangeurs d'âmes : guerre, culture et société en Iroquoisie ancienne*, Montréal, Boréal, 1997.

VILLER, Marcel (dir.), *Dictionnaire de spiritualité ascétique et mystique : doctrine et histoire*, Paris, Beauchesne, 1932-1995, 17 t. en 22 vol.

VOGEL, Virgil J., *American Indian Medicine*, Norman, University of Oklahoma Press, 1970.

WHITE, Richard, *The Middle Ground. Indians, Empires, and Republics in the Great Lakes Region, 1650-1815*, Cambridge, Cambridge University Press, 1991. Trad. par Fr. Cotton, préface de C. Desbarats : *Le Middle Ground. Indiens, empires et républiques dans la région des Grands Lacs, 1650-1815*, Toulouse, Anacharsis, 2009.

ARTICLES

DELÂGE, Denys, « L'influence des Amérindiens sur les Canadiens et les Français au temps de la Nouvelle-France », *Lekton*, vol. 2, n° 2, 1992, p. 103-191.

—, « L'histoire des autochtones d'Amérique du Nord : acquis et tendances. Quel américanisme aujourd'hui ? », *Annales. Histoire, Sciences Sociales*, vol. 57, n° 5, 2002, p. 1337-1355.

—, « Modèles coloniaux, métaphores familiales et changements de régime en Amérique du Nord aux XVIIᵉ et XIXᵉ siècles », Québec, *Les cahiers des Dix*, n° 60, 2006, p. 19-78.

DELÂGE, Denys, et Étienne GILBERT, « Les Amérindiens face à la justice coloniale française dans le gouvernement de Québec, 1663-1759. Les crimes capitaux et leurs châtiments », *Recherches amérindiennes au Québec*, vol. 33, n° 3, 2004, p. 79-90.

DICKINSON, John A., « "C'est l'eau-de-vie qui a commis ce meurtre" : alcool et criminalité amérindienne à

Montréal sous le Régime français », *Études canadiennes*, vol. 19, n° 35, 1993, p. 83-94.

FERLAND, Catherine, « Entre diplomatie et subversion. Le rôle des boissons alcoolisées dans les rapports franco-amérindiens, XVIIe-XVIIIe siècles », dans Alain Beaulieu (éd.), *Guerre et paix en Nouvelle-France*, Québec, Les éditions GID, 2003, p. 15-51.

GAGNÉ, Gérard, « La paléopathologie humaine en Amérique du Nord : un aperçu », *Recherches amérindiennes au Québec*, vol. 12, n° 1, 1982, p. 3-11.

HAVARD, Gilles, « Le rire des jésuites : une archéologie du mimétisme dans la rencontre franco-amérindienne (XVIIe et XVIIIe siècles) », *Annales. Histoire, sciences sociales*, vol. 62, n° 3, 2007, p. 539-574.

—, « "Les forcer à devenir citoyens" : État, Sauvages et citoyenneté en Nouvelle-France (XVIIe-XVIIIe siècles) », *Annales. Histoire, sciences sociales*, vol. 64, n° 5, 2009, p. 995-1018.

—, « Les "champs de Vénus". L'hospitalité sexuelle amérindienne, XVIIe-XIXe siècle », dans Alain Beaulieu et Stéphanie Chaffray (dir.), *Représentation, métissage et pouvoir. La dynamique coloniale des échanges entre Autochtones, Européens et Canadiens, XVIe-XXe siècle*, Québec, Presses de l'Université Laval (à paraître en 2010).

JONES, David S., « Virgin Soils Revisited », *The William and Mary Quarterly*, vol. 60, n° 4, 2003, p. 703-742.

LAROCQUE, Robert, « Les maladies chez les Iroquoiens préhistoriques », *Recherches amérindiennes au Québec*, vol. 10, n° 3, 1980, p. 165-180.

—, « L'introduction de maladies européennes chez les autochtones des XVIIe et XVIIIe siècles », *Recherches amérindiennes au Québec*, vol. 12, n° 1, 1982, p. 13-24.

—, « Le rôle de la contagion dans la conquête des Amériques : importance exagérée attribuée aux agents infectieux », *Recherches amérindiennes au Québec*, vol. 18, n° 1, 1988, p. 5-16.

RAMENOFSKY, Ann F., Alicia K. WILBUR et Anne C. STONE, « Native American Disease History : Past, Present and Future Directions », *World Archaeology*, vol. 35, n° 2, 2003, p. 241-257.

RAULINE, Laurence, « Les libertins et l'imposture médicale », dans Bruno Roche, Laurence Rauline et Olivier Roux (éd.), *Science et littérature à l'âge classique*, Saint-Étienne, Presses universitaires de Saint-Étienne, p. 107-121.

RUSHFORTH, Brett, « "A Little Flesh We Offer You" : The Origins of Indian Slavery in New France », *William and Mary Quarterly*, vol. 60, n° 4, 2003, p. 777-808.

REMERCIEMENTS

Je tiens à remercier d'abord toute l'équipe qui a travaillé à l'édition critique des *Œuvres complètes* de Lahontan dans la « Bibliothèque du Nouveau Monde » : Alain Beaulieu, Claire Bécard, Hélène Bédard, Anne Carrier, Denise Cloutier, Pauline Dubé, Claire Henderson, Pierre Laberge, Pierre Morisset et Catherine Fortin, Christian Morissonneau, Marie Parent, Marc Veillet. Pour cette nouvelle édition, je veux ajouter le nom de Stéphanie Girard, pour la révision linguistique, et ceux d'Alban Baudou, Herbert Breger, André Daviault, Denys Delâge, Hans-Jürgen Greif, Gilles Havard et Giovanni Pizzorusso, qui m'ont généreusement fourni des renseignements.

INDEX

TABLE

DANS LA COLLECTION
« MÉMOIRE DES AMÉRIQUES »

Jacques Cartier, *Voyages au Canada*
Jeanne Castille, *Moi, Jeanne Castille, de Louisiane*
Michel Cordillot, *Révolutionnaires du Nouveau Monde*
André d'Allemagne, *Le colonialisme au Québec*
Laurent-Olivier David, *Les Patriotes de 1837-1838*
Frederick Douglass, *Mémoires d'un esclave*
Gabriel Franchère, *Voyage à la côte du Nord-Ouest
    de l'Amérique*
John Gilmore, *Une histoire du jazz à Montréal*
Paul Lejeune, *Un Français au « Royaume des bestes sauvages »*
Roy MacLaren, *Derrière les lignes ennemies. Les agens secrets
    canadiens durant la Seconde Guerre mondiale*
Jean-François Nadeau, *Adrien Arcand, führer canadien*
Louis-Joseph Papineau, *Histoire de la résistance du Canada
    au gouvernement anglais*
Nicolas Perrot, *Mémoire sur les mœurs, coustumes et relligion
    des sauvages de l'Amérique septentrionale*
Vladimir Pozner, *Les États-Désunis*
Jesús Silva Herzog, *Histoire de la Révolution mexicaine*
Auguste-Henri de Trémaudan, *Histoire de la nation métisse
    dans l'Ouest canadien*
Howard Zinn, *Une histoire populaire des États-Unis. De 1492 à
    nos jours*

CET OUVRAGE A ÉTÉ IMPRIMÉ EN OCTOBRE 2011
SUR LES PRESSES DES ATELIERS DES IMPRIMERIES
TRANSCONTINENTAL POUR LE COMPTE DE LUX,
ÉDITEUR À L'ENSEIGNE D'UN CHIEN D'OR DE
LÉGENDE DESSINÉ PAR ROBERT LAPALME

Il a été composé avec LaTeX, logiciel libre,
par Claude RIOUX

La révision du texte et la correction
des épreuves ont été réalisées
par Thomas DÉRI

Lux Éditeur
c.p. 129, succ. de Lorimier
Montréal, Qc H2H 1V0

Diffusion et distribution
Au Canada : Flammarion
En Europe : Harmonia Mundi

Imprimé au Québec
sur papier recyclé 100 % postconsommation